*Conspiraciones de esclavos y
animales fabulosos*

Seis ensayos sobre literatura y crítica moral
en el siglo XIX latinoamericano

BETINA GONZÁLEZ

ISBN: 1-930744-74-9
© Serie *Nuevo Siglo*, 2016
INSTITUTO INTERNACIONAL DE
LITERATURA IBEROAMERICANA
Universidad de Pittsburgh
1312 Cathedral of Learning
Pittsburgh, PA 15260
(412) 624-5246 • (412) 624-0829 FAX
iili@pitt.edu • www.iilionline.org

Colaboraron con la preparación de este libro:

Composición y diseño gráfico: Erika Arredondo
Corrector: Hernán Medina Jiménez
Imágen de portada: J.J. Grandville, "Une vilaine commission". *Les Métamorphoses du Jour* (1869).

Para Joshua Lund

ÍNDICE

Agradecimientos 9

Introducción: De la Nación a las pequeñas literaturas morales 11

Primera parte

I. Esclavos dramáticos

Tragedia y cansancio romántico 27
Lo trágico y los dramas del siglo XIX 41

II. El capital de la vergüenza:
    teatro, esclavitud y exhibicionismo moral según
    José de Alencar

Diálogo entre Némesis y Aidós 49
Alencar entre la ley y el escenario: ética y estéticas
    emancipatorias 53
El don rechazado (o historia del hombre que vendió a su
    propia madre) 59
Vergüenzas éticas y estéticas o el problema de ciertas
    literaturas 71

III. LA LECCIÓN DEL ESCLAVO:
POSES MORALES EN LA OBRA DE LUCIO V. MANSILLA

Padre vs. hijo o la primera escena de lectura 77
Pequeña digresión o historia del "gentleman humanista" y
la esclava que se vendió a sí misma 83
Atar-Gull, espejo distorsionado: plagio, resentimiento y
venganza en una tragedia sin lágrimas ni personajes 87
Epílogo: patrón vs. criado o la segunda escena de lectura .. 96

IV. LOS RICOS TAMBIÉN LLORAN:
LA VENGANZA DE LA GLEBA, EL "HIMNO DE PURIFICACIÓN
Y CASTIGO" DE FEDERICO GAMBOA

De los negros norteamericanos a los campesinos de México   101
¡Los peones!... ¿pero qué les pasa á los peones? 106
Las pasiones fuera de lugar: transgresión y venganza 114

Segunda parte

I. ANIMALES FABULOSOS

Fábula y política ilustrada 123
Del esclavo al animal fabuloso: escritores latinoamericanos
   frente al Hombre 129

II. EL ANIMAL SOBERANO:
PLACERES DE LA SÁTIRA Y LA INVECTIVA EN *EL GALLO PITAGÓRICO* DE JUAN BAUTISTA MORALES

Antonio López de Santa Anna y *El Siglo XIX* 137
Un filósofo del hambre o el animal satírico 147
Posible corolario: el animal soberano vs. el soberano animal   161

III. ANTICIPOS DEL POETA ANIMAL:
NIÑOS PARA LA ARGENTINA MODERNA EN LOS *CUENTOS* DE EDUARDA MANSILLA DE GARCÍA

Fabular niños 167
Problemas de género y moralejas 173
Hombres gallos, mujeres palomas: muñecas que lo pueden
   todo 180
Niños y juguetes: anticipos del poeta animal 189

IV. Del animal fabuloso al animal político:
hipocresía, esclavitud y (post) humanismo según
Machado de Assis

Machado, fabulista 195
El hombre en cuestión: monos, burros y esclavos en torno
    a la Flor 200
Machado, profeta: reinscripciones del animal humano 211

Tercera parte

I. Postdata para otro siglo XIX 225

Bibliografía 231

Agradecimientos

La escritura siempre es una tarea solitaria. Sin embargo, tuve la suerte de estar muy acompañada durante la investigación doctoral que precedió a *Conspiraciones de esclavos y animales fabulosos* y más aún durante el camino de ensayo y error que significó su escritura. Sin el apoyo económico que recibí del Centro de Estudios Latinoamericanos de la Universidad de Pittsburgh, esa investigación hubiera sido simplemente imposible. Debo también mucho al Instituto Internacional de Literatura Iberoamericana, y a su director, Juan Duchesne-Winter, a quien agradezco no sólo por su generosidad en todo lo relacionado con la publicación de este trabajo sino por las innumerables conversaciones sobre literatura que tuvimos durante mis años en Pittsburgh, que, espero, han informado y formado mi acercamiento a estos textos del siglo XIX.

También quiero dar las gracias a mi director de tesis, consejero y amigo, Joshua Lund, quien supo entusiasmarme y entusiasmarse con este proyecto desde sus comienzos. A Carina González, María Julia Rossi, John Beverley y Daniel Balderston, lectores atentos y sumamente críticos de sus sucesivos borradores. A Hernán Medina Jiménez, por su meticuloso trabajo de corrección. A Erika Arredondo, Arturo Matute-Castro, César Núñez y Fernando Toledo, por acompañarme de distintas formas en el proceso de su escritura. Por último, pero muy especialmente, quiero agradecer a George Reid Andrews, verdadero maestro en el arte de hacer preguntas. Si este libro contiene algún acierto, es, sin duda, porque conté con su apoyo, su rigor y su mirada de historiador durante todo el proceso de investigación y escritura.

Buenos Aires, 24 de agosto de 2015

Introducción

De la nación a las pequeñas literaturas morales

Conspiraciones de esclavos y animales fabulosos es una colección de seis estudios sobre textos "menores" del siglo XIX latinoamericano. En su conjunto, estos ensayos buscan desplegar un posible panorama de la crítica moral a las sociedades decimonónicas tal cual la ejecutaron los escritores de México, Brasil y Argentina, utilizando formas y modalidades discursivas diversas como el drama, el cuento, la crónica y la sátira política.

Decidí trabajar con tres países, con un arco temporal amplio (desde mediados del siglo XIX hasta la primera década del XX) y con formas literarias tan diversas porque, más que buscar continuidades textuales en un corpus homogéneo, me interesaba mostrar un movimiento intelectual, un repliegue: el de los intelectuales pensando de manera frontal el dilema *moral* que implica el hecho de la explotación, la exclusión y la normalización de esos sujetos constituidos como los Otros de los proyectos nacionales del siglo.

Rastrear la fundación de la Nación en nuestras letras fue, durante las últimas décadas, casi el único objetivo de gran parte de los estudios literarios del siglo XIX latinoamericano. Por un lado, trabajos de investigación insoslayables como los de Doris Sommer (1991), Graciela Montaldo (1999) o Julio Ramos (1989) nos muestran inequívocamente que la Nación es, en efecto, el tema en torno al cual gravitan las principales ficciones del período. Por el otro, la presencia de la Nación en esa literatura es tan evidente que oscurece la posibilidad de otras lecturas y se vuelve casi una tautología analítica. Basta leer textos como "Sobre la melancolía" de Esteban Echeverría para reconocer que nuestro Romanticismo encaró una multitud de temas que los escritores mismos percibían como "más universales"; es decir, que no fue solamente un pensamiento en torno a la unidad o el ser nacionales, sino que entabló desde siempre un diálogo riquísimo con las filosofías, las sensibilidades y los estereotipos heredados de Europa; un diálogo en el que la literatura latinoamericana no sólo se encontró de lleno con su propia colonialidad sino que fue creando nuevas estéticas y posiciones que, eventualmente, irían socavando esas herencias.

Pensar la Nación en las letras es también seguir la tesis de Ángel Rama sobre la "Ciudad letrada" o la de Julio Ramos sobre el rol dependiente, auxiliar de los intelectuales latinoamericanos. Ramos va incluso más allá en su formulación de ese rol porque llega a presentar a los intelectuales latinoamericanos del siglo XIX directamente como cómplices de los procesos de civilización y exclusión que llevan adelante sus Estados. Básicamente, sostiene que toda la literatura anterior a 1880 cumple una "función estatal" (33) y que "proyectaba el sometimiento de la 'barbarie' al orden de los discursos, de la ciudadanía, del Estado moderno" (13). Los seis ensayos compilados en este libro quisieran matizar esa tesis, o al menos, mostrar que los escritores del siglo, lejos de recurrir siempre a alegorías tranquilizadoras y excluyentes pensaron y debatieron cuestiones como la esclavitud, el patriarcalismo o la explotación de clase de manera frontal en obras que la tradición y la crítica posterior olvidarían, juzgándolas como "menores" quizás justamente por su vocación contingente y moralizante.

Al ocuparse de las relaciones de poder y al plantear una relación íntima entre ciertas formas literarias y la posibilidad de reformar sus sociedades (sea a partir de la crítica o de la proposición de nuevas normas o modelos de conducta), la pequeña literatura moral que analizo en este trabajo problematiza y cuestiona, en cierta medida, la tesis de que los intelectuales del siglo no reflexionaron críticamente sobre los procesos normalizadores llevados a cabo por los estados nacionales. No por pequeña o modesta esta apuesta es menos importante que las que ensayaron las grandes novelas del siglo, que se contentaron con imaginar una comunidad ideal en la que las tensiones raciales y sociales habían sido convenientemente sublimadas en las relaciones amorosas. Vista en este contraste, la crítica a las relaciones de poder que vemos en la obra de Machado de Assis, en la de Eduarda Mansilla o en la de Juan Bautista Morales se nos aparece como más clara y más pertinente que la que pueden presentar textos como *Amalia* o *Iracema*.[1] Lo mismo sucede con las obras dramáticas que he incluido en este corpus: al recuperar el concepto de "lo trágico", se presentan como un verdadero enjuiciamiento de las particulares relaciones de dominación racial y social que encarnaron amos y esclavos en la América Latina de la época.

En mi lectura de estas obras he buscado subrayar su funcionamiento como comentario sobre los males (y los bienes) del poder y los patrones sociales de dominación vigentes en sus sociedades, así como resaltar la relación conflictiva que establecen con sus ideologías dominantes. Es uno de mis argumentos que la crítica moral –justamente porque se ejerce desde adentro de esa ideología– por el solo hecho de poner en primer plano las relaciones binarias de poder (articuladas alternativamente como las de amos y esclavos o las de hombres y animales) acaba por exponer las contradicciones y, en última instancia, las falacias discursivas de las elites dominantes.

Este movimiento, ese giro "moral" (muchas veces, incluso moralista) que nos muestra a los escritores pensando, discutiendo y problematizando el derecho al dominio de su propia clase, se verificó con especial claridad en el teatro, en la prensa periódica y en la prosa breve de la época. La crítica moral recurrió a estas formas y soportes textuales no sólo por la razón obvia de que tienen otra circulación y otra recepción, mucho más inmediata que las novelas, sino también porque son más aptas para tratar los ajustes y desajustes de ciertas conductas con respecto al "deber ser" social, y para ocuparse de costumbres y gobiernos puntuales, de su reforma y de su superación. Aquí, el argumento es que la forma literaria, determina, en cierta manera, el tipo de intervención que lleva a cabo cada la obra. Así, despojadas de la ambición abarcadora de la novela que, si

---

[1] Por supuesto, esto no quiere decir que las novelas no puedan ser leídas también en clave ética. De hecho, esa lectura constituye ya parte de la teoría del género mismo desde Lukács a Bajtín, pasando por definiciones más recientes como la de Martha Nussbaum. Se trata, por el contrario, de atender a las leyes generativas de cada uno de los géneros y a su funcionamiento como "'horizontes de expectativas' para los lectores y como 'modelos de escritura' para los autores" (Todorov 53).

seguimos a Rancière (2004), siempre intenta producir una síntesis de la heterogeneidad, estas otras formas literarias y modalidades discursivas se les aparecieron a sus autores como vehículos más efectivos para la invectiva y la polémica, para el debate de políticas concretas y para la educación de sus lectores.

Como veremos, en el caso de las obras de teatro, ese vínculo entre estética y moral está dado por una concepción didáctica del drama así como por una particular reformulación del concepto de "lo trágico" y su relación con la ética. En el caso de la prosa breve, es la fábula animal la que se retoma para lograr un "efecto moral" del texto literario. Es por eso que he dedicado dos capítulos teóricos al análisis de las convenciones y poéticas de ambas formas –las de la tragedia y las de la fábula–, a su relación con la ética y la moral, y a las transformaciones creativas que sufren en manos de los escritores latinoamericanos.

Tal vez por tratarse precisamente de estas formas literarias, las seis obras que analizo en este trabajo han recibido poca atención crítica (incluso aquellas escritas por autores consagrados como José de Alencar, Federico Gamboa o Machado de Assis). En este sentido, además de analizar la mirada moral que proyectan sobre sus sociedades, mi intención es que este trabajo también sirva como una revisión y una discusión del canon literario del siglo, concentrado casi totalmente alrededor de las novelas románticas, del ensayo y de la poesía modernista.

Pero estas obras no son interesantes sólo porque revelen los procesos de consagración de ciertos textos (típicamente aquellos que acompañan exitosamente a las ideologías dominantes) y el descarte de otros, sino porque comparten también un rasgo singular: en su reflexión sobre el poder y la dominación en sus sociedades, recurren a las figuras del esclavo y del animal. Es este rasgo singular el que, a mi juicio, las hace tan interesantes.

La crítica social que recurre a estas dos figuras que ocupan la parte "débil" en la relación de poder (dos figuras que, sin duda, constituyen los grandes "no-sujetos", los grandes excluidos del pensamiento político y religioso de Occidente), no sólo pone en evidencia las fisuras y contradicciones de la ideología dominante de la época sino que también entabla un diálogo muy productivo con los supuestos básicos de la filosofía de la Ilustración europea. Y en ese diálogo, algo, como una súbita lucidez o una toma de consciencia de la condición post-colonial, es, finalmente, revelado. Es casi como si estas obras olvidadas se adelantaran a la reivindicación de Calibán. Aunque no lo hacen proponiéndolo como símbolo de la identidad americana sino como espejo ambiguo y temible en el que toda una clase se juzga a sí misma.

No se trata de que estos textos reproduzcan el viejo camino argumentativo que ya conocemos a través de obras como *Facundo*, en el cual la figura de la barbarie se hermana con la del Otro social fatalmente bestializado. Si bien es cierto que toda la literatura del siglo está atravesada por esta identificación, pocas veces nos hemos detenido a preguntarnos qué significa realmente eso de hermanar al esclavo o al indio con el animal. Puede decirse que estas obras responden a esa pregunta: al poner en primer plano la relación esclavo/amo y animal/hombre muestran cómo, de hecho, las figuras del esclavo y el animal ya ocupaban un lugar intercambiable en el pensamiento filosófico moderno fundado por el Iluminismo europeo. Giorgio Agamben ha llamado a esta operación filosófica fundamental "la máquina antropológica moderna", una máquina que busca aislar la animalidad del hombre, despegarlo de su vida biológica. Ya ese pensamiento ilustrado erige un sujeto soberano que se opone a lo no-humano, figura ambigua y de varios rostros que, a lo largo de la historia, han encarnado "el esclavo, el bárbaro, el extranjero como figuras de un animal con forma humana" (Agamben, *Lo Abierto* 76).

Además de modelar costumbres, además de predicar el "deber ser" de sus sociedades, la pequeña literatura moral que analizo en este trabajo expone el accionar de esa máquina antropológica en el terreno problemático de Latinoamérica. En este sentido, estas obras constituyen apuestas literarias sumamente originales: partiendo de ese lugar simbólico en el que el hombre sometido remeda al animal, estos textos toman la parte del débil y acaban funcionando como críticas bastante profundas a las formas específicas que el poder adquiere en sus sociedades. Así, en los artículos de Juan Bautista Morales o en los cuentos de Eduarda Mansilla, los animales hablan y, en ese hablar, caen los dictadores y las leyes patriarcales que dictan, respectivamente, los deberes del pueblo o la norma genérica para las mujeres del siglo. Lo mismo puede decirse de las obras de teatro en las que el esclavo es protagonista: poco importa que estos dramas recurran, a veces, a oposiciones maniqueas o a las dicotomías que dominan el período. El sólo hecho de colocar a un esclavo en un escenario constituye un riesgo y una osadía. Porque al darle voz a quien no la tiene (incluso aunque esa voz vaya cargada de todas las falacias letradas) acaban desmontando la ficción moral sobre la que la propia clase dominante arma la legitimidad de su dominio. Esto es así en parte porque estas obras no apelan a las relaciones románticas entre amos y esclavos al estilo de *Sab* o de *La esclava Isaura* sino que trabajan sobre esa dialéctica, sobre esa relación binaria sin la mediación tranquilizadora del amor.[2] Son obras que revelan, en parte, el agotamiento del paradigma romántico y anuncian una literatura con una vocación más realista, más preocupada por reflejar las tensiones sociales irresueltas en su total crudeza.

Acercarse a esta pequeña literatura moral implica tener en cuenta que sus lecciones y sus moralejas no siempre son inequívocas. Por el contrario, la complejidad de las formas literarias elegidas, así como su interacción con el contexto y los recursos retóricos privilegiados por cada autor, determinan que, en muchos casos, la obra acabe "traicionando" la norma moral que buscaba estabilizar y produzca intervenciones éticas inesperadas. En este sentido, el argumento es que la forma literaria *conspira* contra la transmisión mecánica de las lecciones que algunos de los autores delinean como punto de partida para sus obras. A pesar de que comparten el uso de ciertos mecanismos y figuras textuales, cada uno de los escritores que analizo produce intervenciones diferentes sobre el discurso moral o moralista vigente en sus sociedades. Es por eso que, en muchos casos (como el de Gamboa o el de Lucio V. Mansilla), he querido leer más allá de las pretensiones didácticas del texto, más interesada por

---

[2] Como veremos, incluso en las obras (como *La venganza de la gleba* o *Mãe*) en las que encontramos una intriga amorosa, ésta no es la que ocupa el centro de la acción dramática sino que el conflicto, el dilema "ético" se plantea a partir de la relación particular (y de las transacciones) que se dan entre estos amos y sus esclavos.

oír el repliegue simbólico de esa voz magisterial tan importante para las letras del siglo que por las enseñanzas puntuales que propone. O lo que es lo mismo: puesta en la boca de la bestia o del siervo, la palabra no puede más que hacer tambalear a la escritura que la autoriza.

En mi análisis, he intentado, además, dar cuenta de dos dimensiones: por un lado, atender al contexto socio-histórico de cada obra, es decir, analizar cómo el esclavo o el animal en cada texto actúa de disparador para la reflexión sobre los patrones de dominación racial y social vigentes en su sociedad; por el otro, atender a la dimensión filosófica, es decir, analizar cómo el uso de esas figuras en tanto vehículos dramáticos y narrativos trasciende la contingencia de esa misma crítica moral y constituye una deconstrucción de los estereotipos, estéticas y posiciones heredadas del pensamiento europeo.

Estos dos rasgos compartidos por las obras que analizo (es decir, el uso del esclavo o el animal como figuras para hablar del poder y el recurso a formas literarias que se presentan como más ligadas al comentario moral) son también los ejes organizadores de este libro. La división de este trabajo en esas dos grandes secciones ("Esclavos dramáticos" y "Animales fabulosos") no refleja sólo el uso diferencial que hacen estos escritores de estas figuras o el trabajo con ciertas tipologías textuales sino también los distintos tipos de crítica que proponen.

Tal como la heredamos del pensamiento y el Derecho romano, la moral sería aquella ciencia que se ocupa del bien y de las acciones humanas en relación a su bondad o su malicia. La moral se identifica también con una ley social, con el "deber ser" compartido por una comunidad, una norma que no necesariamente se escribe en el texto de la ley sino en el complejo entramado de costumbres y hábitos aceptados o aceptables de una comunidad dada. Atendiendo a la definición de Louis Marin, "la moral es la ciencia o doctrina que enseña el modo correcto de comportarse [...], la regulación de la voluntad, del deseo y las pasiones de acuerdo con las obligaciones, o una serie de *mandatos*" (59, traducción mía; énfasis original). A partir de esta definición, mi lectura de estas obras sigue dos objetivos: en primer lugar, hacer explícito el vínculo coproductivo entre la obra de arte y su realidad social; en segundo lugar, recuperar la larga tradición de estudios literarios (desde Aristóteles en adelante) que concibe a ciertos géneros como formas de la "imaginación moral" o como laboratorios de la experiencia, moldes que enseñan ciertos valores sociales y ciertas versiones de la ley y la justicia, y que sancionan otros (Nussbaum, "Literature and Ethics" 730).

Sin negar que la obra literaria, como cualquier evento artístico, se diferencia de otros discursos por no estar supeditada a ninguna otra función (basta recordar aquí la vieja "función expresiva" del lenguaje de Jakobson), para una comprensión cabal del siglo XIX latinoamericano es importante analizar el vínculo específico que ciertas formas literarias sostienen con la esfera moral. De ahí mi elección de volver a pensar en dos géneros —el drama trágico y la fábula— que presentan un "efecto moral" como característica estructural de su propio funcionamiento y que son modelos o puntos de partida para las seis obras que analizo en este trabajo.

A grandes rasgos: mientras que la fábula es una micro-forma didáctica, es decir que enseña lecciones morales, el drama trágico no transmite lecciones específicas sino que actúa como una intervención, como un comentario sobre el Bien y el Mal. La tradición crítica ha elaborado este vínculo entre lo trágico y lo ético de maneras muy diversas pero ya desde la *Poética* de Aristóteles, la tragedia en tanto forma literaria, es concebida como un espectáculo que remeda un juicio en el que toda una sociedad es purgada, a través de la catarsis, de sus males.[3]

Aristóteles concebía a la ética como parte de la ciencia política. En la *Ética a Nicómaco* la define como la parte de la filosofía política que concierne al hallazgo del bien para el individuo y la comunidad. Esta definición de la ética como parte del pensamiento práctico (es decir, en tanto parámetros o lineamientos para la acción humana) es la que luego retomarán los filósofos modernos en su reelaboración del concepto, expresado ahora en tanto jerarquías de virtudes o guía de valores para la acción humana. Es aquí que la ética se confunde peligrosamente con

---

[3] Analizo en profundidad esta relación entre tragedia y ética y entre fábula y moral en las secciones tituladas "Tragedia y cansancio romántico" y "Fábula y política ilustrada".

la moral. Ética deriva del griego *ēthos* (carácter) y moral o moralidad del latín *morālis* (relativo al hábito). Los deslindes de Alain Badiou y de Jacques Rancière al respecto de estos dos conceptos pueden servir de guía para el trabajo que estoy proponiendo.

Siguiendo a Badiou, en el origen del concepto (según la acepción de los filósofos griegos, sobre todo de los estoicos), la ética concernía a la búsqueda de una "manera de ser" o a la sabiduría de la acción. Por eso, dice Badiou "a este título, la ética es parte de la filosofía, la que dispone la existencia práctica según la representación del Bien" ("La ética"). Son los discursos sociales contemporáneos (los medios, los tratados de las "éticas profesionales") los que equiparan el concepto de ética al de moralidad –o en términos de Kant, a "razón práctica"–. Por eso Badiou advierte sobre la importancia de distinguir ambos términos: "Se observará que Hegel introduce una fina distinción entre 'ética' (*Sttlichkeit*) y 'moralidad' (*moralitat*). Él reserva el principio ético para la acción inmediata, mientras que a la moralidad le concierne la acción reflexiva. Dirá, por ejemplo que 'el orden ético consiste esencialmente en la decisión inmediata'" ("La ética").

En una línea de pensamiento similar, Rancière advierte sobre la "inflación ética" que constatamos actualmente en nuestras sociedades (Badiou llama a este mismo fenómeno "la ideología ética"). Importa, entonces, distinguir que la ética "no es la norma moral que disuelve el arte y la política" sino que, desde su etimología, "establece la identidad con un entorno, una manera de ser y un principio de acción" (Rancière, *Flesh of Words* 18). A grandes rasgos, entonces, mientras que la moral nos habla de la norma, de los valores y conductas dominantes en una sociedad, la ética nos habla de la acción individual frente a la norma.

Como señala Lawrence Buell (1999) en su introducción al volumen de *PMLA* dedicado enteramente a la relación entre la ética y los estudios literarios, durante los años '90 el tema de la ética ganó tanta resonancia en el campo de la crítica literaria que por un momento pudo pensarse que se estaba construyendo un nuevo paradigma teórico tan importante como el estructuralismo de los '70 o el historicismo de los '80 (Buell

7). Sin embargo, continúa Buell, el rango de los estudios que buscan entender la relación entre ética y literatura es tan amplio y contiene vertientes tan diferenciadas que tal vez sea imposible hablar de un solo paradigma. Para dar cuenta de la heterogeneidad de las obras que analizo y para evitar confusiones teóricas y metodológicas, he decidido centrar mi trabajo en el estudio de la relación entre estos textos del XIX y las conductas normativas vigentes en sus sociedades. Se trata de un estudio de esa relación que tiene en cuenta el funcionamiento específico de ciertos géneros literarios (el drama y la fábula) entendidos como formas de crítica, comentario o sanción que afirman o niegan la norma moral.

La moral, entonces, es el prisma a través del cual estos autores latinoamericanos juzgan su mundo y las relaciones de poder que lo articulan. Como ya señalé, eso no quiere decir que sus obras funcionen de una manera unívoca, es decir, que tengan los "efectos morales" que estos escritores les prescriben. Todo lo contrario, a veces el uso creativo de las convenciones genéricas hace que el texto habilite lecturas mucho más interesantes que las propuestas didácticas que las alientan.

En la primera sección, titulada "Esclavos trágicos", analizo tres obras de teatro que apelan al concepto de "lo trágico" para dar cuenta de las dialécticas de amos y esclavos en sus sociedades. De ahí que, antes de abocarme a la lectura de las obras, haya considerado necesario incluir un capítulo teórico (titulado "Tragedia y cansancio romántico") sobre la particular reelaboración que los Románticos hicieron de la tragedia clásica. A partir de los postulados disímiles de Georg Lukács (1910; 1966), Walter Benjamin (1928) y Jacques Lacan (1960) podemos apreciar cómo durante el Romanticismo el concepto de lo trágico fue despegándose de la forma literaria específica típica del mundo griego y pasó a encarnar un exceso, una pregunta ética que la estética parece incapaz de reconciliar y, que, sin embargo, insiste como un desequilibrio en el interior mismo de las obras de arte que llamamos "trágicas" (Lambropoulos 10-13).

Teniendo en cuenta esta idea de lo trágico, los capítulos siguientes analizan tres dramas que abordan el tema de la esclavitud y en los que podemos comprobar un particular desfase entre el comentario moral o moralista que proponen sus autores y la verdadera intervención que las obras, de hecho, realizan. El capítulo II, "El capital de la vergüenza", es un análisis de *Mãe* (1860) de José de Alencar. Más allá de la conocida postura esclavista del autor, se trata de una obra que, debido a su invocación de la tragedia y a su uso realista del diálogo, acaba exhibiendo con especial crudeza el drama cotidiano que embarga moralmente al país y proyecta una luz casi grotesca sobre los gestos grandilocuentes de una elite demasiado satisfecha con sus ocasionales gestos de filantropía (encarnados, tanto en la obra como en la vida diaria que reflejan los periódicos de Río, por las escenas de *alforria*). En el capítulo III, "La lección del esclavo", me ocupo de *Atar-Gull*, de Lucio V. Mansilla (escrita en 1855 y representada en 1864). Es una obra en la que asistimos a la operación contraria a la de Alencar: planteado como una parodia de la novela antiesclavista homónima de Eugène Sue, este drama es en realidad una descomposición extremadamente seria de la figura del amo en la que el esclavo se afirma en su capacidad de perderlo todo. Por último, en el cuarto capítulo de esta sección ("Los ricos también lloran"), analizo *La venganza de la gleba* (1904), de Federico Gamboa, una obra en la que podemos percibir con especial claridad las falacias con las que los terratenientes mexicanos argumentan su dominio sobre los campesinos, presentados casi como espectros inquietantes a punto de levantarse contra sus amos.

En la segunda sección, "Animales fabulosos", sigo el mismo procedimiento. El análisis de las obras está precedido por una sección teórica ("Fábula y política ilustrada") en la que retomo los trabajos de Louis Marin (1997) y Tzvetan Todorov (1996) en torno al género literario de la fábula de animales. Además de tener en cuenta las características formales de estos relatos como micro-enseñanzas didácticas, planteo la importancia que cobraron en la Francia de la Ilustración como modo privilegiado de pensar y reafirmar el poder y la legitimidad del Estado moderno. Mi argumento es que, en manos de los escritores latinoamericanos, el animal fabuloso, al contrario de lo que sucede en la tradición neoclásica europea, se transforma en un recurso sumamente desestabilizador de la norma moral y acaba funcionando como una crítica muy efectiva al poder en sus múltiples versiones latinoamericanas. Así, en el segundo capítulo de esta sección, "El animal soberano", leo esa crítica en *El gallo pitagórico* (c.1857) de Juan Bautista Morales. Si bien la obra no es una fábula en el sentido tradicional, utiliza el recurso del animal parlante como vehículo para atacar (más exacto sería decir "demoler") a la figura del dictador Antonio López de Santa Anna. En esta obra, que en realidad puede leerse como un minucioso desmantelamiento de los supuestos básicos del Estado moderno, el animal es la voz del pueblo unida a la de un filósofo griego, verdadera "bestia ilustrada" que da por tierra con las dicotomías tranquilizadoras del siglo. Una operación crítica similar (pero esta vez centrada en los supuestos básicos de la sociedad patriarcal) realizan los *Cuentos* (1880) de Eduarda Mansilla que analizo en el capítulo III ("Anticipos del poeta animal"). En contraste con lo que sucede en las novelas de la misma autora, estas fábulas de animales son susceptibles de ser leídas como una deconstrucción de la masculinidad y femineidad normativas que prescribe la sociedad del fin de siglo; así como también puede leerse en ellas un cuestionamiento muy interesante de la definición misma de lo humano. Pero es en la obra de Machado de Assis donde podemos comprobar el poder radicalmente desestabilizador del animal fabuloso. Desde las primeras crónicas (c.1871) en las que Machado se ocupa del problema de la esclavitud utilizando al animal parlante, podemos vislumbrar el impresionante trabajo de reescritura que realiza en diálogo con la filosofía moderna europea. Pasando por *Quincas Borba* (1891) hasta llegar a sus últimos relatos –el ejemplo paradigmático es "Pai contra Mãe" (1906)–, en la obra de Machado, la conexión filosófica entre animales y esclavos se hace tan evidente que puede decirse que ya adelanta nuestros debates contemporáneos en torno al post-humanismo.

El arco amplio y heterogéneo de lecturas que propongo busca resaltar la importancia de estos textos olvidados, de esta "pequeña literatura moral" en nuestra comprensión de los aciertos y fracasos de ciertas estéticas del siglo XIX, así como problematizar la visión del rol de sus intelectuales. Habrá quienes descarten las respuestas de estos autores a los problemas sociales de su época como meras reformulaciones, pliegues y repliegues en el oleaje ideológico de la ciudad letrada. Lo cierto es que cada una de las obras que analizo en este trabajo constituye una forma poderosa de formular una y otra vez la pregunta fundamental sobre lo humano y su derecho de dominio.[4]

---

[4] Salvo indicación contraria, todas las traducciones de los textos en inglés son mías.

Primera parte

I. *Esclavos dramáticos*

TRAGEDIA Y CANSANCIO ROMÁNTICO

De Sófocles a Shakespeare, la tragedia siempre ha convocado la escena del juicio. Si no es siempre el Juicio Final, sin duda se le parece. Hay algo intrínseco a esta forma literaria que suena a balance y a ajuste de cuentas, cuando no a asignación de culpas y ejecución de castigos. Edipo ciego y exiliado de Tebas, Antígona ahorcada en la tumba en la que debía consumirse, Macbeth que avanza ignorante a su encuentro con la espada final; todas ellas son imágenes que en su íntima catástrofe iluminan la cualidad única de lo trágico: aquello que demanda justificación para lo humano, para su perpetuo pasar y para su no menos perpetuo sufrimiento. Por más que la busquemos en la novela, esa cualidad siempre ha pertenecido en su forma más pura a otro tipo de espectáculo, aquel que convoca el género literario de la tragedia. Es esa cualidad la que ha permitido –de Aristóteles a Lacan– su correlación con la ética.

Georg Lukács juzgaba a la tragedia como la única forma literaria capaz de revelar el (sin)sentido de la existencia humana, sus objetivos últimos y sus límites ("Metaphysics of Tragedy" 183). Liberada de las sutilezas psicológicas del realismo que exigirá luego la novela, la tragedia, revela la esencia de lo humano en un juicio que siempre se ejecuta en un presente suspendido, un presente eterno del que, si bien Dios ha sido eliminado, se conserva siempre como espectador privilegiado (175). Lukács aclara mejor la diferencia entre las dos formas literarias al minimizar la importancia de la mímesis en la tragedia y darle un sentido metafísico:

[En la tragedia] nada puede conectarse con la vida cotidiana. Es un instante, no significa a la vida, es la vida, una vida diferente, opuesta a la vida cotidiana. Esta es la razón metafísica fundamental por la cual el drama comprime y condensa el tiempo, por la cual constituye una unidad de tiempo [...] La realidad de ese mundo no puede tener nada en común con nuestra existencia temporal. El realismo está condenado a destruir todos los valores formales y creativos de la tragedia clásica. Del mismo modo, al buscar la semejanza con la realidad y disfrazar así lo que es *dramáticamente real*, el drama está condenado a volverse trivial. (181-83)

Es decir, la tragedia no modela sino que "consume a la vida" (*Teoría de la novela* 42). Por eso, "si el héroe trágico abraza los atributos simbólicos de la vida, es con el único fin de manifestar en la ceremonia simbólica de su muerte el develamiento de su trascendencia" (46).

Entender a la tragedia como una de las formas del juicio fue también parte de la hermenéutica de Walter Benjamin (1928) quien consideraba que este espectáculo teatral –al igual que las competencias atléticas y la práctica judicial– formaba parte del paradigma agonístico de la cultura griega. Retomando la relación ya establecida por Nietzsche entre la forma de la tragedia y el mito, Benjamin la distingue de formas dramáticas posteriores justamente por el hecho de tener en su origen el mundo mítico, cerrado de los griegos.

En su contraste entre la tragedia griega y el *Trauerspiel* (o el drama barroco alemán), Benjamin considera a la primera como la escenificación de la lucha humana contra el destino, es decir, como el combate del hombre contra la justicia mítica de los Olímpicos. Así, no es al héroe al que se enjuicia finalmente en la tragedia, sino a los dioses mismos. El drama barroco alemán, por el contrario, encarna el dilema del hombre moderno: un drama de las apariencias en el que la inflación de los signos revela a un sujeto melancólico en el centro de un mundo donde el sentido no hace más que huir permanentemente.

Retomando el análisis del filósofo judío Franz Rosenzweig, Benjamin sostiene que la tragedia, a diferencia del *Trauerspiel*, crea un héroe mudo, el hombre metaético, aquel que, en el esplendor de su autoafirmación, pierde la palabra. Ante la derrota de los dioses, sólo cabe el silencio moral. De este modo, la muerte del héroe trágico prefigura el futuro de la comunidad ética por venir.

En su breve glosa crítica de la teoría de Benjamin, Vassilis Lambropoulos explica que ella se basa en una comprensión del *agon* típico de los griegos como una narrativa en tres estadios: crimen/destino (*hubris*), castigo/sacrificio y redención/compensación (127-29). Habría, entonces, una contradicción entre este héroe metaético y la concepción de la tragedia como análoga a la escenificación de un juicio (proceso que inevitablemente reclama un diálogo, la presencia reinante de la palabra, del *logos*).

La observación de Lambropoulos es importante y es parte de lo que George Steiner ha señalado como la "hibridez incómoda" del tratado de Benjamin sobre el *Trauerspiel* (15). En una de las secciones donde más se destaca esa hibridez es en la que Benjamin se ocupa del tema de la moral en la tragedia. Al igual que Nietzsche, Benjamin escribe en contra de toda una tradición crítica que consideraba que las acciones y actitudes de los personajes ficcionales podían ser usadas en la discusión de problemas morales como si fueran un modelo "anatómico" (104). Esta lectura de la tragedia en particular sería una impostación, un error de los Idealistas alemanes. Sin embargo, esto no significa que para Benjamin la tragedia no tuviera una dimensión ética, sino que esa dimensión hay que buscarla en el sufrimiento del héroe y en las consecuencias que su silencio "infantilizado y amoral" tiene para la fundación de una comunidad ética a partir de la transmisión de la leyenda: "En el sufrimiento del héroe, la comunidad aprende reverencia y gratitud por la palabra con la que la muerte del mismo héroe la inviste, una palabra que ha brillado en otro sitio como un nuevo don cada vez que el poeta ha extraído un nuevo sentido para la leyenda" (109).

La distinción entre el drama barroco alemán (originado en la historia) y la tragedia clásica (anclada en el mito) lleva a Benjamin (igual que a Lukács) a plantear la imposibilidad de la tragedia en el mundo moderno, caracterizado por la presencia de un sujeto melancólico que sólo se permite la di-versión de la alegoría. Así lo plantea Lukács: "Nuestra era democrática ha proclamado en vano su derecho a la tragedia; todos los intentos de abrir ese reino de los cielos a los pobres de espíritu han sido inútiles" ("Metaphysics of Tragedy" 197). [5]

En este sentido, el análisis de Benjamin es un explícito rechazo tanto de la teoría aristotélica de la tragedia, como de las elaboraciones posteriores de los románticos alemanes. Pero en lugar de atenerme rígidamente a sus postulados teóricos, procuraré seguir la deriva romántica contra la que él escribía ya que, como se verá, resulta fundamental a la hora de preguntarnos por la cualidad de lo trágico en ciertos dramas del siglo XIX latinoamericanos que tienen al Romanticismo europeo como intertexto fundamental.

Fueron los románticos alemanes quienes realizaron la operación de distinción entre la tragedia como género literario y el sentimiento o el concepto de "lo trágico" presente en la filosofía y la estética modernas. De ahí que, en su crítica a la Modernidad, revisen el Barroco y su diálogo con la tradición clásica. A través de la relectura de los clásicos y de las tragedias de Shakespeare, los románticos abstraen el concepto de "lo trágico" de la forma concreta del drama y de sus circunstancias. Para el Romanticismo alemán, lo trágico representa las antinomias típicas del hombre moderno, el conflicto entre necesidad y libertad, entre liberación y legislación, entre justicia y desigualdad. Lo trágico es entendido, entonces, también como un exceso, como todo aquello imposible de simbolizar, lo que sobrepasa a la historia, a la justicia, al conocimiento y a la razón humanas; todo aquello que "va más allá pero no trasciende ni puede trascender. Así, a lo largo de su desarrollo, lo trágico ha cumplido siempre un rol ético sin adquirir nunca un valor moral fijo [...]. A menudo ha funcionado como un suplemento, un sobrante de la estética. La estética reconcilia los opuestos (razón y pasión, entendimiento y sentimiento). Todos aquellos dilemas éticos que no pueden ser reconciliados por arbitraje de

---

[5] Con respecto a la apreciación de Benjamin del sujeto moderno, centro del drama Barroco, comenta en otro lugar Lukács: "Benjamin es un estilista demasiado sagaz como para que ignoremos las connotaciones peyorativas implícitas en su uso de la palabra 'diversión'. Cuando el mundo de los objetos ya no puede ser tomado seriamente, la seriedad del mundo del sujeto debe desvanecerse con aquel" ("On Walter Benjamin" 88).

la estética, encuentran en su expresión torturada la idea de lo trágico" (Lambropoulos 10-11).

Es esta idea de lo trágico como exceso, como suplemento (ético) de la dimensión estética la que me interesa retomar para mi lectura de los dramas de José de Alencar, Lucio V. Mansilla y Federico Gamboa. Para entender esta dimensión y, sobre todo, su funcionamiento en estos dramas de intertexto romántico es necesario volver, como lo hicieron los escritores románticos a ambos lados del Atlántico, a la definición aristotélica de tragedia y, especialmente, al concepto de catarsis.

Más allá de la convención de las unidades (de tiempo, lugar y acción) y, obviamente, de la necesidad de la actuación, la definición de Aristóteles de la tragedia enfatizaba sus efectos particulares sobre el público. Dos elementos resultaban, entonces, fundamentales: la representación de acciones "elevadas"; y el despertar del miedo y la compasión en los espectadores, logrado a través de la catarsis. Apunta Stephen Halliwell que esas emociones que la tragedia lograría despertar en su público demostrarían la capacidad de esta forma literaria para reflexionar sobre la profunda vulnerabilidad del ser humano (13-17). Sería el propio desarrollo de los eventos sobre el escenario (las transformaciones de la fortuna que acontecen al héroe) el que produciría ese (deseable) efecto sobre los espectadores. Es decir, la acción misma de la obra es la que produciría la catarsis emocional.

El problema es que sólo una vez se refiere Aristóteles al concepto de catarsis, en el famoso pasaje en el que provee la definición genérica de la tragedia: "Es, pues, la tragedia imitación de una acción esforzada y completa, de cierta amplitud, en lenguaje sazonado, separada cada una de las especies [de aderezos] en las distintas partes, actuando los personajes y no mediante relato, y que mediante compasión y temor lleva a cabo la purgación de tales afecciones" (*Poética* 145).[6] Se supone que en el Libro II de la Poética, Aristóteles se habría ocupado más ampliamente de la cuestión pero, dado que ese libro se ha perdido, la

---

[6] "Catarsis" es traducida aquí como "purgación".

comprensión del término se ha basado tanto en su etimología como en otros textos de Aristóteles (por ejemplo, en la *Política*, donde la menciona en relación con los efectos de la música). Lo cierto es que, tanto por su etimología, como por sus usos posteriores, el término ha sido siempre motivo de controversia. Halliwell señala que "el término griego *katharsis*, que, entre sus sentidos incluía 'limpieza', 'purificación' y 'purgación' ha sido el peor entendido de todo el tratado" (17). En contra de la interpretación que la equipara exclusivamente a la idea de "purgación" y pierde de vista la importancia ética y hedonista de las emociones en la teoría aristotélica, Halliwell propone, en cambio, entenderla como "un concepto interconectado con varios elementos de la teoría de la tragedia de Aristóteles, y que, en muchos sentidos, completa su descripción del género enmarcando la experiencia del mismo como psicológicamente compensadora y éticamente benéfica" (19).

No es mi intención intervenir en esta polémica filológica, que es potencialmente interminable y excede los límites de este trabajo. Pero, dado que la cuestión de la ética y la moral es crucial para mi propuesta de lectura de obras teatrales que trabajan con el concepto de "lo trágico", es necesario profundizar esta relación entre tragedia y la catarsis. O, mejor dicho, acordar en una interpretación operativa de este vínculo entre una forma literaria y sus supuestos efectos en la instancia de la recepción.

La mejor pista de esta relación entre catarsis y tragedia –y con esto apenas quiero decir aquella que me ha permitido iluminar esta polémica– no la he encontrado en las exégesis aristotélicas o en los textos de los expertos en helenismo sino en el seminario que Jacques Lacan dictó entre 1959 y 1960 y que, no casualmente, llevan el título de *La ética del psicoanálisis*.

Además de proveer una de las interpretaciones más brillantes de *Antígona*, el propósito de este seminario de Lacan es reflexionar sobre el lugar del analista en el análisis y sobre la demanda de felicidad del paciente. De ahí la necesidad de ocuparse del tema de la ética, para lo cual Lacan emprende una revisión de la filosofía occidental desde Aristóteles a Kant, pasando por Sade hasta llegar al pensamiento diferencial de Freud.

Esta revisión constituye en realidad un verdadero tratado crítico de la "ética del amo" inaugurada por Aristóteles (el texto canónico es *Ética a Nicómaco*) y continuada por la filosofía posterior hasta, al menos, el principio del siglo XIX:

> Lo que sucedió al inicio del siglo XIX es la conversión o reversión utilitarista [de la ética aristotélica]. Podemos especificar ese momento, sin duda condicionado históricamente, por una declinación radical de la función del amo, la cual rige, evidentemente, toda la reflexión aristotélica y determina su perdurabilidad a través de los tiempos. Encontraremos expresada en Hegel la desvalorización extrema de la posición del amo, pues hace de él el gran chorlito, el cornudo magnífico de la evolución histórica, pasando por las vías del vencido, es decir, del esclavo y de su trabajo, la virtud del progreso. (21)

Esta observación de Lacan sobre la ética del amo (y el paradigma filosófico asociado a ella que el utilitarismo empieza a socavar) resulta un horizonte importante para las obras que analizaré en este capítulo, pues todas ellas tienen como foco radiante la pareja amo-esclavo. Además, no está de más destacar, que ese ocaso de la función del amo que se inicia con la "Dialéctica del amo y el esclavo" de Hegel tiene su origen, como ya lo ha demostrado Susan Buck-Morss, en la revolución haitiana. Otra razón para revisar el aporte de la literatura latinoamericana al ocaso de esa ética de la dominación. Ése es uno de los objetivos de esta sección sobre los dramas del siglo XIX: rastrear sus representaciones específicas de la economía moral de sus sociedades, encarnada en los intercambios entre señores y esclavos; y entender esas representaciones como un capítulo insoslayable en ese ocaso de la ética Occidental del Amo.

En términos de su entendimiento del concepto de ética, muchas de las elaboraciones de Lacan son retomados por Alain Badiou. Entre ellas, por ejemplo, el hecho de pensarla no en el territorio de lo ideal sino de lo real (la ética es el punto de vista que ancla al hombre en relación con lo real) y la necesidad de abordar el problema del Bien y de los bienes; pero en esta sección me interesa en particular la reivindicación que hace Lacan del concepto de catarsis, su relación con el arte (a través de "la función de lo bello") y con la idea de lo trágico.

Lacan encuentra en la tragedia un modelo para definir la ética del psicoanálisis precisamente por el efecto catártico de ambos procedimientos.[7] "Catarsis" equivaldría a la reacción clasificada por Freud como "abreacción", es decir, "la descarga de una emoción que quedó en suspenso" (Lacan 294). En esto, Freud sigue etimológicamente a Aristóteles. Pero en su análisis, Lacan reconstruye la línea doble del término griego *khatarsis*. Por un lado, su empleo en la medicina hipocrática, en donde el término adquiere el sentido de "purgación", de eliminación o descarga de toxinas que restaura el equilibrio del cuerpo y lo vuelve a la normalidad. Por el otro, la deriva que enfatiza el sentido religioso y ritual del término y que lo vincula con la idea de "purificación" (he ahí, entre otras cosas, el origen del término "cátaro"). Una tercera versión –que Lacan extrae del libro VIII de la *Política*– remite la catarsis a la música, más específicamente al efecto que cierta música tiene sobre el sujeto, una música que, luego del éxtasis y el placer desenfrenado, produce la calma y el entusiasmo (Lacan 294-96). De esta última acepción, Lacan extrae su elaboración de la función de lo bello en el arte. Su interpretación de esta función en la tragedia y su relación con el deseo y la pulsión de muerte, en particular en *Antígona*, constituye una lección de crítica literaria y cultural.

Para Lacan, el esplendor de Antígona está dado por una imagen en particular, la de *Antígona* misma, una imagen que atrae y fascina al espectador. Dice Lacan:

> Pues sabemos que más allá de los diálogos, más allá de la familia y de la patria, más allá de los desarrollos moralizantes, es ella [Antígona] quien nos fascina con su brillo insoportable, con lo que tiene, que nos retiene y que a la vez nos veda, en el sentido de que nos intimida; en lo que tiene de desconcertante esta víctima tan terriblemente voluntaria.
>
> Del lado de este atractivo debemos buscar el verdadero sentido, el verdadero misterio, el verdadero alcance de la tragedia –del lado de esa turbación que entraña, del lado de las pasiones sin duda, pero de esas pasiones singulares

---

[7] Para una discusión estrictamente psicoanalítica –y por ello, tal vez, un tanto esotérica– de esta relación, véase el ensayo "Lacanian Tragedy and the Ethics of Jouissance" (1999) de Restuccia, Weber y Mellard.

que son el temor y la compasión, pues por intermedio de ellas [...] somos purgados, purificados de lo que es de dicho orden. Dicho orden, podemos reconocerlo de entrada– es, hablando estrictamente, la serie de lo imaginario. De ella somos purgados por intermedio de una imagen entre otras. (298)

La imagen de Antígona a punto de entrar a su tumba (también da Lacan el ejemplo de la pintura de los zapatos de Van Gogh) condensa esa función, la función de lo bello: la de actuar como la única línea *visible* de nuestro deseo; la de funcionar, en tanto imagen, como significante del límite entre la vida y la muerte, la frontera del cadáver aún vivo (326). Esa es la característica definitoria de todos los héroes trágicos, son héroes que se encuentran separados no sólo de la estructura de la ley (que podemos identificar con la moral) sino que entran en esa zona límite donde se enfrentan al vacío significante de la muerte.[8] La función de lo bello en este contexto es la de suspender el juicio, la de iluminar por un instante el sitio del sujeto con respecto a su propia muerte y a la vez, la de cegarlo en ese mismo proceso. Éste es, para Lacan el doble efecto (ético y estético) de la tragedia.

La tragedia no provee un modelo moral fijo, como ya lo planteaba la cita de Lambropoulos más arriba. Pero la cualidad de "lo trágico" se caracteriza (si tomamos en cuenta las distintas teorías que hemos venido contrastando) por este acoplamiento particular de la ética y la estética: la dimensión estética busca reconciliar opuestos (Lambropoulos) o, incluso más aún, proveer el único acceso significante a la muerte (Lacan) mientras que la dimensión ética funciona como ese exceso, ese más allá (de la razón, de la vida, de la muerte), ese límite elidido donde también la ley social se desploma.

Incluso el pensamiento de Benjamin, que negaba la posibilidad de que lo trágico pudiera despegarse de la forma literaria de la tragedia,

---

[8] En varias secciones, Lacan elabora la función de lo bello como el significante que, transgrediendo la barrera del bien, nos da acceso a aquello para lo que el ser humano no tiene significante posible (278; 299; 327; 343): "He querido mostrar cómo la función del significante de permitir el acceso del sujeto a su relación con la muerte. Es por eso que en nuestros últimos encuentros les he tratado de mostrar esta función en una forma estética (la de lo bello). La función de lo bello es la de revelarnos el lugar del sujeto en relación con su propia muerte, más aún, la de revelárnoslo en un relámpago cegador" (344).

podría alinearse con esto, al menos en el punto en que sostiene que toda tragedia se ocupa de la muerte (mientras que el drama barroco se ocuparía del luto). Volviendo a la última cita de Lacan, es importante destacar un punto diferencial en su definición: "más allá del diálogo, más allá de la cuestión de la familia y de la nación, más allá de los argumentos moralizantes" – nos dice –, es la imagen de lo bello la que produce el efecto catártico en la tragedia. A diferencia de Benjamin (que lee la tragedia como la victoria final y a la vez primigenia de la palabra), Lacan la lee como su derrota, como el triunfo de lo imaginario. Del mismo modo, Benjamin leía al héroe trágico como a un personaje metaético –anterior al comienzo de la ética de la comunidad, más específicamente de la nación– mientras que Lacan sostiene la necesidad de pensarlo más allá de ella, en el combate entre la pulsión de vida y la pulsión de muerte, entre el deseo y el poder de atracción de lo bello; un héroe que no está más allá de la ética sino en esa zona límite, (criminal, dice Lacan en otra parte) donde las leyes (morales) de la comunidad se derrumban.

¿Qué importancia tiene toda esta teoría de "lo trágico" para leer los dramas latinoamericanos del siglo XIX? Por un lado, permite contrastarlos con los proyectos fundacionales de las novelas románticas del mismo período; a diferencia de esas narrativas, el teatro del siglo se escribe con una clara consciencia de su función reformadora de las costumbres morales concretas vigentes en sus sociedades. Muchos de estos dramas son directamente obras de factura didáctica cuando no moralizante. Desde las primeras historias teatrales de América Latina hasta los estudios más recientes (Dauster [1973]; Villegas [2005]), siempre se destaca en el clima teatral de principios del siglo XIX la queja de los intelectuales latinoamericanos de la dependencia de las compañías extranjeras (sobre todo españolas) y la urgencia de crear obras a tono con los tiempos de la Independencia. Esas obras, por su recepción más inmediata, cumplirían una función educativa más eficaz que otros géneros literarios (y para entender esto, sólo hace falta invocar la larga tradición española ligada al uso educativo del teatro tanto en la colonia como en la Península).

Un ejemplo claro de esta idea del teatro como elemento reformador aparece en algunos textos de Sarmiento, quien pedía que el teatro encarnara la misión de ennoblecer la sociedad. Por lo tanto, su función sería:

> [...] destruir toda preocupación de clases, toda tiranía, ya sea pública o doméstica, i en llevar a su lugar a la libertad individual del uno i del otro sexo, i en dar a la sociedad la influencia i el lugar que al mérito real le corresponden.... El teatro es una verdadera escuela en que, por medio de los sentidos i del corazón llegan a nuestro espíritu ideas que necesitamos para la misma obra de regeneración de nuestras costumbres. (Castagnino 33)

Claramente, muchos intelectuales del siglo veían a esta rama del arte directamente ligada a la educación moral. Ése es el caso de Alencar. También el de Gamboa. Pero ya antes, a principios de siglo, en el período inmediatamente posterior a la Independencia, cuando el teatro había tomado un cariz marcadamente neoclásico, esa preocupación moral ya estaba presente. Una preocupación reformadora que no dudaba en adaptar las tragedias griegas a las angustias modernas de la región, como es el caso de *Dido* (1823) del argentino Juan Cruz Varela, que re-escribe la Eneida como "un conflicto entre el deber y la pasión siguiendo los modelos franceses" (Dauster 9); también es el caso de *Ana Bolena* o *El torneo*, versiones teatrales del estilo de Walter Scott escritas por el dramaturgo mexicano Fernando Calderón, cuya trayectoria va del neoclasicismo didáctico al costumbrismo (Dauster 13).

Me detengo en esta primera parte del siglo –a pesar de que no es el objeto central de este trabajo– porque es necesario inscribir las obras posteriores dentro del funcionamiento mayor del sistema teatral y sus distintas teatralidades.[9] Todo el teatro latinoamericano del siglo – al igual que otras ramas de la literatura– está atravesado por la oposición entre lo universal y lo nacional. Pero curiosamente, el teatro parece una zona donde la polémica está menos demarcada, donde a nadie se le ocurre pensar que Dido está fuera de lugar en un escenario porteño. En parte,

---

[9] Para un panorama multicultural de las teatralidades latinoamericanas en el que conviven distintos discursos, a veces en conflicto, a veces complementarios (desde la teatralidad de las burguesías ilustradas hasta las indígenas y las afro-americanas) véase Juan Villegas, *Historia multicultural del teatro y las teatralidades de America Latina* (2005).

esto sucede por el intertexto "universal" de la tragedia griega. Como señala Borges en más de una ocasión, Shakespeare ya había habilitado esa operación de trasplante. En esta reescritura de la tragedia los latinoamericanos se apropiaban de "lo trágico" con el mismo derecho que sus pares franceses o alemanes. No es casual que en su famoso texto sobre literatura nacional y el color local, el propio Machado de Assis también invoque a Shakespeare como ejemplo, al preguntarse "se o *Hamlet*, o *Otelo*, o *Júlio César*, a *Julieta e Romeu* têm alguma coisa com a história inglesa nem com o território britânico, e se, entretanto, Shakespeare não é, além de um gênio universal, um poeta essencialmente inglês" ("Instinto de nacionalidade"). Habría en lo trágico un permiso para experimentar, para ir más allá, al fin, del escenario local, de sus tesoros y de sus pobrezas.

Hacia mediados del siglo, conviven en la escena teatral latinoamericana la tendencia romántica con el realismo costumbrista; los dramas centran alternativamente sus temas en el poder (el tema del tirano) o en la crítica moralista de las costumbres sociales. La mayoría de los estudios de esta época se han concentrado en la revisión de estas tendencias estilísticas sin considerar específicamente su conexión con el concepto de "lo trágico" tal como lo habían vuelto a pensar los románticos alemanes, franceses y latinoamericanos. En muchos casos, esa conexión transatlántica es explícita. Por ejemplo, cuando llega vía Víctor Hugo, quien en *Cromwell* (1827) ya había modelado la tragedia del carácter o del personaje en conflicto con el mundo y la ley moral, atrapado en la red de relaciones sociales y en las leyes y las instituciones que constituyen "el destino" de los modernos. En el prefacio a esta obra, la concepción de Hugo de la tragedia – entendida estrictamente como género literario – ya la coloca como género destinado a la pintura y a la crítica social, mientras que la novela cumpliría una función análoga a la de la épica: la de eternizar la historia (Lambropoulos 57-59). Por otra parte, en América Latina, el teatro romántico encuentra en la figura del tirano uno de sus temas más frecuentes: "los jóvenes dramaturgos [...] en su mayoría defensores de la ideología liberal, estigmatizaron [los] procesos dictatoriales en personas que simbolizaban la tiranía en la escena, pues más que la traslación irreflexiva y gratuita de los tiranos de dramas franceses como *Cromwell*, de Hugo, constituía la asimilación del conflicto latinoamericano esencial de su tiempo" (Azor 71-72).

Al avanzar el siglo, a la figura del tirano se va sumando, como quería Sarmiento, la crítica de las costumbres y de los valores dominantes. En este teatro que pone a su propia sociedad en tela de juicio es posible entrever las fisuras, contradicciones y excesos de la ideología dominante de modo quizás más claro que en las novelas del período. Las tres obras que leeré en esta sección pertenecen a ese momento crucial del teatro de América Latina: aquel en el que la reflexión sobre el poder abandona la figura del tirano y se centra –también como quería, sorprendentemente, Sarmiento– en las relaciones domésticas, entre las que sobresale otra pareja fundacional, no la pareja romántica sino una que no convoca alegorías tranquilizantes: la pareja del amo y el esclavo.

Sin duda es posible leer algunos de estos dramas en la misma clave alegórica que las novelas románticas, pero esa lectura perdería de vista una característica esencial de los mismos: antes que reflexiones sobre la nación, estos dramas insisten en pensar el poder. Y lo hacen en escenarios "menores", casi microscópicos. Estos dramas se ubican en la intimidad de la casa y de la estancia, en sus economías cotidianas de pasiones y de acciones en las que la pareja del señor y su sirviente se transforma en el centro de un drama con éticas y estéticas propias, que no se limitan a la imitación de modelos europeos.

A principios del siglo XX, Benjamin sostenía que ya no era posible escribir tragedias. Sin embargo, durante el siglo anterior, la estética romántica había resucitado la idea de "lo trágico" como forma privilegiada para dar cuenta de la colisión de esa misma estética con la Modernidad. No atender a la concepción romántica de "lo trágico" significaría, además, negar uno de los principales aportes de esta corriente a la Historia de las Artes, que, según Todorov produjo una renovación enorme de los géneros literarios (47). Una de las contribuciones más ricas del Romanticismo fue justamente el desprecio por los preceptos, moldes o convenciones de la obra literaria, una renovación de las formas de la que el modernismo o las vanguardias posteriores fueron herederos, aunque no muchas veces reconocieran esa herencia. La renovación de la idea de "lo trágico" ya no asociada al género dramático sino como un matiz, una tonalidad que marca a la Modernidad –y a su literatura– para siempre es parte de ese movimiento.

Obsesionados por el choque post-iluminista, los románticos siguieron intentando escribir tragedias a ambos lados del Atlántico. Eso no quiere decir que sus dramas fueran tragedias en el sentido griego de la palabra. Pero tampoco conviene leerlos como si fueran meras copias del drama barroco; es decir, dramas de las apariencias y de la melancolía, donde la alegoría de la ruina domina como último significante, que sólo se complace en un juego de combinatorias. Me pregunto si la insistencia en la crítica alegórico-nacional que últimamente domina la lectura de nuestro siglo XIX no será un ejemplo más de esa nostalgia que señalaba Lezama Lima refiriéndose a T. S. Eliot, la nostalgia de una crítica pesimista "en cuanto [...] cree que la creación fue realizada por los antiguos y que a los contemporáneos sólo nos resta el juego de las combinatorias" (Lezama Lima 57). Negar lo trágico en la ética y la estética con la que los dramaturgos latinoamericanos se acercan al escenario de la Modernidad sería negar su poderosa novedad. En efecto, ¿dónde sino en Latinoamérica encontraría más asidero la crítica de la "función del amo" realizada públicamente sobre un escenario? ¿Cuántos antecedentes de obras dramáticas existen que pongan a la pareja fundamental (no a la pareja hegeliana del hombre y la mujer[10]) sino a la pareja primigenia del amo y el esclavo en el centro de su poética? Sabemos que incluso la respuesta shakespereana –la dialéctica de Próspero y Calibán– tiene su origen en el Descubrimiento. En lo que respecta a la Conquista –que al menos en opinión de un autor, inaugura toda una nueva literatura ética (A. González)– muchas han sido las obras de arte destinadas a reflexionar

---

[10] La referencia es, otra vez, a Lacan: "Notemos de entrada que hoy en día es impensable hablar de 'la sociedad' en abstracto. Es impensable históricamente y es impensable filosóficamente por la simple razón de que un tal Hegel ya nos ha revelado cuál es la función moderna del Estado y el vínculo entre toda una fenomenología de la mente y la necesidad de concebir un sistema legal perfectamente coherente. Una filosofía de la ley que, derivada del Estado, abarca toda la existencia humana hasta el punto de incluir a la pareja monogámica como su centro y su punto de partida" (105).

sobre esa colisión entre dos mundos en la que la cualidad de lo trágico se presenta con una luz nueva, que no es la de los antiguos pero tampoco la de los "modernos".

Lezama Lima consideraba que el aporte de América Latina a la cultura del mundo era el nacimiento de una luz mítica nueva para el cansancio clásico europeo. Me pregunto qué concepción de lo trágico, qué tono particular adquiere esa luz en nuestro siglo XIX, especialmente en sus dramas, obras que intentaré leer no atendiendo a las convenciones estilísticas del Romanticismo o del Costumbrismo sino a la economía moral que nos revelan, al tipo de catarsis a la que apelan en su nuevo balance entre ética y estética. Dramas que revelan el agotamiento del pretexto romántico, pues en ellos la pareja amorosa no es más que una excusa para pensar esa otra relación de producción, sumisión y rebeldía que entablan amos y esclavos; una excusa, incluso para pensar una erótica de la dominación. Quizás allí, en estos dramas "menores", bastante descuidados por la crítica hallemos un nuevo sentido de lo trágico: aquel en el que la justicia, adquiere la forma del sacrificio inútil, a-heroico; o, por el contrario, la forma de la denuncia vestida de Némesis, de romántica y desmesurada venganza.

Lo trágico y los dramas del siglo XIX

> PROSPERO:
> *But, as 'tis,*
> *We cannot miss him. He does make our fire,*
> *Fetch in our wood, and serves in offices*
> *That profit us. – What, ho! Slave! Caliban!*
> *Thou earth, thou! Speak!*
>
> William Shakespeare, *The Tempest*

En su estudio de la función del bien en la filosofía occidental, señala Lacan que la ética aristocrática de Aristóteles —comprensible sólo a partir de la función del amo— tendía a la búsqueda de la felicidad. Entonces, la palabra griega *eudaimonia* (usualmente traducida como "felicidad") sintetiza el ideal ético aristotélico. Sin embargo, y a pesar de la aparente connotación hedonista, esta ética no plantea al placer como el objetivo de la vida humana. "Al contrario, la idea de eudaimonia comienza con la noción de que, por ser racionales, los humanos funcionan de modo diferente a los animales [...] el buen funcionamiento del ser humano se identifica más con una especie de desempeño vital antes que con un estado de disfrute. De hecho, una traducción frecuente de 'eudaimonia' tal como se la usa en la ética es 'florecimiento humano'" (Parry 333). Pero la función del bien en esa ética aristocrática ya había sido inscripta —desde Aristóteles hasta San Agustín— como un índice del principio de placer: dado que en el dominio del placer no puede decidirse entre verdaderos y falsos placeres, la filosofía hedonista tiende a imponer la decisión moral no sobre el placer sino sobre los bienes (aquí en su doble acepción de objetos que alguien posee y de lo que es bueno para cada persona) a los que está dirigido.

La dialéctica del amo y el esclavo puede considerarse un capítulo en el ocaso de esa ética aristocrática. En esa lucha entre las dos consciencias (que es en sí, una dialéctica de la subjetivación), el amo descubre su dependencia del trabajo del esclavo y el esclavo encuentra, en la violencia de su resistencia, su reconocimiento como sujeto. El ocaso de la función del amo coincide, para Lacan, con una articulación del bien en la letra de la ley (el bien "común") que parece poner un límite a los deseos individuales. Es ahora la oposición entre el individuo y el Estado la que garantiza, en teoría, la vida social. El principio de placer se deriva, de ahí en más y aparentemente, del valor de uso de ciertos bienes (lo que Lacan llamará "el servicio de los bienes"). En su crítica de esta concepción que enfrenta al individuo y sus pulsiones al Estado y sus sanciones, Lacan sostiene que, en realidad, la felicidad para todos que promete la idea del "bien común" encubre otra concepción del bien, aquella que se relaciona con otro goce, con otro principio de *jouissance* que nada tiene que ver con el disfrute de ciertos bienes (su valor de uso) sino con el poder:

> el poder nace en el dominio del bien [...] Fue a Freud y no a mí a quien le tocó la tarea de desenmascarar lo que eso, en efecto, ha significado históricamente. Tener control sobre los bienes de uno conlleva un cierto desorden que revela su verdadera naturaleza, o, lo que es lo mismo: ejercitar el control sobre los propios bienes es poseer el derecho de privar a otros de ellos. (229)

En el epígrafe que encabeza esta sección encontramos la versión literaria de este conflicto. La iluminación del amo, en este caso de Próspero, quien admite su dependencia del esclavo revela el funcionamiento de esta dependencia en al menos tres direcciones: en su ejercicio de la capacidad de amar (de allí deriva, al fin la palabra "amo") o, lo que es lo mismo, de su capacidad de "hacer el bien"; en su capacidad o poder de disfrutar de los bienes; y en la del goce asociado al poder mismo de la relación de dominación. Para todo ello depende el amo de su esclavo. No es casual que esa dependencia se transforme en un grito, en un llamado. Próspero demanda que Calibán – a quien en el mismo sintagma identifica con la Tierra– hable.

La respuesta de Calibán es bien conocida y remite tanto al poder del insulto como al de la palabra misma: "Me enseñaste el lenguaje y mi venganza es que ahora sé cómo maldecir. Que caiga sobre ti la plaga roja por haberme enseñado tu lengua" (365).

En mi lectura de los dramas latinoamericanos que tienen como centro el tema de la esclavitud espero demostrar que la palabra en boca del esclavo acaba destruyendo toda la filosofía moral sobre la que descansa la relación. Como ya lo he planteado en la introducción a este trabajo, el sólo hecho de colocar al esclavo sobre el escenario, de pedirle que hable, tiene resultados impredecibles. Es la forma dramática, y la apelación al sentido de "lo trágico", con su particular (des)balance entre lo bello y lo bueno, la que determina el efecto catártico de esos resultados. De este modo, "lo trágico" en estos dramas representa aquello que las sociedades decimonónicas no pueden reconciliar o articular en formaciones estéticas tranquilizantes; aquello que rebasa las estrategias argumentativas de la ideología hegemónica y demuestra sus falacias; allí donde su pretensión de modernidad, de liberalismo y de universalidad, se derrumba. El elemento trágico en estos dramas (por más que en algunos casos convoquen a la parodia, a la comedia o al melodrama) está presente como ese exceso que no se resuelve, un exceso que, rompiendo la armonía de la forma estética, demanda una respuesta ética.

La forma de ese exceso es diferente de acuerdo con los contextos nacionales de cada escritor y su inserción en el campo literario de su época. Estéticamente, ese exceso está encarnado en estos dramas por una escena particular o en una imagen hiperbólica que simboliza, en su íntima paradoja, la contradicción irresuelta que insiste en el interior de la obra como una pregunta o una demanda de justicia. En el caso de José de Alencar, es la escena de una mujer que se vende a sí misma para salvar el honor de su hijo la que se construye como "sacrificio" trágico, como el significante de ese choque entre la moral liberal burguesa y el hecho cotidiano, inmoral de la esclavitud; en el caso de Lucio V. Mansilla, la moral de las apariencias, de las formas, la moral de la *pose* del dandi finisecular y su filantropía de ocasión encuentra su imagen especular, casi demoníaca en un esclavo que se parece tanto a su amo que no sólo acaba destruyéndolo, sino que también se destruye a sí mismo; y, por último, en *La venganza de la gleba*, de Federico Gamboa, ese exceso, ese componente trágico de la modernidad mexicana, aquello que retorna para reclamar su lugar en el terreno de la justicia, es simbolizado en el silencio obcecado, fantasmal y asesino del siervo ofendido por su amo.

Leer en estas obras estas imágenes-síntesis, este componente trágico, permite entenderlas más allá de la mera reproducción de las ideologías de dominación de la época. Permite no sólo recuperarlas como una crítica contundente a la ética aristocrática que la filosofía moderna occidental había fundado en sus propios predecesores, es decir, en la Antigüedad "clásica", sino también demostrar que en la literatura (aún cuando la entendamos como una parte de la ideología dominante de una época) es una vía de acceso única, por su complejidad simbólica, a las contradicciones, obsesiones y fracturas de esa misma ideología. Tomando en cuenta estos puntos, mi lectura buscará resaltar el elemento trágico que, desde el centro de cada obra (y a pesar de la filiación política de sus autores) irradia una profunda desarticulación de la ideología (y la moral) dominante de sus sociedades. Como ya expliqué, entenderé por moral la norma o las tendencias normativas que cada obra busca estabilizar; es decir los modelos o preceptos que invoca como substrato ideológico dominante. El elemento trágico excede, entonces, ese sustrato moral o moralista de las obras y nos deja con una pregunta, una demanda ética irresuelta.

En algunos casos, como en el de Alencar o en el de Gamboa, esa moral o moraleja buscada es bastante explícita: ambos pensaban al teatro como un género especialmente apto para la reforma de las costumbres (es el caso de Alencar) o como un medio "altruista", aquel en que el escritor dejaría de lado las demandas de su propio ego para acceder al llamado del Otro (social, racial). Sin duda, es el caso de Gamboa, quien escribe *La venganza de la gleba* en un momento de particular iluminación "clasista": de ahí que lo pueda subtitular como "un himno de purificación y castigo para los ricos de mi tierra" (3). El caso de Mansilla es un poco más complejo; pero la humorada "amoral" que propone el joven patricio cuando escribe *Atar-Gull* preanuncia las anécdotas moralistas del general en su vejez, una moral paternalista que atraviesa sus historias militares, amorosas y domésticas con especial claridad. Este contrapunto entre la vocación moral o moralista de estas obras de teatro y el elemento trágico que las rebasa es, entonces, el recorrido que propongo para las próximas páginas.

Escrita en 1860, *Mãe*, la tragedia con la que Alencar apenas esperaba insuflar en las clases dominantes cariocas el deseo de liberar voluntaria y controladamente a sus esclavos, acaba por transformarse en una de las críticas más claras al sistema esclavista; incluso más radical en sus postulados que algunos de los axiomas de un abolicionista militante como Joaquim Nabuco. Este drama de un hijo que ha crecido llamando esclava a su propia madre y a quien, todavía ignorante de la verdad, vende para salvar el honor del padre de su novia, lleva el tema del juicio que toda tragedia convoca a terrenos insospechados, un terreno que podemos calificar de tragicómico. *Mãe*, a quienes muchos —incluido el propio Alencar— insistieron en leer apenas como la humanización de la figura de la esclava en la ética pura y amorosa de la madre, expone el goce asociado a la relación de poder entre amos y sirvientes. En este sentido, la economía moral de la obra produce un efecto catártico que purga a la sociedad brasileña de un tipo especial de vergüenza: la que da cuenta del placer en la transgresión de la línea del bien que dividiría la relación entre amo y esclavo, línea que al fin y al cabo se revela como lugar especial (y edípico) del goce.

También el goce declarado, ilimitado, el goce de la *acumulación* (inmoral) de bienes –que es incluso el goce del mundo de las formas, el doble usufructo del control sobre los bienes y el de la "pose del hombre de bien"– ocupa el centro de *Atar-Gull, una venganza africana*, el experimento con el que Lucio V. Mansilla debuta sobre los escenarios porteños en 1864. A pesar de su final moralizante y de su origen plagiario (la obra es, como veremos, una reescritura del argumento de una novela de Eugène Sue), *Atar-Gull* es, a diferencia del texto del francés, no una reivindicación del esclavo sino una descomposición de la función del amo. En su dialéctica de la venganza, el esclavo no sólo destruye silenciosamente a su dueño, sino que rechaza incluso el reconocimiento hegeliano y se afirma en su capacidad de perderlo todo. La frase grandilocuente en los labios de Atar-Gull ("Significa, blanco–que rechazo tus dones"), suena, en este contexto, a una admonición: si el héroe trágico clásico está más allá de la ética (es decir, su lucha se da en un presente cerrado en el que todo el tiempo la comunidad ética está comenzando) y el héroe moderno está dominado por la culpa individual, la (per)versión que Mansilla nos presenta de la tragedia del amo y el esclavo es en el fondo la negación de la existencia de la ley o su denuncia de mera forma o apariencia, una negación que une a las figuras del amo, el criminal y el esclavo en una tríada indisoluble y especular que hace imposible la asignación de culpas y castigos.

Por último, en *La venganza de la gleba* (1904), la obra con la que Gamboa esperaba purificar y castigar a la clase terrateniente mexicana, nos enfrenta con el poder potencialmente destructor del silencio del esclavo. Más allá del diálogo de corte católico moralista que Gamboa pone en boca de sus personajes, la representación de los siervos de la gleba y su explotación trasciende la misión altruista que el autor declara desde el epígrafe. Otra vez el goce sexual prohibido y el incesto son los peligros que la obra conjura para la clase terrateniente; pero al poner la posibilidad de la venganza en manos del siervo y el reclamo de justicia en la ley de la Naturaleza, el efecto catártico que Gamboa buscaba con este particular drama doméstico toma un matiz catastrófico en cuyo horizonte es imposible no distinguir el Juicio Final que clausura el siglo y que cobrará forma con la Revolución Mexicana.

En los próximos tres capítulos ensayaré posibles lecturas de la economía moral que estas obras proponen a partir de la pareja radiante del amo y el esclavo. En un esfuerzo por detectar en ellas lo trágico latinoamericano —es decir, el modo particular y nuevo con el que estas obras dialogan con la tradición occidental de la "ética del amo"— mi lectura intenta, además, ponerlas en contacto con la norma moral dominante de sus sociedades, con las prácticas, discursos y acciones que conforman el andamiaje socio-histórico en el que esas relaciones entre amos y esclavos se inscriben. Desde este punto de vista, espero poder dar cuenta de cómo, más allá de los préstamos y re-elaboraciones del teatro clásico y del Romanticismo europeo, estas obras modelan las relaciones concretas de clase y raza que atraviesan a esa pareja fundamental en la América Latina de mediados del siglo XIX. En eso consiste, en parte, su originalidad ética y estética.

II. El capital de la vergüenza: teatro, esclavitud y exhibicionismo moral según José de Alencar[11]

DIÁLOGO ENTRE NÉMESIS Y AIDÓS

Cuenta Hesíodo en sus *Teogonías* que ante el espectáculo de la destrucción y la decadencia humana, las últimas diosas en abandonar el mundo fueron Némesis y Aidós. Podría pensarse que el diálogo entre estos dos principios (Némesis, el principio de recta indignación, vulgarmente traducido como venganza; y Aidós, el sentido del pudor, del honor o de la vergüenza) contiene ya, en sí mismo, una teoría ética. Una teoría que, además, constituye un germen especialmente apto para el teatro. En palabras de Alfonso Reyes, el diálogo entre los dos principios supone una teoría de la "emoción ética" (54).

La reflexión en torno a la vergüenza y sus polos significantes ocupa el centro no sólo de cierta teoría de la emoción ética sino de muchas de las obras literarias occidentales que abordan el tema de la ruptura de la ley social (*Antígona* sería el ejemplo clásico).[12] Más aún, los problemas del honor y de la honra fueron durante mucho tiempo lugares comunes en el campo de la literatura hispánica: basta recordar las comedias de enredos de Lope de Vega. Las variaciones sobre ese mismo tema adquirieron en el Nuevo Continente matices insospechados. Desde novelas románticas como *Cecilia Valdés*, pasando por relatos como "Si haces mal, no esperes bien" de Juana Manuela Gorriti, el tema del honor y la vergüenza se asocia a los orígenes raciales de la Nación. Incluso podemos leer algunos de esos relatos —es el caso del cuento de Gorriti— como fábulas morales

---

[11] Una versión abreviada de este capítulo apareció en *Latin American Theatre Review* (2015).
[12] Sobre Antígona y la ley social, véase la refutación que hace Lacan (1997) de la interpretación hegeliana de esta tragedia.

(como Némesis literarias) que impugnan cierto uso espurio del poder en manos de las clases (blancas o criollas) dominantes.

Pero para los intelectuales brasileños del siglo XIX, la cuestión de la vergüenza era algo más que un tópico literario usado para exorcizar los terrores del origen. Se trataba de algo más concreto, de esa marca cotidiana asociada al sistema económico que movía al país: la esclavitud. En su ya clásico estudio sobre el pensamiento en torno a la raza en Brasil, Thomas Skidmore consigna que hacia mediados del siglo, se registra un cambio fundamental en el debate en torno a la esclavitud: la discusión se dirige más hacia los modos en que Brasil debe abolir el sistema y, en ese clima intelectual, el mayor argumento de los abolicionistas es que Brasil es una nación moralmente aislada comparada con el resto del mundo (Skidmore 18). Si en algo tiene éxito la prédica abolicionista de Joaquim Nabuco (1849-1910), por ejemplo, es en presentar a la esclavitud como una vergüenza nacional, índice del atraso y de la barbarie que aparta a Brasil del conjunto de las naciones civilizadas.[13]

Incluso los políticos más conservadores –y el caso de José de Alencar (1829-1877) siempre se cita como paradigmático– acuerdan en este momento del debate (durante los años 1870-80) con que la esclavitud es un hecho aberrante. Claro está, difieren con los liberales en los métodos para erradicarla y así se invierten largas (y a veces deliberadamente infructuosas) sesiones parlamentarias en la discusión acerca de las virtudes de la emancipación gradual frente a la emancipación directa.[14] Lo

---

[13] Skidmore resume con éxito el corazón del argumento moral/liberal de Nabuco, que invoca a la vergüenza y el atraso brasileños más que a cuestiones raciales: "Nabuco era el teórico líder de los abolicionistas. Escribió uno de los primeros manifiestos –publicado por la recién fundada Sociedad Antiesclavitud (Sociedade Contra Escravidão) en 1880. En él, la razón liberal es el centro del mensaje abolicionista. La esclavitud hacía de Brasil un anacronismo vergonzoso, fuera de ritmo del 'progreso de nuestro siglo'. La condena moral de Europa y Norteamérica pesaba con gravedad" (18).

[14] Esto no quiere decir que ya no hubiera, hacia la década del '80, esclavistas convencidos. Sin embargo, y siguiendo otra vez a Skidmore, es cierto que la Ley Áurea de 1888 fue el resultado de la política de un gabinete conservador liderado por hacendados dueños de cafetales en São Paulo. La conclusión de que la mano de obra obrera sería más rentable que la esclava y el temor a una reforma mucho más radical que podría llevar incluso a una redistribución de la propiedad de la tierra hizo que la elite paulista se asegurara, al menos, el control del proceso, con la sanción de la ley de Abolición de 1888 (Skidmore 16-17).

interesante es que todo este debate político tiene, en el caso de Alencar, un paralelo literario.

El más conocido de esos paralelos fue la polémica que entablaron Alencar y Nabuco en las páginas de *O Globo* hacia 1875. Su centro fueron los ataques de Nabuco al teatro de Alencar a raíz del fracaso de una de sus obras (*O Jesuita*, 1875). El tono de las réplicas y contrarréplicas de los dos protagonistas de la polémica va subiendo de artículo en artículo a lo largo de varias semanas de correspondencia pública. El joven Nabuco, recién llegado de la Francia naturalista, ataca una por una las convenciones del Romanticismo poco realista de Alencar y cuando se queda sin argumentos, no duda en destacar que Alencar "julgou-se chamado a sustentar a escravidão que seus dramas tinham abalado" (48). Para justificar esta acusación, Nabuco se ve obligado a analizar en pequeños ensayos de crítica literaria los "defectos" de la producción dramática del gran escritor romántico. Su crítica de la dramatización de la esclavitud abarca, quizás, la parte más interesante de su argumento y, como se verá más adelante, habla más de los límites del pensamiento abolicionista de Nabuco que del conservadurismo de Alencar.

Es ya conocida la ambición del autor de *Iracema* de crear una literatura típicamente brasileña. Sus textos programáticos ("Como e porque sou romancista", "Como e porque sou dramaturgo", entre otros) y sus novelas fundacionales *Iracema* (1865) y *O guarani* (1857) dan cuenta del esfuerzo monumental de su literatura por representar el mapa completo del país en el imaginario de sus lectores. Prueba de ese mismo esfuerzo es también su colección de novelas locales (*O gaúcho*, 1870; *O Sertanejo*, 1875; etc.) y urbanas (*Senhora*, 1875; *Lucíola*, 1862).[15] A menudo, se ha resaltado la ausencia en ese mapa no sólo del problema de la esclavitud sino también de personajes afro-brasileños, ausencia que se lee como un índice más del conservadurismo de Alencar. Se interpreta, entonces, esa falta como un mecanismo represivo: ausente del imaginario

---

[15] Para una lectura de las novelas indianistas de Alencar como alegorías de la Nación, véase el conocido trabajo de Doris Sommer (1991). Para el caso de sus novelas urbanas, véase el análisis ya clásico de Roberto Schwarz (1992) sobre la importación del género de la novela a Brasil.

literario, ausente del imaginario nacional.[16] No tratar de la vergüenza que aflige a la Nación equivale a borrar su existencia, un mecanismo que, por cierto, no es privativo de los escritores brasileños, sino que, en su afán de blanqueamiento efectivo de la memoria nacional, alcanza a todo el continente.[17]

Sin embargo, es necesario pensar a la figura de Alencar "não como um mero porta-voz do pensamiento conservador, mas como uma figura problemática, cujas posições ambiguas e aparantemente contradictórias, refletem as próprias inconsistências na mentalidade das elites brasileiras durante a segunda metade do século XIX" (Valente 144). Entender la obra de Alencar en estos términos resulta mucho más productivo a la hora de releer las piezas teatrales con las que el mismo escritor que se opuso a la Ley de Libertad de Vientres de 1871 contribuyó no sólo al debate en torno a la esclavitud sino a la discusión estética a cerca de los temas dignos de ser abordados por una literatura verdaderamente nacional. Más allá de sus discursos parlamentarios, no es casual que Alencar haya

---

[16] Doris Sommer resume así la operación detrás de las novelas indianistas de Alencar: "Al igual que Martius y a diferencia de Freyre, Alencar, en sus *best-sellers* sobre la amalgama racial que fundaba a la sociedad brasileña, fue evasivo acerca del tema los negros. Para llenar ese espacio que los negros hubieran debido ocupar [en sus novelas], Alencar redujo de tres a dos el esquema de colores de Martius. Puso al color ocreo o tierra (mucho más "aceptable") como el tono más oscuro, con lo cual construyó una imagen muy exitosa de un Brasil en donde el negro se confunde demasiado frecuentemente con el marrón" (154-55). En cuanto a las obras de teatro en las que Alencar efectivamente coloca a la negritud en primer plano, Sommer propone leerlas apenas como alegorías negativas: "Cuando los negros son protagonistas, tal como ocurre en sus obras de teatro, *Mãe* y *O Demônio Familiar*, lo hacen siempre como futuras y deseadas ausencias. La madre negra en *Mãe* se quita la vida para no ser un obstáculo para su hijo mulato. En la segunda obra, cuando el amo ofendido exorcisa al 'demonio familiar' y lo echa de la casa, el esclavo manipulador se transforma en una víctima de su propia manumisión, interpretada aquí sólo como un castigo para un negro típicamente descarado" (155-56). El problema de la lectura alegórica es, quizás, su énfasis en el análisis de la relación amorosa y su descuido del análisis de otras relaciones y pasiones en la misma obra. Como se verá más adelante, para apreciar a estas obras de teatro no como manifiestos anti-esclavistas (está claro por la actuación parlamentaria de Alencar que su autor no puede ser calificado de abolicionista) pero sí como una crítica radical de las relaciones económico-morales dominantes en el Brasil del siglo XIX, es necesario dejar atrás la lectura alegórica y concentrarse en el realismo con el que Alencar trata el tema de la concesión de la libertad a los esclavos en estas obras y en una lectura más atenta de las transgresiones a la ley social que se juegan sobre el escenario.

[17] Sobre estos procesos de blanqueamiento, véase Andrews (2004).

elegido el teatro y no la novela como medio ideal para intervenir en ese debate. Tampoco es casual que el tema de la vergüenza ocupe el centro de una de las obras clave en su producción dramática en torno al tema de la esclavitud: *Mãe*, estrenada en 1860 en el Ginásio Dramático de Río de Janeiro.

ALENCAR ENTRE LA LEY Y EL ESCENARIO: ÉTICA Y ESTÉTICAS EMANCIPATORIAS

Muchos de los investigadores contemporáneos (Paulk, 2005; Valente, 1994; Araripe, 2006) acuerdan en que la lectura atenta de los discursos parlamentarios de Alencar, así como su actuación como Ministro de Justicia, muestran su posición a favor de la emancipación gradual. Eso no quiere decir que no fuera capaz de adoptar posturas abiertamente anti-abolicionistas y sumamente conservadoras (cuando no francamente racistas) si se trataba de pensar en la inclusión y en las contribuciones de los africanos al proyecto nacional brasileño. Acciones susceptibles de ser interpretadas como progresistas (como el decreto que firmó clausurando el mercado de esclavos de Valongo, en Río de Janeiro) se veían rápidamente contestadas por declaraciones parlamentarias en las que argumentaba que los esclavos no estaban preparados para vivir bajo las reglas socio-económicas nuevas que les impondría su condición de hombres libres (Valente 150). En una de esas declaraciones, en septiembre de 1870, el propio Alencar nos da la clave para entender esta contradicción ideológica:

> Senhores, tenho sobre a questão do elemento servil convicções muito profundas, muitos sinceras, das quais não me demove, nem a odiosidade que possam elas excitar nem o receio de incorrer na pecha de escravocrata. Seja-me permitido nesta ocasião solene [...] lembrar que fui um dos primeiros que se inscreveram na cruzada santa que trabalha por extinguir a escravatura, não na lei, mas nos costumes, que são a medula da sociedade.
>
> Há 15 anos, quando as vozes que hoje se levantam com tanta sofreguidão emudeciam [...] eu me esforçava, no campo que se abria então à minha atividade na literatura e na Imprensa, em banir essa instituição. (Discurso Parlamentario de Alencar, citado en Araripe 151-52)

La postura del parlamentario es clara: no es a través de las leyes que hay que erradicar a la esclavitud, sino a través de la reforma de las costumbres (claramente, una de las acepciones posibles del término "moral"). Para Alencar, "la reforma de las costumbres" es otro de los modos de decir "emancipación gradual", postura que repetirá una y otra vez en los sucesivos debates en torno al tema. En otro discurso parlamentario, dice:

> Vós, os propagandistas, os emancipadores a todo o transe, não passais de emissários da revolução, de apóstolos da anarquia. Os retrógrados sois vós, que pretendeis recuar o progresso do País, ferindo-o no coração, matando a sua primeira indústria, a lavoura. [...]
>
> Vós quereis a emancipação como uma vã ostentação. Sacrificais os interesses máximos da Pátria a veleidades de glória. Entendeis que libertar é unicamente subtrair ao cativeiro, e não vos lembrais de que a liberdade concedida a essas massas brutas é um dom funesto; é o fogo sagrado entregue ao ímpeto, ao arrojo de um novo e selvagem Prometeu!
>
> Nós queremos a redenção de nossos irmãos, como a queria o Cristo. Não basta para vós dizer à criatura, tolhida em sua inteligência, abatida na sua consciência: "Tu és livre; vai; percorre os campos como uma besta fera!..."
>
> Não, senhores, é preciso esclarecer a inteligência embotada, elevar a consciência humilhada, para que um dia, no momento de conceder-lhe a liberdade, possamos dizer: "Vós sois homens, sois cidadãos. Nós vos remimos não só do cativeiro, como da ignorância, do vício, da miséria, da animalidade em que jazíeis". (Alencar, *Discursos Parlamentares* 228-29)

Dos cuestiones sobresalen en esta cita. Por un lado, la justificación de la emancipación gradual en función del mito del esclavo bestializado o infantilizado; el mito del "esclavo cosa", incapaz de valerse por sí mismo, un argumento común en la época, cuya falsedad ya ha sido ampliamente demostrada por Sidney Chalhoub (1990) y otros historiadores a partir del estudio de los innumerables casos de esclavos negociando y litigando con éxito en los tribunales de Río de Janeiro.[18] Pero la cita convoca todavía a otro llamado de atención: la

---

[18] Refiriéndose a la persistencia –incluso dentro del campo de la investigación histórica– del mito del "esclavo cosa" al igual que el mito del "esclavo rebelde", concluye Chalhoub: "[p]ara cada Zumbi com certeza existiu um sem-número de escravos que, longe de estarem passivos ou

teatralidad inherente al argumento. En efecto, Alencar primero califica a los abolicionistas de "ostentadores" y luego escenifica ese gesto de ostentación que sería el otorgar la libertad a un esclavo, parodiando el acto de concesión de la *alforria*, es decir, burlándose de la solemnidad monologada del acto mismo de la manumisión.

Pero si Alencar abogaba por la emancipación gradual, ¿cómo pensaba que se lograría ese largo proceso de manumisiones espontáneas al que, en otro discurso, califica de verdadera "revolução moral"?[19] Él mismo lo aclara a continuación, en respuesta a la intervención de otro diputado: "Eu, sempre que se tratar de uma reforma, depositarei toda confiança na iniciativa individual, no bom senso do povo, que legisla melhor pela educação e pelos costumes do que podem legislar os representantes da Nação por meio de leis expressas, que serão letra morta se não germes de graves perturbações, quando não e conformarem com o espírito e a índole da sociedade" (Araripe 164).

La educación, entonces, es la pieza fundamental para cambiar las costumbres de la sociedad, para intervenir en el desarrollo moral de la misma. Y es aquí donde el arte juega un papel central para Alencar. Por eso nos recuerda que desde 1850 ha estado escribiendo una literatura aparentemente esforzada por "banir essa instituição". ¿Pero a qué literatura

---

conformados com sua situação, procuraram mudar sua condição através de estratégias mais ou menos previstas na sociedade na qual viviam. Mais do que isto, pressionaram pela mudança, em seu benefício, de aspectos institucionais *daquele sociedade*. E que os defensores da teoria do escravo-coisa não me venham com a afirmação de que tais opções de luta não são importantes: afinal, combater no campo de possibilidades largamente mapeado pelos adversários é exatamente o que fazem ao insistirem em Zumbi e na rebeldia negra. A inversão de mitos resulta antes de tudo em mitos invertidos, e estes repetem os originais em aspectos essenciais" (*Visões da liberdade* 252-53, énfasis en el original).

[19] Especialmente optimista es la siguiente declaración transcripta de las sesiones del Parlamento del día 13 de julio de 1871: "A causa da emancipação espontânea há muito que está vencida no coração do povo brasileiro *(muitos apoiados)*; diariamente se reproduzem os exemplos de manumissões. É admirável o aspecto que representa o nosso País; todas as classes porfiam na prática desses atos. *(Muitos apoiados.)* A estatística, em 1860, dá-nos uma prova da rapidez com que marcha essa revolução moral. Só na cidade do Rio de Janeiro, houve 14.000 alforrias. Este algarismo é eloqüente; ele significa que em menos talvez de 20 anos a escravidão estaria, por si mesma, extinta. (*Muitos apoiados da Oposição.*)" (Alencar, *Discursos Parlamentares* 242).

se refiere? Ciertamente no a *Iracema*, sino a dos de sus obras de teatro: *O Demônio Familiar* (1857) y *Mãe* (1860). ¿Y en qué consistían sus esfuerzos antiesclavistas en esas obras? Justamente en mostrar *modelos para la acción* que la clase esclavócrata supuestamente imitaría. De ahí que las dos obras giren alrededor de escenas de *alforria*, aunque tratadas de forma diferente según corresponda a la tragedia (*Mãe*) o a la comedia (*O Demônio Familiar*).[20]

Mucho antes de este discurso parlamentario, Alencar ya había registrado la intención reformadora de su teatro en un breve manifiesto publicado por primera vez en *O Diario do Rio de Janeiro* el 13 de noviembre de 1857, "Como e porque sou dramaturgo" (posteriormente se lo incluiría como carta-prefacio en las ediciones de *O Demônio Familiar*). El texto no sólo es una teoría del teatro, también es una revisión crítica de la dramaturgia brasileña ejemplificada por Luís Carlos Martins Pena y Joaquim Manuel de Macedo. Contiene, además, un pequeño relato de iniciación literaria que convoca la idea de la vergüenza:

> A primeira idéia que tive de escrever para o teatro foi-me inspirada por um fato bem pequeno, e aliás bem comezinho na cena brasileira.
>
> Estava no Ginásio e representava-se uma pequena farsa, que não primava pela moralidade e pela decência da linguagem; entretanto o público aplaudia e as senhoras riam-se, porque o riso é contagioso; porque há certas ocasiões em que êle vem aos lábios, embora o espírito e o pudor se revoltem contra a causa que o provoca.
>
> Êste reparo causo-me um desgôsto, como lhe deve ter causado muitas vêzes, vendo uma senhora enrubescer nos nossos teatros, por ouvir uma graça livre, e um dito grosseiro; disse comigo: "Não será possível fazer rir, sem fazer corar?"

---

[20] Sobre *O Demônio Familiar*, véase la tesis de maestría de Silvia Cristina Martins de Souza e Silva (dirigida por Sidney Chalhoub). En una línea de análisis que tiene puntos de contacto con la mía, Souza e Silva argumenta que, a través de esta comedia teatral, Alencar "defendeu uma tese social: a única forma de extirpar este mal [a corrupção dos costumbres] seria eliminando a escravião do interior da família brasileira [...]. Entendido desta forma *O Demônio Familiar* assume para este trabalho uma dupla perspectiva documental: como registro de uma época e, ao mesmo tempo, como instrumento de inserção social e intervenção do autor, sintonizando a produção literária com o momento histórico que vivenciou" (5).

> Esta reflexão, coincidindo com alguns dias de repouso, criou *O Rio de Janeiro*, espécie de revista ligeira que na minha opinião não tem outro merecimento senão o de ser breve, e não cansar o espírito do espectador.
>
> O público, que ouve de bom humor, diz que consegui o primeiro fim, o de *fazer rir*; os homens os mais severos em matéria de moralidade não acham aí uma só palavra, uma frase, que possa fazer corar uma menina de quinze anos.
>
> ("Como e porque sou dramaturgo" 43)

"Hacer reír sin hacer sonrojar" es la consigna pueril con la que Alencar se lanza a la escritura de su primera obra teatral, la comedia ligera *Verso e Reverso* (1857) que Machado de Assis calificaría como "comédia elegante [...] [de] sociedade polida [escrita por] um homen que reunia en si la fidalguia do talento e a fina cortesia do salão" ("O Teatro do José de Alencar" 412). Le sigue *O Demônio Familiar* (1857), otra comedia pero de tono diferente. En ella Pedro, un esclavo entrometido trastorna la vida de sus patrones y complica sus enredos amorosos. La obra termina con Eduardo, el joven amo y aprendiz de patriarca, liberando a Pedro para restaurar el orden familiar alterado por sus travesuras. Casi veinte años después de su estreno, en un Río de Janeiro diferente, atravesado por las discusiones en torno a la abolición, Joaquim Nabuco atacaría a "essa comédia *de costumes* [que] não conta a vida de nossa sociedade, mas deprime e desmoraliza a nossa família, sem mesmo ter o mérito da verdade" (Coutinho 105). A su parecer, la intención reformadora y moralista de Alencar falla totalmente en esta obra, que no sólo produciría el efecto contrario al buscado sino que ni siquiera sería graciosa: "Como obra de teatro, o *Demônio Familiar* não tem o menor merecimento; não há nêle conhecimento algum da cena; nenhum dêsses indivíduos tem um caráter; quando tomam um ar sério, são ridículos, quando querem fazer rir entristecem"(109).[21]

---

[21] Vale la pena citar la opinión divergente de Machado sobre las dos obras (*O Demônio Familiar* y *Mãe*), pues, aceptando sutilmente la intención didáctica de Alencar, también destaca su realismo y otras características (como la importancia de la escena de *alforria*) interesantes para el análisis de la dimensión moral(ista) de estas obras: "No desfecho da peça [*O Demônio Familiar*], Eduardo dá a liberdade ao escravo, fazendo-lhe ver a grave responsabilidade que desse dia em diante deve pesar sobre ele, a quem só a sociedade pedirá contas. O traço e novo, a lição profunda. Não supomos que o Sr. Alencar dê às suas comédias um caráter de demonstração; outro é o destino da arte; mas a verdade é que as conclusões do *Demônio Familiar*, como as

Quizás sea cierto, como señala Pierson que a Alencar, al igual que a todo moralista convencido, le faltaba sentido del humor para poder hacer "reír sin sonrojar" (164-65). Pero para entender mejor el camino de sus aciertos y de sus fracasos, es necesario, recorrer más detenidamente los preceptos detrás de su teoría del teatro:

> No momento em que resolvi a escrever *O Demônio Familiar,* sendo minha tençao fazer uma alta comédia, lancei naturalmente os olhos para a literatura dramática do nosso país em procura de um modêlo. Não o achei; a verdadeira comédia, a reprodução exata e natural dos costumes de uma época, a vida em ação não existe no teatro brasileiro. Dois escritores, é verdade, começaram entre nós a escrever para o teatro [...]
>
> O primeiro, Pena, [...] visava antes ao efeito cômico do que ao efeito moral; as suas obras são antes uma sátira dialogada, do que uma comédia.
>
> Depois de Pena veio o Sr. Dr. Macedo, que, segundo supomos, nunca se dedicou sèriamente à comédia [...].
>
> Não achando pois na nossa literatura um modêlo, fui buscá-lo no país mais adiantado em civilização, e cujo espírito tanto se harmoniza com a sociedade brasileira; na França.
>
> Sabe, meu colega, que a escola dramática mais perfeita, que hoje existe é a de Molière, aperfeiçoada por Alexandre Dumas Filho, e de que a *Question d'Argent* é o tipo mais bem acabado e mais completo. ("Como e porque sou dramaturgo" 44-45)

Realismo (o "la vida en acción") más enseñanza moral es, entonces, la consigna de Alencar para el teatro. Este aspecto de la obra dramática de Alencar —en la que elementos de la tragedia clásica se conjugan con la exageración romántica— ha sido ya ampliamente analizado por la crítica especializada (Faria, 1987; Aguiar, 1984). Pero la referencia a *Question d'Argent* aclara las influencias específicas de este período de su producción. En efecto, el modelo de Dumas hijo (que se conoce como el género de "obra de tesis") es el que alienta detrás de sus dramas

---

conclusões de *Mãe,* têm um caráter social que consola a consciência; ambas as peças, sem saírem das condições da arte, mas pela própria pintura dos sentimentos e dos fatos, são um protesto contra a instituição do cativeiro. Na *Mãe* é a escrava que se sacrifica à sociedade, por amor do filho; no *Demônio Familiar,* é a sociedade que se vê obrigada a restituir a liberdade ao escravo delinqüente" (*Do teatro* 414).

antiesclavistas. Pierson analiza cómo Alencar transforma la tradición de la obra de tesis en una producción mucho más fluida, con diálogos más realistas y un ritmo que se deshace de los largos parlamentos del personaje del *raisonneur* y más bien confía enteramente en las acciones para demostrar su argumento (166-70). ¿Cuál sería la innovación de estos elementos realistas en las dos obras que abordan el problema de la esclavitud? Justamente aquello que molestaría a Nabuco: la pintura exacta de los modos perversos en que la esclavitud corrompe las costumbres nacionales.

Tanto Paulk como Pierson coinciden en señalar que, a pesar de que ni *Mãe* ni *O Demônio Familiar* son marcadamente abolicionistas, las dos enfatizan los efectos nocivos de la esclavitud en amos y esclavos; lo cual no quiere decir que en ellas desaparezcan las características patriarcales y conservadoras del discurso de Alencar. Todo lo contrario. Sin embargo, en *Mãe*, la obra más lograda, la que Machado de Assis juzgaría como "o melhor de todos os dramas nacionais até hoje representados" ("O Teatro do José de Alencar" 419), al transplantar con realismo una forma teatral propia de la burguesía francesa —que se caracterizaba por el tratamiento de temas universales como la codicia, el adulterio, la corrupción— al Brasil de 1857, Alencar logra algo más que denunciar los males de la esclavitud: desnuda las relaciones sociales de la clase media empobrecida de Río y sus múltiples niveles de dependencia, inmoralidad e hipocresía.

El don rechazado (o historia del hombre que vendió a su propia madre)

Mãe desarrolla el drama de Joana, esclava y madre de Jorge, un joven estudiante de medicina. Jorge ha crecido creyendo que Joana —a quien heredó de su padre— no es más que su nodriza y esclava. Sin embargo, hay entre ellos una relación de gran cariño y la adultez lo encuentra viviendo en la pobreza con Joana como único capital (el joven incluso ha tenido que hipotecarla para pagar sus estudios). En una escena especialmente significativa, Jorge le entrega a Joana su carta de libertad. Jorge, además, está enamorado de su vecina (Elisa) y luchando por hacerse camino en la sociedad de Río. La trama se complica cuando Gomes, el padre de Elisa, endeudado con un prestamista inescrupuloso llamado Peixoto, amenaza con suicidarse para no enfrentar la vergüenza de la cárcel por insolvencia. En un intento por ayudar a su hijo, Joana insiste en ignorar su carta de libertad y convence a Jorge de que la entregue como hipoteca a Peixoto, mientras le llega un préstamo de un amigo de la familia, el doctor Lima. Así se salva el honor de Elisa y su familia. Pero en realidad, Peixoto ha redactado un contrato que más que una hipoteca es un documento de venta simulada. Así, puede usar a su favor los subterfugios de la ley brasileña y revender a Joana según su voluntad. Horrorizado ante esta perspectiva, el doctor Lima, único conocedor del secreto de Joana, le revela a Jorge que ha vendido a su madre. Joana, que no puede soportar la idea de que su hijo la desprecie al conocer la verdad sobre su origen (y, además, condenarlo a la vergüenza y al ostracismo social) se suicida tomando el veneno que Gomes había comprado para salvarse de la vergüenza de sus deudas. Así, Joana muere en brazos de Jorge, al que sólo en el último segundo alcanza a llamar "Meu filho".

Aclamada por el público y por los críticos de la época, siempre se ha leído a esta obra como una ingeniosa forma de argumentar contra la esclavitud a partir de la subordinación de la condición particular de esclava de Joana a la condición universal de madre. A tal punto es obvia esta interpretación que fue la que los avisos publicitarios de la época utilizaron para tranquilizar al público carioca acerca del contenido "apropiado" de la obra: "A protagonista deste drama é uma escrava. Respeitaram-se todas conveniências da sociedade brasileira, pra se tirar partido somente do sentimento da maternidade (citado por Aguiar 162).[22]

---

[22] Como sugiere Aguiar, quizás los avisos publicitarios buscaban también tranquilizar al público luego del escándalo alrededor de *As asas de um anjo* (1858), la última obra de teatro de Alencar en subir a escena inmediatamente antes de *Mãe*. Fue prohibida por el gobierno, que la consideró inmoral porque trataba de la huida de una joven de clase alta brasileña de la casa de sus padres en compañía de su amante.

Esta es todavía la lectura dominante de *Mãe*. Sin duda, a Alencar le habría satisfecho, ya que en la dedicatoria a su propia madre que acompaña a la pieza desde su primera impresión en 1860, nos guía por ese camino interpretativo, es decir, por el que privilegia la lectura de la abnegación materna que "eleva" la figura de una esclava al cielo de los tipos éticos universales. Señala que la protagonista del drama:

> É um coração de mãe como o teu. A diferença está em que a Providência o colocou o mais baixo que era possível na escala social, para que o amor estreme e a abnegação sublime o elevassem tão alto, que ante ele se curvassem a virtude e a inteligência; isto é, quanto se apura de melhor na lia humana.
>
> A outra que não a ti causaria reparo que eu fosse procurar a maternidade entre a ignorância e a rudeza do cativeiro, podendo encontrá-la nas salas trajando sedas. Mas sentes que se há diamante inalterável é o coração materno, que mais brilha quanto mais espessa é a treva. Rainha ou escrava, a mãe é sempre mãe. (*Mãe* s/p)

La fuerza de esta declaración de Alencar, que nos manda a leer en la obra lo que en ella hay de universal a pesar de ser una de sus obras más *particulares* (al menos por el realismo con el que retrata la esclavitud) sigue marcando a la crítica contemporánea. Flávio Aguiar la considera un drama de reconocimiento muy en sintonía con la tradición clásica de tragedias como *Edipo Rey*, sólo que en este caso se trata del "sofrimento e morte de uma pária social –Joana– destinada a se ver reconhecida na sua plenitude de pessoa humana apenas no instante da morte" (166). Su análisis, centrado en la lectura de la obra como un momento en la biografía de Jorge, como un rito de iniciación del "*homo brasiliensis*", resulta una apreciación sagaz del "gostinho hipócrita" que subyace a la tesis antiesclavista de Alencar (169). Por otra parte, João Roberto Faria, que concentra su análisis en la convivencia de elementos de la tragedia clásica, del idealismo romántico y de la comedia realista, interpreta el suicidio de la protagonista como "um ato de amor materno, mas também de condenação da sociedade escravocrata, a responsável direta pelo trágico desfecho" (107). Incluso críticas más recientes, como la que emerge del breve juicio ya citado de Doris Sommer (1991) o el artículo de Julia Paulk (2005), quien intenta la lectura en clave de alegoría nacional, no abandonan ese camino interpretativo que destaca exclusivamente el sacrificio materno. Sus análisis no pueden más que enfatizar la exclusión de la madre negra de la nueva Nación que "fundarían" simbólicamente su hijo mulato y Elisa, su novia blanca. En el caso de Paulk:

> Una lectura alegórica de *Mãe* [...] nos muestra la tensión entre el abstracto sistema de valores que expone el contenido de la obra y la presentación radical de la esclavitud en el nivel literal de la misma. El nivel literal parece sugerir una perspectiva más o menos justa sobre el tema de la diferencia racial en Brasil. En él, es aceptable que Joana sea una madre devota y que Jorge, un hombre de origen racial mixto, ocupe el lugar de jefe del hogar burgués. Por más trágicamente que se lo presente, el suicidio de Joana garantiza la felicidad de Jorge. Con la muerte de Joana, se elimina la única diferencia racial visible en la familia. (75)

El problema con este tipo de análisis es que no termina de tomar en cuenta el nivel literal de la obra, es decir, su decidido realismo, cualidad que hace que Alencar pueda pensarla como un "daguerrotipo moral" de la sociedad brasileña. Incluso aceptando esa bipartición analítica de la obra, ¿hasta qué punto puede considerarse a *Mãe* como una presentación "radical" de la esclavitud sin analizar justamente la relación entre lo que la obra escenifica y las prácticas asociadas a ese régimen?

Si lo que interesa, como Alencar parece avalar desde su manifiesto sobre la dramaturgia, es rastrear la enseñanza moral detrás de la obra, el camino interpretativo tiene que ser otro. Es necesario poner en contacto las acciones escenificadas en la obra con la sociedad a la que la supuesta moraleja iba dirigida, especialmente, cotejarlas con las prácticas, negociaciones y debates en torno a la esclavitud vigentes en el Río de Janeiro de 1857.

Mãe no plantea sólo la "humanización" de la condición de esclava de Joana gracias a sus acciones de madre ejemplar, sino una serie de transacciones en escena que revelan, con una exactitud increíble, las múltiples perversiones del sistema esclavista y sus consecuencias sobre la moral de la sociedad brasileña. Esta característica es la que, en definitiva, constituye el corazón "abolicionista" de la obra, por mucho que ello haya pasado desapercibido para el propio Alencar (sorprendentemente, es justamente ese realismo lo que desagradó especialmente a Joaquim Nabuco). Analizando cómo Alencar respeta en esta obra muchas de las reglas de la tragedia clásica (por ejemplo, conserva la unidad de tiempo, de espacio y de acción), Aguiar señala al pasar un elemento interesante. Menciona que la obra comienza ya con un terrible desequilibrio moral, una fatalidad causante de todos los males que veremos desarrollarse sobre el escenario: "Há um ajuste de contas terrível nesta peça. Uma *'hybris'* paira no horizonte: o pai de Jorge fecundara uma das mucamas da casa. Essa violação das regras sociais cobra seu preço, de modo devastador, sobre as personagens da peça, para que a ordem social se 'recomponha'" (166).

En efecto, esta vergüenza del origen marca con su fatalidad a todos los personajes de la obra. Como toda tragedia, *Mãe* debe estructurarse en una cadena de causas y efectos que dibuje el camino para restaurar ese desequilibrio inicial (aunque elidido) del que parte. Lo interesante, lo que hace a esta obra única (incluso si se la compara con las que luego serán canonizadas por la corriente abolicionista brasileña) es que la restauración del equilibrio o la *stasis* teatral no se da —como sucede en las tragedias clásicas— a través de los conflictos pasionales que desencadenan las acciones sino a través de una serie de *intercambios comerciales*. Es esta característica de *Mãe* —y no la recurrencia del arquetipo del "ángel del hogar"— la que la vuelve una obra potencialmente explosiva. Sobre todo si pensamos en el público de Río de Janeiro hacia 1857, un público que recién se estaba habituando a asistir a las "comedias de casaca" importadas de Francia, en las que Brasil buscaba un espejo halagador para su propia burguesía. Vale la pena concentrarse, entonces, en la serie de intercambios interpersonales (y en las supuestas leyes de reciprocidad que éstos implican) que la obra pone en escena.

Desde Marcel Mauss (1950) hasta George Bataille (1974), las leyes del intercambio social han ocupado siempre un papel preponderante en el análisis de la creación y el mantenimiento de relaciones sociales de alianza y obligación. Para Mauss el circuito recorrido por un regalo entre personas del mismo status social implica una cadena simple de acciones: dar-aceptar-reciprocar. El respeto por este circuito tendría la función de generar relaciones de alianza, deuda y dependencia destinadas, en última instancia a evitar la guerra. Más allá de las elaboraciones posteriores de la teoría de Mauss (Levi-Strauss [1949]), el esquema resulta útil para pensar la dimensión simbólica de ciertas acciones en la obra de Alencar. En efecto, superpuesta a las relaciones capitalistas mediadas por el dinero, la "economía moral del don" (o, si se quiere, del regalo) marca un circuito diferente, privado, que corrige y a la vez complementa las transacciones públicas en el mercado. *"Reciprocidad e intercambio no son lo mismo*, aún cuando los dos conceptos no están completamente separados uno del otro [...]. Es importante mantener esta distinción conceptual, pues implica diferencias imbricadas en las prácticas sociales, básicamente diferencia la práctica del regalo, que, a diferencia de otras, está anclada en la reciprocidad y no en el intercambio, está conectada más con el establecimiento de relaciones sociales que con la adquisición y transferencia de bienes" (Berking 37, énfasis en el original).

Lo que Alencar escenifica en *Mãe* no es tanto una denuncia de la esclavitud como un sistema inmoral (es decir, como un sistema de opresión racial inhumano) sino una exposición sumamente realista de las relaciones sociales corruptas que ella engendra en el Brasil del siglo XIX, relaciones marcadas por una doble economía moral en la que las leyes de la reciprocidad conviven con las leyes de libre circulación de una economía de intercambio.

La acción de *Mãe* gira en torno a una serie de deudas impagables que ponen en evidencia las paradojas de esta doble economía y lo que esas deudas manifiestan es la inversión hiperbólica de las relaciones de dependencia. En efecto, en un momento u otro, todos los personajes dependen de Joana y de su circulación para poder saldar sus deudas. Es la doble faz de Joana lo que permite esta "libre circulación", pues desde el comienzo de la obra la vemos accionar como esclava (como bien, como capital) pero a la vez también como madre. Alencar construye este personaje de manera muy compleja: es una esclava, pero al haber compartido con el público desde el inicio el secreto de su maternidad, Alencar se da permiso para ponerla a circular con una "libertad" (fundada en el afecto) que sin embargo no deja de ser verosímil a pesar de su condición de sumisión.[23]

No es la abnegación lo que asombra del personaje de Joana (aunque sin duda, es el afecto el pretexto sobre el que Alencar la deja tomar decisiones y circular a voluntad, saldando las deudas emocionales y económicas de todos los personajes) sino su capacidad de agencia. Su doble circulación (como esclava, como mercancía *y a la vez como agente de su propio destino*) es la que va puntuando los intercambios económicos que desencadenan las acciones. Así, a la fatalidad moral del origen (la ilegitimidad de Jorge), la obra va sumando una serie de deudas que se van multiplicando a medida que avanza la acción. Cuando comienza el primer acto, vemos a Elisa cosiendo para colaborar con las deudas que su padre no puede pagar. Joana aparece en seguida para ayudarla con sus labores. En tono cariñoso, Elisa pone reparos a esta ayuda, pues no se trata de que Jorge haya alquilado su esclava a los Gomes (una práctica bastante usual en la época) sino de un servicio que Joana presta por voluntad propia. Joana, sin embargo, se sale con la suya. Desde el comienzo, entonces, Joana aparece no sólo como "el ángel del hogar" modelo de la bondad, sino y más importante, como una esclava con un margen de libertad de circulación bastante grande. Joana presta servicios a Elisa en tanto Joana (madre) no en tanto esclava de Jorge. Su doble estatuto queda así sugerido desde el comienzo de la obra. Mucho más fuerte todavía es la afirmación de libertad de Joana en la escena en la que Jorge le da su carta de libertad. La escena hace alusión a la práctica habitual de la clase esclavista brasileña de hacer coincidir la liberación de sus esclavos con algún acontecimiento importante en la biografía de la familia (en este caso, el cumpleaños de Jorge).[24] La concesión de la *alforria* (como ha demostrado, junto con otros historiadores, Sidney Chalhoub) era un acto solemne para la clase propietaria, de ahí la estrategia de hacerlo

---

[23] Julia Paulk hace de esta dualidad de Joana (a la vez esclava y a la vez "ángel del hogar") uno de los puntos centrales de su análisis.

[24] Llevando un poco más allá la interpretación que hace Aguiar de esta obra como historia de iniciación de Jorge como *homo brasiliensis* (169-70), la escena de *alforria* en el día de su cumpleaños cobra todavía una fuerza mayor.

coincidir con un aniversario íntimo de la familia: no sólo era necesario marcar el acto como un hito importante en el calendario, también era otra de las formas de desplegar "el poder de dar", de agregar al derroche celebratorio del aniversario, un nuevo, "misericordioso" presente.

En esta misma línea –la que supone a la libertad como el supremo don que el amo puede otorgar al esclavo– Lila Moritz Schwarcz (2007) ha analizado la práctica habitual de la clase terrateniente brasileña de publicar en los diarios pequeñas viñetas relatando la concesión de alforrias a sus esclavos. Como abogado de la emancipación gradual, Alencar estaría en sintonía con estas prácticas y puede considerárselo en la misma línea de argumentación que Perdigão Malheiro y otros señores que apoyaban la emancipación por la concesión gradual de *alforrias* como una forma de control social (Chalhoub 39; 129-130; 138-143). La diferencia es que Alencar hace de este acto solemne el centro paradójico de su obra de teatro. Con un matiz importante, cuando no sorprendente: llegado el momento del acto de manumisión, Joana rechaza el don concedido. La escena –como conviene a la solemnidad del acto– tiene por testigo al Dr. Lima, el médico que ha educado a Jorge y que recién ha llegado de Europa. Es, además, el único otro personaje en la obra que conoce el secreto de la maternidad de Joana:

> JORGE – Toma, Joana. Eu escrevi-a esta manhã lembrando-me de minha mãe.
> DR. LIMA – Muito bem, Jorge. Deus o inspirou!
> JOANA – Mas o quê… Que papel é este, nhonhô?
> DR. LIMA – É a tua carta de liberdade, Joana!
> JOANA – Não quero! Não preciso!
> JORGE – Não é tua carta de liberdade, não, minha boa Joana; porque eu nunca te considerei minha escrava. É apenas um título para que não te envergonhes mais nunca da afeição que me tens.
> JOANA – Mas eu não deixarei a meu nhonhô?
> JORGE – A menos que tu não o exijas.
> JOANA – Eu!… Que lembrança!
> DR. LIMA – Não faz idéia do quanto me comove esta cena.
> JORGE – As nossas almas se compreendem, doutor. –Guarda, Joana, este papel…
> JOANA – Por que nhonhô mesmo não guarda?
> JORGE – De modo algum. Ele te pertence, manda-o registrar em um tabelião.
> DR. LIMA – É prudente.

> JORGE – Há muito tempo, doutor, que tencionava realizar este pensamento. Mas tinha tomado algum dinheiro com hipoteca...
> DR. LIMA – Com hipoteca.!... Sobre Joana?
> JOANA – Que mal fazia?
> JORGE – Conheço que fui imprudente, mas a necessidade urgia.
> DR. LIMA – Não o censuro, Jorge! O senhor não sabia...
> JORGE – O que, doutor?
> DR. LIMA – Não sabia... Quanto esses empréstimos são perigosos!...
> JORGE – Felizmente já não sou devedor... Nem ao homem que me emprestou... Nem à minha consciência que me ordenava desse a Joana essa pequena prova da estima que lhe tenho. Resta-me ainda uma divida... Divida de amizade e gratidão que nunca poderei pagar. (*Mãe* 48-50)

Al igual que Joana, también la carta de libertad tiene un carácter doble en esta declaración de Jorge: es el saldo de una deuda y es también un regalo; por lo tanto, participa tanto de la economía moral del don (en la que se espera, entonces, aceptación y reciprocidad) como de la economía del intercambio; en este caso, a la deuda moral contraída por la "dedicación" de Joana, corresponde pagar con "essa pequena prova da estima" que sería la libertad. En cuanto al primer aspecto, nótese que Joana en ningún momento acepta la carta, pero sí responde con la reciprocidad esperada ya que asegura inmediatamente que no dejará de servir a su patrón. En cuanto al segundo aspecto, es en él que la vergüenza vuelve a entrar subrepticiamente en escena, pues la carta de libertad sirve para limpiar una mancha: la del afecto "inapropiado" que Joana siente por Jorge. Se intercambian así años de afecto "fuera de lugar" (como si Alencar sugiriera aquí también una referencia a las relaciones sexuales inapropiadas entre Joana y su viejo patrón) por apenas una pequeña prueba de estima. Es claro que la falsa modestia de Jorge al empequeñecer su gesto no es tal: la cuenta queda, en efecto, sin saldar porque la cadena de deudas se hunde en el pasado lejano, en esa *hybris* que planea como una fatalidad innombrable sobre todos los personajes (y, cabría agregar, sobre el país entero).

La escena también llama la atención por el modo sencillo en que Alencar resume sobre el escenario las complejas prácticas cotidianas asociadas a la esclavitud, como la necesidad de registrar la carta de libertad en el *tabelião* para que tenga validez real (algo que no se llegará a hacer a lo largo de las veinticuatro horas que dura la obra) así como la práctica muy común de hipotecar a los esclavos igual que cualquier otra propiedad. De este modo se revela que gracias a Joana –o mejor dicho, gracias al dinero prestado sobre ella– Jorge ha podido tener una educación. Este es sólo uno de los modos en los que la obra insiste con sutileza pero también con claridad en una inversión (o tal vez sea mejor decir en una inflación) de las relaciones de dependencia. En verdad no es Joana el personaje que interesa en este "daguerrotipo moral" (pues ella es, desde todo punto de vista, intachable) sino esta constelación de personajes en franca dependencia de una sola esclava que pasa de mano en mano. Es sobre esta clase media pobre cuya única posesión circula en diversos intercambios para costear tanto los beneficios del honor como los de su supervivencia económica que Alencar parece dirigir la sanción moral de la tragedia. Una clase permanentemente en deuda y cuyo único capital es la vergüenza.

Señala Berking, que la generosidad es uno de los signos del poder (porque justamente poder es poder de dar), es decir, es privativa de los que tienen:

> Sólo la generosidad convoca grande nombres [...]. Rango, firma, estatus, deber y virtud suprema, todo en un solo acto, la generosidad implica y avala al estatus social, es una prueba concreta del mismo y una práctica que justifica la acumulación de 'capital económico' sólo para distribuirlo ostentosamente, y así mantener en funcionamiento una circulación inútil (justamente por ser circular) que en realidad asegura el crecimiento constante de créditos o deudas simbólicos inscriptos en la forma de obligaciones, lealtades y deferencias así como también en la de servicios y dependencias. (41)

Analizado bajo esta luz, incluso el gesto grandilocuente de la escena de la *alforria* de Joana resulta casi transparente. Es el único acto de "generosidad" que Jorge puede permitirse y, sin embargo, él mismo lo anula inmediatamente cuando permite que Joana vuelva a circular como esclava, devolviéndola al circuito de la mercancía.

En cuanto los hechos se desencadenan, es decir, en cuanto Jorge descubre que su futuro suegro planea suicidarse para salvar a su hija de la vergüenza de verlo en la cárcel, otra vez vuelve Joana a circular como un bien. La escena en la que ella rechaza abiertamente su carta de libertad constituye el verdadero sacrificio de la obra (y no el suicidio de Joana en el final). Es más, es el momento de mayor libertad de Joana, pues el rechazo del don la convierte, paradójicamente, en un personaje poderoso, con agencia propia. ¿Qué acto más poderoso, por el valor del bien que regala, que el de elegir el cautiverio?

Por su parte, Jorge acepta el sacrificio de Joana, como conviene a la mezquindad de una clase que nada tiene que salvar excepto las apariencias. Vista desde esta óptica –y no sólo desde su "anti-esclavismo"– la obra cobra una dimensión crítica mayor justamente por exponer las inconsistencias de una clase que insiste en una pose que no le corresponde. En efecto, ¿qué le importa al señor Gomes la cárcel cuando su hija tiene que coser para pagar las cuentas? ¿Y qué clase de señor puede vender a una mujer a quien acaba de otorgar la libertad con el pretexto de salvar el supuesto honor de su amada?

Los dramas del honor y del status en esta obra son los que resultan totalmente impostados. Los personajes de *Mãe* no tienen otro capital que el de las formas, el de los gestos y el de las apariencias, no son verdaderos *escravócratas* o hacendados. Jorge, en ese sentido es el símbolo de esa clase media que, privada del verdadero poder que da el dinero, no puede más que hacer circular lo poco que tiene: en este caso, su única esclava. A tal punto funciona Joana como el único capital flotante entre los personajes que, extrañamente, acaba permutando su destino por el del Sr. Gomes. En la restitución final del equilibrio económico-moral de la obra, Joana bebe el veneno que estaba destinado a Gomes, es decir, para ahorrarle la vergüenza a Elisa de tener un padre insolvente. Así, la madre de Jorge –que lleva con ella la marca del origen ilegítimo– permuta una vergüenza por otra (en un gesto multiplicado, pues elimina, en realidad ambas), salvando el honor de las próximas generaciones.[25]

---

[25] Aunque en clave analítica muy diferente, también Aguiar señala que la extraña circulación del frasquito de veneno en la obra es uno de sus aciertos dramáticos: "Há algo de diabólico nesta viagem do veneno: é a sua naturalidade. Parece uma história policial, onde os elemntos do crimen vão se ajustando um a um: o veneno é a peça final, que, durante as vinte e quatro horas do tempo ficcional, faz a viagem mais longa para chegar a seu destino, carregado de fatalidade" (168).

Ese gesto, ese sacrificio supremo que la crítica nunca deja de mencionar al analizar esta obra carece de sentido si no se lo comprende en esta línea de deudas morales y económicas que va enlazando sutilmente los destinos de los personajes. Sólo entonces el suicidio resulta el lógico balance de una situación cuyo profundo desequilibrio hunde sus raíces en el origen mismo del sistema esclavista.

El retrato de esta clase media empobrecida en *Mãe* recuerda el clásico análisis de Roberto Schwarz (1992) sobre las ideas liberales que en el Brasil del siglo XIX (y más aún en su literatura) resultan "ideas fuera de lugar". Leyendo las novelas urbanas de Alencar, Schwarz resalta que es justamente la imposición de la forma europea de la novela al contenido local lo que hace a Alencar un escritor víctima de "las ideas fuera de lugar". O, lo que es lo mismo, un escritor fundamentalmente inconsistente. Sin embargo, insiste Schwarz, por el sólo hecho de yuxtaponer forma y contenido, Alencar da ya un pequeño paso hacia la denuncia crítica de la ideología dominante de su época: "desde el punto de vista literario, el de la imitación (al menos en el nivel de los procesos), la inconsistencia nos acerca bastante a la meta. Desde aquí, llegar a una representación consciente y crítica de la realidad social es tan sólo un paso" (63). Ese paso –marcado por el tono irónico de su particular realismo– es el que dará Machado de Assis en sus novelas. Sin embargo, en el caso de *Mãe*, al poner a circular las ideas del honor, el pudor y la vergüenza en esta clase media urbana empobrecida que depende de una sola esclava para salvar las apariencias (y su peculio), es posible que Alencar, incluso a pesar de sí mismo, se haya acercado bastante (sin duda, mucho más que en sus novelas) a esa consciencia crítica que Schwarz reclamaba.

Al trasladar a Brasil el modelo francés de la "obra de tesis", Alencar hace mucho más que copiar una forma. Quienes sólo leen en esta obra la "universalidad" de Joana como madre, es decir, como arquetipo ético, pierden de vista lo que las condiciones locales imponen irremediablemente a la forma europea. Pues Joana, es siempre y antes que nada esclava y, así, circula doblemente durante toda la obra. Quizás todo esto explique, finalmente, el por qué de la crítica virulenta de Joaquim Nabuco, quien casi veinte años después de su estreno y en plena campaña abolicionista, hace de *Mãe* uno de los puntos más fuertes de su polémica con Alencar sobre el lugar que tiene que ocupar la esclavitud en la literatura nacional brasileña.

Vergüenzas éticas y estéticas o el problema de ciertas literaturas

Escribe Nabuco en las páginas de *O Globo* en octubre de 1875: "Em *Mãe*, porém, o suicídio que é o drama e que resume-o é apenas um acidente desgraçado que vem surpreendernos depois que os personagens nos revoltam bastante por sua linguagem, por seus atos, pela ausência completa de senso moral" (Coutinho 110). Y, más adelante, insiste: "[n]ão há sentimento de honra, nem de família, não há consideração social, que êsse drama não ofende" (111).

El ataque de Nabuco comienza por la estética. Citando a Taine, invierte varios párrafos en demostrar que Alencar ignora las leyes causales de la tragedia, sobre todo porque el suicidio de Joana no parecería motivado por ninguno de los eventos desarrollados sobre el escenario. Nabuco impugna el final trágico porque no proviene ni del esfuerzo ni de la pasión, ni de la lucha de los personajes sino de la "desgraça [e da] locura" (110). Leído en esos términos, el suicidio de Joana le parece un golpe de efecto, la marca de un escritor menor. Es que Nabuco lee demasiado bien la economía moral e íntima de la obra que lleva a la muerte de Joana, es decir, las acciones sin sentido *moral* de Gomes y de Jorge que no justifican primero la venta y luego el suicidio de Joana. Esta inconsistencia de la trama que molesta al joven abolicionista es la brecha por la que se cuelan las "ideas fuera de lugar" y que hace de *Mãe* una de las obras más logradas y, paradójicamente, más realistas de la producción de Alencar. Pero más interesante y, mucho más reveladora, es su crítica de la inmoralidad de la obra, pues abre el debate sobre qué puede (y qué debe hacer) el arte frente a un problema nacional como el de la esclavitud.

¿A qué se refiere Nabuco con "la ausencia completa de sentido moral" en esta obra? Tanto a la elección *inmoral* de Jorge de vender a una mujer libre para salvar el honor de un insolvente como al realismo con el que Alencar pinta a la esclavitud y sus transacciones. Es justamente la representación sumamente realista de la condición de esclava de Joana (y, especialmente su circulación como mercancía "animal") lo que Nabuco encuentra fundamentalmente ofensivo. Para él, la escena clave en *Mãe* es, entonces, la de la venta de Joana:

> PEIXOTO – Ora bem! Fechemos o negócio. Vem cá, mulata.
> JOANA – Meu senhor!
> PEIXOTO – Deixa lá ver os pés!
> JOANA – Meu senhor está desconfiado comigo! Eu não tenho doença!... Se nunca senti me doer a cabeça, até hoje, graças a Deus!
> PEIXOTO – Tá, tá, tá, cantigas!... Vamos!... Não te faças de boa!
> JOANA – Ninguém ainda me tratou assim, meu senhor!
> PEIXOTO – Anda lá!... Mostra os dentes!
> JOANA – Todos sãos!
> PEIXOTO – É o que esta gente tem que mete inveja! Se fosse possível trocar!... E não tens marca?
> JORGE – Senhor! Acabe com isto!... Não posso mais ver semelhante cena.
> PEIXOTO – Quem dá o seu dinheiro, Sr. Jorge, deve saber o que compra... Se não lhe agrada...
> JORGE – Está no seu direito; quem lhe contesta?... Mas terminemos com isto de uma vez.
> PEIXOTO – Não desejo outra coisa. Então tens as tais marcas, hein?...
> JOANA – Fui mucama de minha senhora moça, que me tratava como sua irmã dela. Saí para o poder de nhonhô, que até hoje nunca me disse "Joana, estou zangado contigo!"
>
> [...]
>
> PEIXOTO – Muito bem! Aqui está o papel.
> JORGE – O senhor enganou-se!... Seiscentos mil-réis?
> PEIXOTO – É difícil enganar-me. São mesmo seiscentos mil-réis.
> JORGE – Mas eu pedi-lhe quinhentos mil-réis.
> PEIXOTO – Justo! É o que há de receber. Os cem são de juros.
> JORGE – Por um dia?... Pois amanhã...
> PEIXOTO – Não empresto por um dia! Se quiser pagar amanhã, nada tenho com isso.
> JORGE – Mas receberá.
> PEIXOTO – Certamente!

JORGE – E ganhará em um só dia 20%.
PEIXOTO – São os riscos do negócio... Posso esperar anos sem receber.
(95-98)

No deja de ser sorprendente que un abolicionista convencido impugne una obra de teatro que pinta los horrores de la esclavitud con tanta exactitud, desde los procedimientos casi obscenos de la venta hasta los detalles no menos obscenos de la usura. Incluso que Joana participe en la transacción –destacando sus cualidades corporales y su historia de servicio– contribuye al horror de la escena; sobre todo porque hasta entonces la hemos visto circular como madre abnegada, inteligente y dueña de sus acciones. Es por eso que el efecto de su conversión en mercancía resulta tan fuerte. No deja de haber cierta ironía dramática, cierto aire de farsa grotesca y de denuncia en una escena que presenta a una esclava que se vende a sí misma. Es decir, una escena *tan poco realista*, que no puede haber existido nunca en ningún mercado de esclavos. Ahí está la genialidad de Alencar: en presentar tal vez por primera vez en la literatura brasileña la venta de un ser humano en el mercado como lo que realmente es, la venta de un sujeto capaz de razonar, argumentar y discutir (y no la venta de un animal o de una bestia de trabajo). Es dudoso que el propio Alencar percibiera en su total magnitud el efecto devastador de esta escena en la que hasta las tibias disculpas de Jorge parecen vergonzosas. Ese espectáculo aberrante no podía pasar desapercibido para Nabuco:

> E como passa ela [Joana] do cativeiro do filho para o do último dos usurários? Contente, alegre, sem que a escravidão lhe pese, tão habituada está à ésse ar mefítico. Tudo isso é profundamente humilhante! A arte nada tem que ver nesse mercado de carne humana, que o autor pôs em cena; a ingratidão de um homem que, depois de ter dado a carta de liberdade à escrava que lhe serviu de mãe, vende-a sem luta interior, é a prova de que mesmo os tipos melhores do teatro do Sr. J. de Alencar não conhecem o sentimento de honra. (Coutinho 111)

Nabuco acierta al señalar la profunda *ingratitud* de Jorge que viola la economía del regalo, de la carta de libertad que acaba de otorgar a Joana para salvar el supuesto honor de su futuro suegro. A tal punto es clara esa violación de las normas de reciprocidad de la economía moral del don, que Jorge aparece como el término deudor, *ingrato* en el intercambio.

Al leer y denunciar estas incongruencias, Nabuco es probablemente el intérprete más justo de la profunda inmoralidad (de ese "gustinho hipócrita" que señalaba Aguiar) que subyace a esta obra, a tal punto que más que una denuncia del sistema esclavista termina siendo un daguerrotipo moral de esa clase media hipócrita. Sin embargo, lo que es "profundamente humillante" para el abolicionista es el tratamiento sobre el escenario de las realidades de la esclavitud. Vale la pena detenerse en la sentencia que sostiene que el "arte nada tiene que ver con ese mercado de carne humana". Porque resulta muy reveladora del tipo de arte nacional que Nabuco avalaba, a pesar de su postura política abolicionista. Refiriéndose *O Demônio Familiar* y específicamente a cómo Alencar da preponderancia al habla de los negros en el escenario, señalándolos así como un elemento representativo de la sociedad brasileña, Nabuco se pregunta, "Que mais acerba crítica já se fêz do Brasil do que essa? que sátira mais cruel e ao mesmo tempo mais injusta já nós foi dirigida?" (Coutinho 105).

Recién llegado de Francia, en donde acaba de ver morir a la novela romántica y asistir a los primeros debates del realismo y el naturalismo, Nabuco no puede, sin embargo, admitir que el arte brasileño realista pinte a Brasil para el mundo con colores tan sombríos, es decir, admitir que la literatura se ocupe de la vergüenza nacional. Brasil es, en efecto, una nación moralmente aislada, pero esa inmoralidad no puede ser material para la producción artística. La postura política de Nabuco es bien conocida, en ella conviven la campaña abolicionista con la adhesión a las ideologías de blanqueamiento racial de moda en Europa. No está de más recordar, como lo hace Afranio Coutinho que Nabuco componía versos en francés (6). Lo que en la óptica del joven abogado sería una doble pesadilla ética y estética (el improbable caso de que el público parisino pudiera asistir a una representación de *Mãe*) revela no sólo su racismo a la moda sino cuán fuerte era el lugar que el arte ocupaba en esa polémica del fin de siglo. Puesta en esta perspectiva, ya no sorprende tanto su crítica a la obra de Alencar. Lo que resulta más sorprendente es la respuesta del escritor "esclavista":

> A escravidão é um fato de que todos nós brasileiros assumimos a responsabilidade, pois somos cúmplices nêle como cidadãos do Império. Nenhum filho desta terra, por mais adiantadas que sejam suas idéias, tem o direito de eximir-se à solidariedade nacional, atirando ao nome da pátria, como um estigma, os erros comuns. [...]
>
> O folhetinista nasceu como a geração coeva em um país de escravos, no seio de uma respeitável e ilustre família servida por escravos. Êsses lábios purpurinos, que já não podem sem náuseas pronunciar a palavra *moleque,* talvez sugassem o leite de uma escrava, como aconteceu, não a mim, porém a muitos outros que não lhe cedem no respeito à dignidade humana. [...]
>
> Mas o nosso alfenim [...] "aborrece tudo o que lembra a escravidão". Aborrece então seu país, que ainda a conserva? Aborrece sua infância, passada entre ela? [...] Aborrece [...] a si mesmo, pois deve sua educação e bem-estar ao café, ao algodão e á cana, plantados pelo braço cativo? (Coutinho 119, énfasis en el original).

Si es verdad que hay algo intrínsecamente ético en el género de la tragedia –una asignación de culpas y castigos, una restitución de la justicia en el escenario–, *Mãe*, a pesar de sus desaciertos, seguramente no falla en convocar la hora del juicio, la hora de asumir esa responsabilidad de la que Alencar habla en este pasaje. Es tan fuerte la imagen de la niñera en este fragmento que pareciera haber salido de la pluma de un abolicionista. Va incluso más allá de las tibias argumentaciones de Nabuco. Al hermanar el habla de los negros con la leche que alimenta a los blancos, dueños todavía de la palabra y de la polémica, Alencar descubre, exhibe todavía otro de los ropajes de la hipocresía abolicionista.

El teatro de Alencar produce el mismo efecto: el de la exposición de una vergüenza largamente censurada. Mucho más que las obras abolicionistas posteriores (que se complacerían en una visión idealizada del esclavo), el realismo de las obras de teatro de Alencar –en su importación paradójica de la "obra de tesis"– logra un efecto tal vez imprevisto incluso para el diputado conservador que se opondría hasta el final de su vida a la ley de la abolición.

En una cosa acierta, tal vez, Nabuco: en la imposibilidad de transplantar con éxito la tragedia a la sociedad brasileña de fin de siglo.

Lo que obtiene Alencar es diferente a la tragedia clásica, distinto incluso de la obra de tesis moral de Dumas hijo. Kierkegaard (1959) sostenía, como Benjamin y tantos otros después, la imposibilidad de la tragedia en el mundo moderno. La pena que Aristóteles prescribía como emoción a convocar en el público es suplantada en el drama moderno apenas por el remordimiento de un sujeto cuya culpa es demasiado evidente. Se sabe, ausentes los dioses y el destino, la culpa y el remordimiento del sujeto burgués aparecen como un material bastante pobre para la experiencia estética, pues carecen de capacidad para lo sublime. Si de algo nos habla el teatro de Alencar es de esa incapacidad. Como si el proceso de transplante de la forma literaria diera lugar a algo intrínsecamente monstruoso, Alencar ilumina la hipocresía de la sociedad brasileña con una luz que no conviene a la tragedia: una luz tragicómica que tendrá muchos herederos en la literatura de Brasil del próximo siglo y que es, fundamentalmente, moderna.

III. La lección del esclavo: poses morales en la obra de Lucio V. Mansilla

> Todos los hombres chicos quieren parecerse
> a algún hombre grande superior a ellos.
> Lucio V. Mansilla

Padre vs. hijo o la primera escena de lectura

Cuando Lucio V. Mansilla (1831-1913) tenía apenas dieciséis años, su padre lo sorprendió leyendo *El contrato social* (1762) a escondidas. Preocupado por las consecuencias de esta lectura "revolucionaria" en tiempos de Juan Manual de Rosas, el general Mansilla –cuñado del dictador– decidió enviar a su hijo de viaje por el mundo. El episodio es el objeto de una muy comentada *causerie*, pero muy poco se ha escrito sobre la educación moral que el joven Lucio obtuvo en ese viaje iniciático que, contrariamente a las costumbres de la elite letrada Argentina, no lo llevó directamente a Europa sino primero a la India y luego a Oriente.[26]

Ambos episodios –la lectura censurada de Rousseau y sus impresiones orientales– serán registrados por el anciano general recién muchos años después en la columna que todos los jueves publicaba en el diario *Sud América*. Muchas de esas *causeries* (especialmente "¿Por qué...?" y "En las pirámides de Egipto") proporcionan un cuadro interesante de la educación sentimental y política del joven Mansilla como miembro de la elite de su país. Es una serie que completan varias crónicas de la guerra del Paraguay y escenas de la vida doméstica en las que podemos leer una especie de novela de educación por fragmentos. No importa tanto el catálogo de lecturas ilustradas que proveen (aunque efectivamente, es

---

[26] El análisis de las impresiones de ese viaje de Mansilla –que aparecen en diversas *causeries* y en *De Adén a Suez*– ocupa uno de los capítulos del libro de Axel Gasquet, que recorre las versiones del orientalismo y el exotismo en varios autores argentinos.

interesante recorrerlo) sino las escenas que reproducen la dialéctica del amo y el esclavo. En ellas, la base moral de la dominación capitalista-liberal de la elite argentina es ensayada, repasada y transmitida para la educación de las nuevas generaciones a partir del uso didáctico de la anécdota.

La escena fundacional de esta educación (que no hace exclusivamente a la esfera de los sentimientos sino también a la del *homo economicus*, el hombre práctico y el hombre político) es, entonces, la del joven Mansilla leyendo a escondidas libros prohibidos en el saladero de su padre. "Yo, sin que mi padre lo sospechara, me llevaba al saladero cuantos libros y cartas de esos podía, y me daba mis panzadas de lectura, como si cometiera algún pecado. Mi padre no me hablaba sino del negocio y tenía ciertos aforismos como éste: 'En este país, todo hombre previsor debe tener panadería u horno de ladrillos'" (Mansilla, "¿Por qué...?" 43). Ocio y negocio se oponen en este episodio de manera clara. Lucio ha sido castigado con el peor de los castigos: el del trabajo. Su rebeldía consiste en robarle horas a la actividad económica de su padre que, tal como ironiza el autor al pasar, era la de toda la elite de Buenos Aires:

> Mi vida se deslizaba entre las anomalías, las incoherencias e incongruencias apuntadas, trabajando, al parecer, porque vivía en el saladero. Pero la verdad es que mi cerebro se iba calcinando, a fuerza de rellenarlo con las Oraciones de Cicerón, con las páginas tan ardientes de la Nueva Heloísa, y por el empeño de querer entender, no tanto el Derecho de gentes, sino el Contrato social.
>
> Mi padre [...] venía habitualmente al saladero, a eso del mediodía, y yo le esperaba en el puesto de honor, en donde se desnucaban las reses. Aquí, entre nosotros, esta industria nacional ¿No habrá contribuido un poco a familiarizarnos con el derramamiento de sangre, lo mismo que el circo romano y las corridas de toros han contribuido a endurecer ciertos sentimientos de humanidad? ("¿Por qué?" 65)

El Derecho de Gentes que a Mansilla no le interesa es aquella rama del estudio de la ley y las costumbres que trata de la justicia en las relaciones de todos los hombres. Toda una genealogía literaria y política —que inaugura *El matadero*— se ilumina en este párrafo de Mansilla: el ámbito económico (el saladero), inevitablemente ligado a cierta forma de la política que, en realidad, no tiene tanto que ver con matar a los oponentes igual que a las vacas (aunque sin duda también esa marca inaugura el pensamiento político argentino), sino con la división clara de clases sociales y tareas. En ese lugar, centro de la actividad económica que en ese momento mueve al país "[...] se mata, se desuella, se desposta [...] nadie piensa en el Restaurador de las Leyes ni en la Federación, porque eso bueno tiene el trabajo, así es que yo pienso [...] que los que se ocupan de política, esencialmente, son los grandes perezosos del país" ("¿Por qué?" 78). El desinterés por el Derecho de Gentes queda aclarado en esa sola frase: los que trabajan, no piensan. Hasta aquí, nada nuevo. En su razonamiento, Mansilla sigue casi al pie de la letra a Marx, sólo que su percepción de la alienación en el trabajo se concibe con distinto signo. La dominación capitalista (que separa en el hombre praxis y consciencia) aparece en estas líneas de Mansilla como la verdadera lección aprendida en el saladero. Está claro que trabajo y filosofía, trabajo y literatura se llevan mal. Es la división del trabajo la que garantiza la formación de esa elite que gobierna justamente porque no tiene nada que hacer.

Ese endurecimiento de los "sentimientos de humanidad" que implica la situación de dominación económica ocupa el centro de varias de las *causeries* de Mansilla, que, más allá de lo anecdótico, pueden concebirse como el análisis de casos morales, como pequeños ensayos de despliegue de esa racionalidad con la que opera la dominación de clase. Tanto Sylvia Molloy como David Viñas han señalado cómo las *causeries* de Mansilla construyen un público cerrado, una conversación entre íntimos, limitada a los círculos selectos de la clase alta porteña. Siguiendo a Viñas, en las *causeries*, quien habla es ya un viejo que siempre remite a sí mismo y que, en esa remisión al pasado glorioso de su clase, re-presenta una historia de bustos íntimos, una "pequeña historia" en la que toda la elite puede reconocerse. De ahí que las *causeries* adquieran el "tono ameno del anciano que cultiva las menudas sabidurías de la tribu" (Viñas 134). Ciertamente, las convenciones del género contribuyen a este efecto. Desde su etimología (*caseur*, palabra francesa derivada del latín *causari*, "discutir", "argumentar") el género mismo de la *causerie*, que aúna la vertiente argumentativa del ensayo literario con la superficialidad del entretenimiento familiar, apunta al trabajo con lo menudo, con lo pequeño y el detalle que hacen también a la estética atiborrada del dandi.

Construidas como fábulas (incluso algunas, como "El famoso fusilamiento del caballo", respetan la estructura de ese género literario) y escritas en ese modo discursivo que remeda el de la conversación, muchas de estas pequeñas historias son en realidad re-presentaciones de anécdotas y fragmentos de la historia argentina en las que la elite puede reconocerse. No es casual que en ese juego de espejos cerrados, autorreferidos a un grupo, desfilen no sólo los próceres sino (y más frecuentemente) los sirvientes, los esclavos y los soldados ante los cuales el hombre mayor (se supone) comprueba su superior estatura. El problema es que el "yo" construido por estos textos a menudo deja al lector bastante perplejo. Es un "yo" fragmentado, en dispersión casi adolescente, que (lejos del yo intransigente del dandi) "busca complacer a todo precio" (Molloy 395). A medio camino entre la anécdota moral y la estética que se complace en el exceso, Mansilla escribe en un equilibrio precario en el que el juego de espejos puede muy fácilmente volverse sobre sí mismo y mostrar con verdadera brutalidad los gestos crispados y los fundamentos endebles de la moral asociada con su clase.

Las *causeries* nos hablan de la moral en un doble sentido.[27] Por un lado, proponen cierta *ética de la palabra*, apoyada en la desmesura y en la indiscreción. Por el otro, la moral es insertada en el texto literario a partir de los juicios de valor y de los modelos para acción propuestos en las anécdotas, a partir de una serie de escenas de reconocimiento y reafirmación de una clase que, hacia el fin de siglo, ya empieza a decaer. Mansilla mismo resuelve el enredo entre los dos planos en la *causerie* que

---

[27] La función moral de las *causeries* no ha pasado desapercibida para uno de sus lectores más fanáticos, Mariano de Vedia, quien, en una carta a Mansilla incluida en *Estudios morales*, apunta el siguiente juicio: "Volviendo a los pensamientos, ellos me parecen el espíritu de sus conversaciones, la moral de sus relatos, la materia prima de sus escritos. Son las verdades de su credo, verdades que usted presenta con el traje variado de sus *causeries*, y que, si pudiera desplomarse el edificio de su literatura, quedarían en pie, como esqueleto férreo e indestructible" (de Vedia, citado en Mansilla, *Estudios Morales* xl). En cuanto al uso y abuso de la fábula moral, el propio Mansilla confiesa al comienzo de una de sus *causeries*: "Una mujer que estimo, sin duda porque no me adula o porque no es letrada, me ha observado que hay en todo lo que yo escribo un defecto capital. Muchos textos y citas, muchos cuentos y refranes" ("En chata" 354).

lleva el título "Nuestros grandes conversadores". Partiendo del axioma que supone que, ante un mundo que todo lo deja a la ciencia, ("esa enfermedad del siglo"), el carácter del hombre es la única vara, la única medida, Mansilla propone que la moral se juega en el acto de hablar, en el romper el silencio.

Hablar o callar son las acciones que revelan al hombre y Mansilla hará del primer término el centro de su estilo literario: palabra, etiqueta y derroche son los ejes que apuntalan su estética de conversador. Más aún, "Al confundir la ética con los ritos de la etiqueta [Mansilla] hará del principio del placer un imperativo categórico y su obra se inscribirá entre el pasatiempo, la anécdota y el bienestar, adulando a su público, no queriendo ver más allá del horizonte que lo define" (Viñas 143).

Y, sin embargo, en el detalle de la anécdota y el pasatiempo, el lector contemporáneo de las *causeries* sí logra ver más allá de ese horizonte. Sobre todo si llevamos hasta las últimas consecuencias esa construcción de la figura del dandi a la que Mansilla adosa máximas morales y lecciones de vida. Es como si Mansilla rediseñara el imperativo ético del héroe épico, encarnado en la figura de Aquiles: "sé el mejor y el primero de los tuyos" pasado por el tamiz, no de la acción heroica, sino de la *acción magnánima* del burgués paternalista y elegante. Mucho se ha hablado de la figura del dandi en relación con Mansilla, pero él mismo se encarga de señalar cuál es el tipo de acción moral que califica a los de su clase. Criticando la biografía de San Martín escrita por Mitre, provee una clave de cuál sería la historia que conviene al héroe nacional "ni estatuas ni rigidez sino proximidad, detalles, defectos, humanidad de *gentlemen* y no de moralistas" (citado en Viñas 141-42). Un San Martín más cercano a la oligarquía, al gesto magnánimo del *gentleman* y no a la santidad que sólo otorga la Historia con mayúsculas. Un San Martín en el que tanto Mansilla como su público podrían, en principio, reconocerse.

La paradoja del "dandi humanista" aparece en muchas de estas viñetas que –coronadas por el libro que Mansilla tituló sin miedo a la hipérbole, *Estudios morales, o sea el diario de mi vida*– remiten a este concepto de la moral destilada a partir de la personalidad, del carácter que se desprende de la superficie hipercultivada. Más adelante dirá, aún más claramente: "Yo entiendo por equilibrio moral la conciencia del yo, que nos dice, sin sofisma: has hecho bien, o has hecho mal" ("¿Por qué...?" 81). Así como ese "yo" de las *causeries* se fragmenta y corrobora su pertenencia al grupo en el humor, los sobreentendidos y los puntos suspensivos, a la vez, el procedimiento de la elipsis y de la ironía tiene como función afirmar y, al mismo tiempo, relativizar la máxima moral.

Es por todo esto que la escena de lectura de *El contrato social* puede ser leída como texto de iniciación. O, mejor aún, como escena fundacional de ese "yo" en retrospectiva. Lo que importa no es la construcción que hace el *causer* de su joven doble afiebrado por la lectura de Rousseau, sino la precoz lectura del texto activo del saladero que se despliega ante sus ojos como el tejido mismo de la realidad social y económica del país. Volviendo al conflicto entre padre e hijo, ser un "hombre de trabajo" implica, al menos en este axioma, no ser un hombre de la política. Por culpa de Rousseau, el joven Lucio prescindía del cumplimiento de sus deberes laborales, apartándose "del puesto de honor, que era donde se desnucaban las reses [...] y olvidando las letanías sobre hornos de ladrillo, panadería, y conveniencia de ser esencialmente un hombre de trabajo en este país" ("¿Por qué...?" 72).

Ese destino no se cumpliría, por mucho que su padre insistiera en él. Citando a Goethe en una de sus muchas digresiones, Mansilla acuerda con el lugar común que sostiene que los hijos han de oponerse inevitablemente a sus padres. Si unos han hecho la revolución, los otros buscarán una vida de paz. Si, por el contrario, han tenido una vida retirada, el hijo no dejará de "extenderse, comunicarse y abrir lo que su padre hubiere cerrado" ("¿Por qué...?" 73). Años después, Mansilla tendrá muchas oportunidades de ver en acción a esa máxima no ya en la relación con su propio hijo (al que, irónicamente, confiesa querer ver convertido en fraile, la única profesión aristocrática en la que "a nadie se le pide carta de ciudadanía") sino en las relaciones filiales que establece con sus subalternos, especialmente con sus soldados y criados.

Es en parte por esa ley de las generaciones, nos dice el *causer*, que la presión por transformar al joven Lucio en saladerista no prosperaría. Aquella tarde, en lugar de jugar al balero con su hijo, el general veterano de las guerras de San Martín lo espera con actitud grave. No lo increpa por la lectura de Rousseau o de sus cartas privadas. Sólo lo mira entristecido y le pregunta si piensa seguir viviendo en Argentina. A la reacción de sorpresa del muchacho, el general responde: "Mi amigo, cuando uno es sobrino de don Juan Manuel de Rozas, no lee el Contrato social, si se ha de quedar en este país, o se va de él, si quiere leerlo con provecho" ("¿Por qué...?" 97).

Esa sentencia resuelve la salida del joven Lucio a bordo del *Huma* con rumbo a la India (un destino como Europa no habría hecho más que fomentar las ideas alocadas de sus lecturas ilustradas). El viaje, forma extraña de castigo filial, completará la educación moral del joven de maneras insospechadas. Como veremos, la lectura de las acciones sociales en el área de la dominación y la explotación económicas (que darán material para la escritura de muchas *causeries*) seguirá siendo una obsesión fundamental para Mansilla.

Pequeña digresión o historia del "gentleman humanista" y la esclava que se vendió a sí misma

Ejemplo de la "humanidad de *gentlemen*" en la que el dandi reencuentra la cara "moral" de su desmesura es un episodio que el joven Mansilla vivió en aquel viaje por la India: su experiencia en un mercado de esclavos en Constantinopla.

Como si la esclavitud en el Plata hubiera sido algo remoto y ajeno,[28] como si su infancia no hubiera estado habitada por los fantasmas que los negros de la casa (que habían sido esclavos) invocaban para que

---

[28] La esclavitud recién se abolió formalmente en Argentina con la sanción de la Constitución de 1853. Mansilla nació en 1831, cuando la Ley de Libertad de Vientres de 1813 y la abolición del tráfico llevaban años de vigencia; sin embargo, Buenos Aires seguía teniendo una activa población afro-descendiente y la esclavitud todavía era legal.

los niños se durmieran, el joven Mansilla, acompañado por un viajero inglés, se horroriza ante el espectáculo de un "mercado de carne humana" ("En las pirámides de Egipto" 10). No se trata de cualquier mercado de esclavos, sino de uno destinado a la venta exclusiva de mujeres. En su descripción, Mansilla pasa por todos los lugares comunes del exotismo, desde el racismo liso y llano hasta la fascinación erótica:

> Imaginaos un edificio cuadrangular, con corredores interiores, rodeando un patio así como los nuestros, de estilo arábigo, nuestras antiguas casas se parecen a las de Sevilla y en el medio, una fuente. A un lado, mujeres negras desnudas, abisinias y nubianas, por lo común, completamente desnudas, el cuerpo untado con aceite de coco, frotado, hasta darle el pulimento y la brillantez del jacarandá, el motoso cabello dividido en infinidad de crenchas trenzadas, que le dan a la cabeza la forma de un erizo encrespado, sueltas todas ellas sin poderse mover más allá de su recinto.
>
> A otro lado, mujeres blancas, entre ellas algunas georgianas y circasianas, nada limpias, también desnudas, completamente desnudas, pero, con esta diferencia, que aquí no están todas sueltas, estando algunas aherrojadas, porque, siendo feas o contrahechas o viejas o flacas (Los musulmanes prefieren las gordas, ¡Qué gusto!) maltratan como bestias feroces a las otras, diciéndoles el instinto que difícilmente saldrán del mercado, o que, si salen, no serán seguramente ni para embellecer el harén, ni para aumentar el número de las concubinas, sino para desempeñar sucios y nauseabundos oficios, de bestias de carga, en las casas de los judíos. ("En las pirámides de Egipto" 14-15)

La comparación con la situación en Argentina no hubiera sido pertinente, pues Mansilla escribe esto en los años '80, cuando los recuerdos sobre el tráfico de esclavos en la región estaban siendo ya sistemáticamente borrados en una nación preocupada por un triple proceso de blanqueamiento: el de su población, el de la historia nacional y, sobre todo, el de la memoria de su elite letrada.[29] Pero al momento de la escena —no está de más recordarlo— Mansilla tiene apenas diecisiete años. Quizás por eso el anciano coronel puede proseguir el relato agrandando la ingenuidad de su gesto de juventud. Ante ese espectáculo

---

[29] Sobre este proceso, véase *Los afroargentinos de Buenos Aires* (1989) de George Reid Andrews. Sobre la relación fundacional entre la literatura argentina y el tráfico negrero, véase el ensayo de Viñas sobre Lavardén en *Literatura argentina y política. De los jacobinos porteños a la bohemia anarquista* (87-92).

abominable, el joven argentino y su compañero de excursión (James Foster Rodgers, un inglés que lo dobla en edad) juntan suficiente dinero para comprar una mujer y liberarla: "gastando ochenta libras esterlinas, pudimos decirle a un ser humano, cuya condición era peor que la de un perro sarnoso: '¡Eres libre!'" ("En las pirámides de Egipto" 15).

En esta escena, a la mirada (que es ya índice de posesión fruitiva) se suma otro placer no necesariamente menor: el del gesto magnánimo. La acción es coherente con el imperativo ético del dandi que se complace en la acción inútil y en el derroche. Mansilla no se priva ni siquiera del doble espectáculo de la falsa filantropía: el de "derrochar" su dinero y, de paso, otorgar un bien que no le pertenece (la libertad) ante el público del mercado, como volverá a hacerlo ante sus lectores, más de treinta años después.

Lo cierto es que la esclava, una vez liberada, regresa al mercado y vuelve a venderse. Al pasar, y con una o dos vagas reflexiones sobre lo insondable del corazón femenino, el *causeur* consigna que "[...] nos explicó, prefería ser esclava algún tiempo, y no libre, sin tener que comer, porque para hacerlo, tendría que traficar con su cuerpo, y era, según ella lo afirmaba, si no pura, honesta" ("En las pirámides de Egipto" 11).

¿Por qué detenerse en esta escena más de treinta años después? El episodio, como señala Axel Gasquet, parece en verdad haber obsesionado a Mansilla, pues lo comenta también en otra *causerie*, en la que justifica la necesidad de acabar con el indio en las pampas pues, entre otras cosas, para los indios, vender "a una cautiva orejana o con marca conocida, era cuestión de edad y de la provincia en que había sido tomada, por un poncho de paño, o por un par de botas, es decir, por mucho menos precio de lo que yo había visto vender, no digo circasianas, negras, en los mercados de carne humana, autorizados por la ley abominable de la esclavitud, del Cairo, de Constantinopla, de Río de Janeiro" ("El famoso fusilamiento del caballo" 180).

No queda claro si lo que indigna al coronel es el precio injusto (una blanca argentina vendida por el precio de una negra) o la "ley abominable" que la autoriza. Para alguien que creció en una Buenos Aires en la que todavía había esclavos, la reflexión sobre la ley abominable parece un tanto fuera de lugar. Lo cierto es que los esclavos, sirvientes y subalternos cumplen una extraña función en las *causeries* de los jueves. Y la clave para entenderla nos la da, otra vez, el juicio que Mansilla emite sobre la biografía de San Martín escrita por Mitre en la que "el mismo San Martín resulta a veces ínfimo, por lo que el historiador empequeñece a los generales españoles, *así como achica, casi hasta achatarlos, a los subalternos de San Martín*" ("San Martín" 538, énfasis mío). Si la medida del hombre es su carácter, un hombre grande no puede mandar sobre hombres pequeños. La obsesión de Mansilla por relatar episodios de la vida militar, de la vida familiar y patriarcal que tienen como centro a un subalterno, un criado o un esclavo surge de ese razonamiento. Si las *causeries* siempre hablan de lo mismo, en un juego de espejos cerrado sobre la vieja oligarquía porteña, esas piezas "menores" juegan un papel fundamental en ese espejismo en el que todo sigue igual que antaño aunque las instituciones ya no sean las mismas. La "ley abominable" fue abolida en 1853, pero las relaciones de falsa reciprocidad entre amo y sirvientes siguen siendo pasadas por ese tamiz del "*gentleman* humanista". Sin embargo, la dinámica de miradas y reflejos en la que el amo se vuelve al esclavo para corroborar el tamaño de su diferencia,[30] no deja de convocar imágenes imprevistas.

Esta obsesión por la relación entre el señor y sus sirvientes que en las *causeries* se despliega como un juego de espejos y un modo de escribir la historia de los héroes nacionales, está también presente en el texto con el que Mansilla debuta como dramaturgo. En efecto, perseguido por el recuerdo de la esclava que tan fácilmente había anulado su humanismo de *gentleman*, el joven Mansilla, recién llegado de la India y puesto en el aprieto de escribir un texto literario en un fin de semana, elegirá el

---

[30] Ese juego queda todavía más claro en otra de las *causeries* (de la que proviene el epígrafe que encabeza este trabajo) que consiste en el diálogo entre Mansilla y un barquero afrobrasileño llamado Maceió en el que el coronel argentino, en franco tono paródico, trata de establecer la igualdad de todos los hombres (para luego derribarla de un plumazo) comparándose primero con el Príncipe de Orange Nassau y, luego, con el barquero, al quien le lee fragmentos de sus pensamientos morales, e incluso de Platón ("En chata" 358-59).

género dramático y la venganza de un esclavo como asunto principal de su obra, *Atar-Gull, o una venganza africana*.

ATAR-GULL, ESPEJO DISTORSIONADO: PLAGIO, RESENTIMIENTO Y VENGANZA EN UNA TRAGEDIA SIN LÁGRIMAS NI PERSONAJES

Mucho antes de transformarse en uno de los paladines literarios del socialismo, Eugène Sue sólo soñaba con seguir los pasos de James Fenimore Cooper y llevar el género de la novela marítima a las alturas insospechadas de la lengua francesa. Producto de esos sueños de juventud son sus primeros relatos seriales, plagados de piratas y negreros en el triángulo atlántico francés. *Kernock le pirate* (1830) inaugura su carrera y, efectivamente, el género de novela marítima en Francia. Unos meses después le sigue *El gitano*, narración acerca de un barco cuya tripulación está compuesta enteramente por negros mudos. Para 1831, cuando aparece *Atar-Gull*, la reputación de Sue como el "Fenimore Cooper francés" ya está ampliamente sedimentada (Miller 273-75). Entre 1831 y 1875, la pequeña novela crece tanto en popularidad —seguramente a la luz del éxito de las "obras mayores" de Sue, como *Les Mystères de Paris* (1842)— que llegan a imprimirse veintiún ediciones.

Nunca sabremos cuándo la leyó el joven Lucio V. Mansilla.[31] Lo cierto es que en 1855, apenas unos años después de su viaje por Oriente, cuando su tío Juan Manuel ya ha sido derrocado y su familia entera ha caído en desgracia a los ojos de la elite porteña, Mansilla le apuesta a dos amigos que es capaz de escribir una obra de teatro en cuarenta y ocho horas. El fruto de esa apuesta es *Atar-Gull, o una venganza africana*, un "drama en cuatro actos y un epílogo" que Mansilla calca sobre el argumento de Sue. Tiene entonces veinticuatro años (Sue tenía veintiséis cuando soñaba con Fenimore Cooper). Las circunstancias de la apuesta no quedan claras

---

[31] Su biógrafo, Enrique Popolizio, apenas consigna que el argumento del melodrama de Mansilla, estaba calcado "sobre una novela de Eugène Sue de la que conocía el argumento por referencias" (120). Pero también nos advierte que Lucio —en sus comienzos como columnista de temas militares— "no le hacía asco a las traducciones. Y quien dice traducciones puede decir adaptaciones" (118).

y siempre han sido opacadas por otro espectáculo grandilocuente de su biografía (por aquellos años, Mansilla se bate a duelo con José Mármol a raíz de la pintura ofensiva que éste habría hecho de su madre en *Amalia*). Podemos especular que los ecos de ese duelo (que tiene en su origen a una novela) resuenan en la apuesta literaria que lo sucede.

Su mismo biógrafo advierte que *Atar-Gull* está "justamente olvidada" (Popolizio 120) mientras que los responsable de su reedición de 1926 (a cargo del Instituto de Literatura Argentina dirigido por Ricardo Rojas) se apuran a declarar que "estéticamente, es obra muerta" y "sólo se la reedita como documento y nada más" (*Atar Gull* 358). Sin embargo, eso no explica por qué, cuando el plagio juvenil de Mansilla sube al escenario por primera vez en 1864, logra un "éxito clamoroso" frente al público y los críticos teatrales porteños (Popolizio 121).

Incluso la crítica literaria más reciente ha eludido la comparación con la novela de Sue. Gasquet lo considera un texto olvidable, útil sólo para el rastreo previsible del racismo orientalista de Mansilla, al punto de afirmar que una comparación exhaustiva con la obra de Sue "no vale la pena [...] aunque conviene señalar que Sue tuvo una clara finalidad política cuando redactó su folletín: bregar por el abolicionismo de la esclavitud. Dicha motivación se desdibuja en Mansilla" (127).

A decir verdad, y como bien lo demuestra Christopher L. Miller, la vocación abolicionista del *Atar-Gull* de Sue es bastante cuestionable.[32] Y si bien quizás sea justo decir que esta obra tiene sólo valor documental, su análisis comparativo vale la pena, sobre todo a la luz de la postulación de la literatura como espejo moral presente a lo largo de toda la obra de Mansilla así como a la de su obsesión por la relación especular entre amos y esclavos.

---

[32] "Nadie menciona la palabra *abolicionismo* en relación con el nombre de Sue, ni nadie trata de hacer pasar a *Atar Gull* como una obra abolicionista. Sin embargo, Sue escribió esta historia del tráfico de esclavos en un momento crucial de su historia: su 'final'" (Miller 277, énfasis en el original). En su análisis sobre homosociabilidad y reconocimiento, Miller demuestra que es en parte por el equilibrio inestable entre realismo e ironía que la novela de Sue no puede ser leída como un alegato antiesclavitud.

Conspiraciones de esclavos y animales fabulosos

Situar *Atar-Gull* en esa línea permite comprender, hasta cierto punto, el extraño camino recorrido por este texto literario. Igual que el duelo con Mármol, la obra misma funciona inicialmente como un espectáculo del honor: mitad bravuconada para los amigos, mitad proeza (esta vez, no de la espada, sino de la palabra). Y aquí conviene señalar que a Mansilla siempre le gustaba presentarse como "hombre de acción" en oposición a los "hombres de letras", para luego dar por tierra con la dicotomía a través de gestos autoriales como el que dio origen a esta obra de teatro.

El contexto del Buenos Aires de 1855 provee, entonces, claves interpretativas que no han pasado desapercibidas para la escasa crítica reciente acerca de esta obra. Martín Rodríguez la analiza como un drama de intertexto romántico típico de la segunda fase del teatro de ese estilo (aquella que se inicia en 1852 y se caracteriza por la paulatina despolitización de las obras) y en la que sería posible leer una identificación entre el propio autor (en ese momento marginado por el segmento de la elite triunfante) y la figura del esclavo. Rodríguez sugiere, entonces, que el resentimiento de Mansilla "es asimilado a los destinos de su personaje Atar-Gull, que se hace eco de sus deseos de venganza frente a quienes se reservan para sí los beneficios de haber sido civilizados, es decir, antirrosistas" (174). Si bien provee el marco para comprender *el gesto* detrás de las condiciones de producción de la obra, este análisis (que nos llevaría por caminos similares a los de los análisis ya clásicos de *Sab*, por ejemplo) no tiene en cuenta los cambios sustanciales y sintomáticos que Mansilla hace al texto de Sue (de hecho, Rodríguez no menciona la filiación entre las dos obras).

También David Viñas lee *Atar-Gull* en clave de venganza política solapada. La considera "una versión filantrópica de la esclavatura en el Brasil del siglo XVIII, donde el jardín de las mujeres se invierte en el bosque presuntamente masculino; y a lo largo de esas intrigas, el Mansilla dramaturgo proyecta la doble humillación rosista de su madre y de su padre, mientras el protagonista intenta vengarse entonando monólogos que clausuran los actos enérgicamente" ("Quince hipótesis" s/p).

Dos cuestiones sobresalen en el breve juicio de Viñas: la "versión filantrópica de la esclavatura en el Brasil" y el "bosque presuntamente masculino" en el que sucede la obra. La primera nos reenvía a la cuestión de la moral (y a la supuesta intención filantrópica de Sue o de Mansilla) y la segunda, al enredo amoroso (ausente en la novela del francés).

Lógicamente, gran parte de *Atar-Gull*, la novela de Sue, sucede en el mar. Primero a bordo del negrero *Catherine* y luego a bordo del barco pirata *La Hyène*. Brulart, el comandante de *La Hyène* captura al *Catherine* y a su carga de africanos recién secuestrados en la costa sur de África, entre los que sobresale –por su belleza y su valor– el joven Atar Gull. En Jamaica, Brulart vende a Atar Gull al dueño de una plantación, Will, quien, a pesar de su naturaleza bondadosa, es convencido por otros hacendados esclavistas de deshacerse de un esclavo ya anciano e improductivo. Este esclavo, Job, es falsamente acusado de un crimen y, conforme a la ley imperante, es ejecutado por el Estado (que reembolsa su valor al amo perjudicado). Un poco después en la trama, nos enteramos de que Job era el padre de Atar Gull, quien ya no tendrá otro propósito en la novela que el de vengar la injusticia de su muerte. Para ello, logra congraciarse con su amo y se transforma en su esclavo favorito, lo cual le da acceso a la casa. Coloca una serpiente en el cuarto de Jenny, la hija de su señor, causando su muerte y la de su madre (que muere de pena) además de un incendio que acaba con la hacienda. Will se queda mudo debido al trauma y regresa a Francia en compañía de su fiel esclavo, Atar-Gull. Sólo cuando Will está agonizando, Atar-Gull (ahora convertido en "Monsieur Targu") le confiesa que él ha sido el causante de todas sus desgracias. La novela se cierra con una ceremonia en que la sociedad parisina premia a Atar-Gull por sus años de virtud y abnegación junto a su amo enfermo.

Destaca Miller que Sue escribe esta novela usando una estrategia paradójica en la que la promesa de entretenimiento que define al folletín se mezcla con la intención moral. Pero ya desde el prefacio –que Sue dedica a Fenimore Cooper– el autor declara también su intención de realizar una pintura realista del tráfico negrero. De este modo, la narrativa construye un precario equilibrio entre los tres ejes (el del placer, el de la moral y el del realismo) a los que, siguiendo el análisis de Miller, Sue agrega un cuarto, explosivo elemento:

> De este modo, el realismo de la obra posibilita que los lectores justifiquen tanto el horror como el placer que les produce su lectura, pues ambos derivarían de lo 'real'. Cómo funcionaría en última instancia esto, sobre todo, qué idea del tráfico de esclavos o de la esclavitud debería formarse ese lector, es algo que la obra deja deliberadamente en suspenso, es una ecuación sin resolver y un desafío. Un lenguaje muy directo sobre cálculo y economía atraviesa toda la narrativa, comenzando con la invitación [en el prefacio] a todas las partes involucradas en el debate en torno a la esclavitud a poner las cuentas en claro. Lo que este contrato olvida mencionar es un elemento desestabilizador que pronto se hará evidente: la ironía [que subyace a todo la obra]. (279)

El privilegio de la ironía y la parodia como modos de relativizar las ecuaciones "realistas" de *Atar-Gull* acaba por cancelar la lectura moralista o filantrópica de la obra. La novela de Sue se complace, en cambio, en una serie de juegos homoeróticos, de mentiras y de astucias a través de la cuales Atar Gull alcanza un reconocimiento más claro (en el sentido hegeliano de la palabra) que el que la venganza concreta podría otorgarle. Así, Sue "ofrece el escenario de una reversión de poder no en tanto filosofía sino como un divertimento literario perverso e irónico" (Miller 293).

Nada de esto ocurre en la obra de Mansilla, que elimina los juegos homoeróticos marinos y los reemplaza por una selva tropical en la que todos los hombres giran alrededor de una frágil jovencita. No hay barcos ni sutilezas en la obra de Mansilla. Es posible que sólo haya una moraleja casi grotesca encarnada por personajes huecos, arquetipos o muñecos de pasiones demasiado transparentes.

La acción de *Atar-Gull, o una venganza africana* transcurre en Pernambuco (Brasil), hacia fines del siglo XVIII. Al comenzar la obra, Tomás Willson, un hacendado casado con Ana, una irlandesa que languidece bajo el sol tropical, está endeudado con Roberto Wills (también dueño de una plantación). Una crisis de la bolsa de Marsella le impide pagar su deuda. Roberto sugiere que Tomás se deshaga de sus esclavos improductivos, que no son más que "animales vivos que representan valores muertos" (371). Después de unas cuantas deliberaciones en las que Roberto despeja los pocos escrúpulos de Tomás, la suerte del negro Job es decidida (del mismo modo que en la novela de Sue). Interrumpe la escena la entrada de Brulart (no es un pirata, sino un negrero) que llega para pedirle a Tomás la mano de Sofía, su hija de dieciséis años a cambio de la venta "casi por nada" de la carga de su navío y de otorgar a Sofía cien mil duros de dote. La "transacción" cierra el primer acto y se sella con un documento escrito en el que Tomás prevé la posibilidad de salirse de sus deudas gracias a la "venta" de su hija. Hasta este momento, sólo hemos oído hablar de Atar-Gull, como una de esas "rarísimas excepciones que su casta suele producir" (380), un esclavo que ha aprendido a leer y a escribir sin que nadie le enseñara y además tiene "una viveza [que] se acerca mucho al talento" (381). Recién en el segundo acto, luego de una escena romántica entre Sofía y su enamorado (Teodoro, un joven médico), entra Atar-Gull con un monólogo en el que confiesa su amor secreto por la joven. En este pequeño parlamento, Mansilla cae en la típica construcción del esclavo excepcional. No sólo habla el esclavo en el mismo registro que sus amos sino que también percibe (pero de una manera marcadamente corporal) la barrera social de la negritud: "ignominiosa tez [...] que a vivir me condenas ahogando siempre los sentimientos más íntimos [...] si es ridículo a los ojos de la sociedad que el negro diga –hay algo aquí (*se pone la mano sobre el corazón*), si es una burla que esclame (sic), hay algo acá (*se toca la frente*)" (399).

En medio de estas distracciones y apartes amorosos, Atar-Gull descubre en el bosque el cadáver de su padre y pone en marcha su venganza: enfrentado con Brulart en el mismo bosque le recuerda (y también a la audiencia) las atrocidades del barco negrero (entre ellas, la violación y asesinato de su madre, otro elemento ausente en la novela de Sue) y acaba asesinándolo de una puñalada. La muerte "providencial" de Brulart le permite a Tomás el gesto magnánimo de conceder la mano de Sofía a Teodoro, no sin antes recuperar el contradocumento que el cadáver todavía conservaba en su bolsillo y pagar las letras a su vecino. Sorprendentemente, Roberto impone todavía una nueva condición para no llevarlo a la cárcel: el también quiere la mano de Sofía. Los dos hacendados discuten sin llegar a un acuerdo y la trama se interrumpe por una rebelión esclava conducida por Atar-Gull. Los esclavos incendian las dos haciendas y Atar-Gull, cegado por la venganza, no se detiene ni siquiera ante Sofía. En un parlamento especialmente torpe, Mansilla le hace explicar cómo ha pasado del amor más puro al odio que justifica el asesinato: "Ella aumenta mi fiereza, porque vengando a mi padre, voy a vengar los celos implacables de mi corazón. ¡Mísero Teodoro! Cuando mañana vengas [...] marchita y sin color la encontrarás [...] Mía ha de ser o de Dios" (441). Al final del cuarto acto, Roberto, Brulart, Sofía y Ana han muerto. Sólo resta el epílogo que, en lo sustancial, reproduce el de la novela de Sue: Atar-Gull juega al "buen esclavo" con Tomás, que lo nombra único heredero de sus bienes y lo recomienda al Consejo Colonial como candidato al premio de virtud. Una vez firmado el documento, Atar-Gull le revela la verdad de su venganza (a la que suma la confesión de que ha estado envenenando a Tomás lentamente durante los últimos siete años). Pero, a diferencia de la novela de Sue, Teodoro (que escucha la confesión desde un rincón) se encarga de que Atar-Gull sea encarcelado y castigado por sus crímenes.

Intentar la lectura alegórica o incluso rastrear los patrones de falso exotismo y denuncia que la obra plantea de manera tan tosca sería, quizás, tomarla más en serio que el propio Mansilla. Ni siquiera el tema de la filantropía aparece con suficiente fuerza estética como para considerarlo el centro de la obra. Y esto es así porque el principal cambio que introduce Mansilla a la trama de Eugène Sue constituye, en realidad, en un cambio de protagonista. No es Atar-Gull el que interesa en esta obra, sino su amo, Tomás Willson. En este bosque "presuntamente masculino" en el que todos los hombres giran en torno al falso objeto de deseo representado por Sofía, lo único que importa es la lógica económica, multiplicada por una serie de transacciones eróticas ausentes en la obra de Sue. Si el escritor francés se proponía escribir sobre el tráfico negrero para que cada parte involucrada en el asunto tuviera las cuentas claras,[33]

---

[33] "Aussi, Monsieur, j'ai une terrible crainte de passer pour un *homme* abominable, faisant de l'horreur à plaisir. [...] Et pourtant, à la faveur de cette peinture trop exacte (je le crois) de la traite des noirs, de leur esclavage et de ses résultats, j'ai voulu, non élever une polémique bâtarde et usée sur des droits que plusieurs contestent, mais bien poser des faits, des chiffres, au moyen

Mansilla termina escribiendo no sobre los horrores de la esclavitud sino sobre la inmoralidad de cierta oligarquía improductiva, cuyo único enriquecimiento se debe a la especulación y a la hipocresía. Así, es Tomás el que declama su parte con mayor convicción:

> La honradez es una quimera...Hipocresía la virtud...la sociedad un atajo de animales egoístas, falsos y rapaces que sólo tratan de engañarse y devorarse los unos a los otros....La impunidad!...la impunidad, he ahí lo que todos anhelan. Que horrible cuadro! Fijo mi vista en la humanidad y en todas partes veo el vicio triunfante sobre la virtud [...] ¿qué es la justicia? ¿Dónde el equilibrio está? [...] Pero la conciencia es el miedo, y yo no tengo miedo ¿Y porqué lo habría de tener? No paso por lo que se llama un hombre honrado? [...] la impunidad!...la impunidad! he ahí lo necesario, el amuleto encantado. Y, pues lo tengo! (402-03)

Es posible leer en este fragmento una expresión del resentimiento que Viñas y Rodríguez señalan en Mansilla. Pero en este ejercicio de denuncia privada e inter-clasista (de un margen de la elite a su centro), Mansilla también anuncia los reacomodamientos intelectuales del fin de siglo: no sólo el pasaje del Romanticismo al Naturalismo (y el pesimismo que lo acompaña) sino también el cambio en los parámetros de legitimación de la elite terrateniente argentina (del modelo rosista al modelo especulativo de Juárez Celman que colapsará en novelas como *La bolsa*). Tomás Willson, el traficante de carne humana que no vacila en deshacerse de su capital envejecido o en vender a su propia hija, sólo es la contracara de Atar-Gull en la superficie. Porque el personaje del esclavo no sólo no es realista: ni siquiera es verosímil, no le interesa a Mansilla brindarnos una pintura de la esclavitud en Brasil. Todo lo contrario, Atar-Gull actúa tras un velo de falso exotismo en el que sólo la desmesura de las pasiones (y no la denuncia de la injusticia) mueve la trama de su venganza. No es casual ni sorprendente que se lo presente como fuera de la ley civilizada: él y los otros esclavos son adoradores de la luna y actúan bajo sus influjos. Al igual que su amo (que en el mismo

---

desquels chaque partie pourra établir ses comptes. –L'addition seulement reste à faire" (6). Como se puede apreciar, Sue propone un ajuste de cuentas, un balance "aritmético-literario" de la moral detrás de la esclavitud, pero sin levantar "polémicas".

parlamento ya citado se confiesa ateo), está fuera de la moral,[34] y por eso, su máxima de que la justicia es igual a la venganza tiene que ser reequilibrada en el final por la ley que encarna Teodoro. Así, el castigo llega para ambos. Por todo esto, queda claro que Atar-Gull tampoco ocupa el polo de la virtud, ni siquiera el de una hipocresía a la medida de su amo. Es un espejo cargado de negatividades que no puede más que reflejar con impresionante lucidez las de su patrón.

No hay entre amo y esclavo una lucha de consciencias o un intercambio hegeliano en el que el reconocimiento final restablezca el equilibrio de lo humano. Como amo, Tomás Willson ya está más allá de esa dialéctica: es en diálogo consigo mismo (entre el hombre que efectivamente es y aquel que *aparenta ser*) que alcanza la conciencia de sí. Si es verdad que tanto la bestia como el soberano comparten el hecho de estar fuera de la ley (Derrida 44), esa impunidad de la que Tomás Willson tiene un conocimiento demasiado íntimo se convierte en el tema más importante de la obra: el poder desnudo de una clase dominante, a la que las leyes no se aplican y gobierna, en permanente diálogo esquizofrénico consigo misma.

A diferencia de Sue, no hay astucia en el esclavo de Mansilla, que en todo actúa con seriedad y falta de sentido del humor. Por eso, Atar-Gull en tierra brasileña no acaba con un irónico final de blanqueamiento (que en su par francés incluía hasta un bautismo con nuevo nombre y premio a la virtud) sino que es castigado por la justicia encarnada por el joven médico naturalista. La moraleja de Sue "Para un hijo la venganza es virtud", en Mansilla desaparece y lo único que nos deja es el espejo en manos de una elite regocijada en su propio juego de apariencias. Así, ya en los desmanes literarios del joven Lucio, encontramos el juego de espejos que el anciano sabio miembro de la tribu perfeccionará en sus *causeries* más de veinte años después.

---

[34] Y, la moral, se sabe comienza por el patriarca familiar. Por si no queda claro este axioma, Mansilla se encarga de remarcarlo en otro libro: "En la época inicial del mundo, la luz se irradiaba del patriarca a la familia" (*Estudios morales* 98).

Quizás ese goce en el reflejo de su propia impunidad explica el éxito de *Atar-Gull* en los teatros porteños. Es posible, todavía, una segunda explicación, que en realidad refuerza la primera[35]. *Atar-Gull* se representa en el Teatro de la Victoria nueve años después del momento de su escritura, en mayo de 1864, cuando Argentina y Brasil se encuentran a punto de aliarse en una guerra tremendamente impopular contra Paraguay. La barbarie brasileña –sociedad monárquica y esclavócrata– era entonces un argumento de peso entre los intelectuales que se oponían a esa guerra. Entonces, no sólo es verdad lo que dice el prologuista del Instituto de Literatura Argentina cuando confirma que el éxito de *Atar Gull* ante el "buen público porteño […] evidencia una identificación entre el público y la obra" (358), sino que no es imposible que esa misma elite encontrara motivos de autosatisfacción insospechados en una obra que, además, le permitía verse como una clase mucho más civilizada y progresista que la del país vecino.

Epílogo: patrón vs. criado o la segunda escena de lectura

Si la lectura a escondidas de Rousseau inaugura la educación moral del joven Mansilla, tal vez no deba sorprendernos que el viejo general, puesto a repetir las máximas morales convertidas en columna semanal, corone esa educación con el relato de un episodio tan similar a su escena iniciática que sorprende que el propio Mansilla no reflexionara sobre el paralelismo. La anécdota tiene como protagonistas a Mansilla y a uno de sus sirvientes, sólo que esta vez los roles se intercambian (es decir, Mansilla está en el mismo lugar que ocupara su padre al sorprenderlo inclinado sobre las páginas de *El contrato social*). Pero lo interesante es

---

[35] Gasquet agrega una tercera hipótesis: que, "[e]l escándalo suscitado por el drama de Mansilla en 1864 tuvo que ver mayormente con el amor prohibido entre un negro y una muchacha blanca, cuyo eco poético de la figura del harén oriental tiene una resonancia inmediata en el tópico de la cautiva blanca de los indios. El público porteño de entonces podía identificarse en ciertas condiciones con la venganza de Atar-Gull, pero se escandalizaba con la idea de un mestizaje interracial y social" (130). Dado que Atar-Gull ni siquiera tiene una escena a solas con Sofía y toda la visualidad de su amor consiste en dos parlamentos susurrados a la audiencia, es difícil acordar con esta interpretación.

que, de todos modos, sigue siendo Mansilla el que resulta educado, el que recibe la lección de manos de su criado.

La *causerie* en cuestión se titula "Raimundo" y lleva un epígrafe de Beaumarchais que se pregunta cuántos amos o maestros son dignos de sus criados.[36] Mansilla abre el relato con una escena fantasmagórica de la Guerra de Paraguay: su ejército está siendo diezmado por el cólera y, el entonces coronel, se conmueve frente a un niño que se acaba de quedarse sin padre ni madre:

> Yo adopté, por decirlo así, al huérfano, y se lo mandé a mi mujer.
>
> Era una hipoteca.
>
> Pero, ¿Y la caridad?
>
> Mi mujer tuvo lástima de aquel desvalido, que apenas hablaba, le tomó cariño desde que lo vio, y comenzó, como hacen siempre nuestras señoras en estos casos por educarlo mal [...]
>
> Los años corrieron.
>
> Yo estaba en Córdoba [...] Raimundo era un personaje en la casa: se tuteaba con mis hijos y daba, él solo, más trabajo que todos ellos juntos. ("Raimundo" 66-67)

Ya hecho un joven, Raimundo sigue dando tantos problemas que, desde su puesto en la Rioja, Mansilla mueve los hilos para ponerlo preso y hacerlo purgar "bien sus pecadillos". A su regreso y a pesar de los ruegos de su mujer y sus hijos (que juzgan excesivo el castigo) se mantiene implacable. Muy satisfecho de sí mismo, se va a la biblioteca y es entonces que nota la ausencia de *Don Quijote*. Después de vanos interrogatorios, su mujer confiesa que "Raimundo era lector, y ella le suministraba libros, para amenizarle las soledades de la prisión" ("Raimundo" 70). Ante lo gracioso de la confesión, Raimundo es puesto en libertad, sólo para que unos días después una de las hijas de Mansilla le cuente que el "hijo adoptivo/criado" del coronel se ha estado burlando de él en la cocina

---

[36] "Aux vertus qu'on exige dans les domestiques, votre Excellence connait-elle beaucoup de maîtres qui fussent dignes d'être valets?" ("Raimundo" 65).

junto con otros sirvientes. Así transcribe Mansilla el parlamento que habría pronunciado Raimundo:

> […] "Yo había creído que el Coronel […] era un hombre muy sabio porque tiene muchos libros (y el muy bellaco se sonreía con ironía), pero ¡Qué! Pura farsa, amigo. Una porción de veces, cuando he estado sirviendo la mesa, me ha avergonzado delante de las visitas diciéndome: ¿Cuándo aprenderás a hablar como la gente? ¿A quién has oído decir vide, en la casa? Se dice vi, animal." ¡Animal yo, bum! Otras veces se ha enojado, porque he dicho miajas, y me ha dicho: "¡Son migajas, bruto!" Mientras tanto en el Don Quijote, que he leído perfectamente cuando estaba en la cárcel (Cárcel le llamaba al cuartel con toda intención) está escrito vide y miajas, y no como él dice.
>
> Y agregaba: "Si es tan guapo así en la guerra como dicen". ("Raimundo" 72)

Mansilla termina la *causerie* aclarando que le importa más la sospecha de cobarde en boca de su criado que su perspicacia lingüística:

> "Por la sencillísima razón de que a un militar puede importársele poco no ser purista ni estilista como Cervantes.
>
> ¡Pero no ser tan bravo como el Cid! Ésa es harina de otro costal. Por otra parte, todos perseguimos la sombra de algo, que no alcanzaremos jamás: pasar por lo que no somos". ("Raimundo" 73)

Esta escena en la que el criado (al final nos enteraremos de que se trataba de un mulato) no sólo lee los libros del amo a escondidas sino que se burla de él y lo hiere en su amor propio es quizás la mejor fábula moral en toda la obra de Mansilla. Esos polos complementarios del dominio social (simbolizados por la espada y la palabra) a partir de los cuales Mansilla ha construido toda su carrera y su literatura (el hombre de acción es, sin duda, el hombre de la Letra) son los que aparecen en primer plano en el juicio lapidario del sirviente. Raimundo no sólo reafirma el poder y la violencia de la letra con el que Mansilla se iniciara en el ejercicio del dominio cuando todavía era un jovencito sino que hace pedazos la ilusión, el espejismo de una elite criolla que tanto en la literatura como en las batallas, persigue su propio complejo de inferioridad o la sombra de algo que no alcanzará nunca. Como la esclava que se vendió a sí misma, la supuesta ingratitud moral de Raimundo ha dejado a su patrón sin palabras ni aforismos de ocasión. Los modelos de Cervantes y el Cid le quedan demasiado grandes. A partir de ese desenmascaramiento, lo que resta en la prosa de Mansilla no es más que el juego de espejos en el que, incapaz de reconocerse, el amo no deja, sin embargo, de jugar a parecerse a sí mismo.

IV. *Los ricos también lloran:* La venganza de la gleba, el "himno de purificación y castigo" de Federico Gamboa

> *Porque el que de ninguna cosa se enoja,*
> *parece que ni siente, ni se entristece,*
> *y así no es nada vengativo.*
> Aristóteles, *Ética a Nicómaco*
>
> *que el campo me cure, como siempre me ha curado.*
> Federico Gamboa, *Diario*, 11 de junio de 1898

De los negros norteamericanos a los campesinos de México

1904 encuentra a Federico Gamboa (1864-1939) preocupado por dos cuestiones vitales: el éxito de *Santa* (que acaba de aparecer en Barcelona el año anterior) y la compilación de una serie de artículos de prensa sobre la barbarie racial en los Estados Unidos.

Los dos temas se repiten regularmente en las entradas de su *Diario* entre 1903 y 1905, período en el que Gamboa sirve como primer secretario de la Embajada Mexicana en Washington D.C. y luego como encargado de negocios interino en esa misma ciudad. Si la primera cuestión se torna obsesión casi risible, la segunda genera preguntas mucho más interesantes en cuanto a la producción literaria de Gamboa. Ambas, sin duda, dicen mucho de su posición como intelectual empleado del Estado mexicano. La ambición de lograr la independencia económica (tal vez inspirada por el éxito de sus colegas naturalistas franceses), y que al fin desataría su pluma y le permitiría "decir en libros posteriores verdades que ahora me está vedado imprimir" (*Diario* 210), se cifra para Gamboa en el éxito económico de la que sería su novela más famosa. A tal punto le preocupa la cuestión que llega a consultar a un adivino, el

Conde de Sarak. Dos de las tres preguntas que le formula al "esoterista Tibet" se refieren al éxito de su heroína prostituta. Más aún, en páginas posteriores del *Diario*, lo encontraremos brindando con su esposa "porque Santa llegue a vieja" (89).

La preocupación por documentar la barbarie norteamericana queda asentada en la entrada del 8 de agosto de 1903: "[...] dedicados a nuestros políticos y sociólogos, predicadores de que Hispanoamérica debería ser un trasunto de los Estados Unidos, inicio hoy la reproducción de casos típicamente yanquis, que bien podrían titularse 'Casos ejemplares' [...] Ninguno será de mi cosecha, sino traducciones o extractos de los mismos diarios y revistas" (181).

Los casos ejemplares incluyen el azote público de una muchacha en una cárcel de Georgia (181), la muerte sobre el ring de un pugilista en Filadelfia (192), un artículo sobre Kentucky como "la tierra del odio", región "sin ferrocarriles ni telégrafos" donde los "odios americanos" hacen a la *vendetta* italiana parecer "filantrópica y humanitaria" (199), e innumerables noticias sobre linchamientos y asesinatos de afroamericanos en todo el país. Sobre este último tema y, a pesar de que Gamboa nos ha prometido no incluir textos de su cosecha, encontramos también la transcripción de un diálogo bastante inverosímil con su barbero a domicilio. Cuestionado sobre el tema de la opresión racial, Gamboa pone en boca de su "Fígaro negro" la siguiente respuesta a la pregunta sobre por qué una "masa de más de nueve millones" no se "une y se defiende" (175): "–Porque ellos son los más y no podríamos con ellos, porque en lo general somos mansos, ¡quién sabe por qué causa!" (175). Ante lo cual, Gamboa reflexiona: "¿La causa?... La esclavitud que por siglos ha pesado sobre sus hombros musculados de bestias de labor y de carga; por eso son mansos, a menos de una reversión étnica, perpetuamente respetarán y temerán al blanco" (175).

Se sabe que una de las vertientes de la escuela positivista en la que se ha educado el escritor mexicano es la creencia en las leyes de la herencia racial. "A menos de una reversión étnica"... desliza en este pasaje de su *Diario* como condición necesaria para que ocurra la rebelión de una raza que todavía carga con los estigmas de la esclavitud. Unos años antes, en 1897, en ocasión del aniversario de la Escuela Nacional Preparatoria y frente a un público que incluía al General Porfirio Díaz y al Mininistro de Hacienda, José Limantour, Gamboa había pronunciado un discurso sobre la singularidad de la nación mexicana. Varios críticos han hecho referencia a la dureza con la que trata a la cuestión indígena (Pacheco 20; Rama, *Ciudad letrada* 322; Monsiváis, "Clasismo y novela" 169). Vale la pena volver a citarlo en toda su extensión:

> No hallo en la República entera vestigios ó hábitos indígenas; veo, sí, muchos degenerados todavía, un empobrecido rebaño de indios, el lamentable fin de una raza que apenas vestida de cuerpo, desnuda de inteligencia y exhausta de sangre, agoniza en silencio, sin dejar nada, ni siquiera deudos que la lloren. [...] Veo asimismo, que durante los once años de recio batallar por nuestra Independencia, casi todos los caudillos, los héroes, los próceres, son blancos y mestizos. Veo después, cómo el mestizo avanza en la escuela y en el taller, cómo escala puestos y gana honores, cómo es un civilizado en la elevada acepción de la palabra. En cambio, el indio sin mezclas, el primitivo y legítimo, me apena; en ocasiones me avergüenza, y hasta pienso que los Estados Unidos, la República Argentina y la República de Chile quizá han estado en lo exacto, cuando los han destruido ó los han relegado á los desiertos, aunque con medida tal no se hayan acreditado de humanitarios. (73-74)[37]

El discurso triunfal del mestizaje —para entonces ya consagrado como mito oficial del Porfiriato— no sorprende en boca de Gamboa. Lo que resulta más llamativo es esa apología tácita de la guerra de exterminio, en un período en que podemos constatar un giro en el discurso del Estado referido a las revueltas. En este giro, los discursos oficiales pasan de referirse a las "guerras de castas" a "los levantamientos campesinos en México". De acuerdo con Friedrich Katz, el año 1884 marca un cambio significativo en los patrones de los levantamientos rurales en el país. Exceptuando la rebelión de los yaquis en el norte, las sublevaciones

---

[37] En el párrafo siguiente, Gamboa se apresuraba a consignar a Benito Juárez y a Ignacio Manuel Altamirano como "colosales figuras de indios puros" rápidamente descartadas como "excepciones" "inauditas" que "no obstante ignoran el habla de sus padres, visten como nosotros, se ilustran [...] interésanse por sus pseudo-hermanos [...] con el mismo compasivo interés que despiertan en blancos y mestizos sobre los que ostentan superioridad innegable. Su opaco color no es sino una equivocación de la naturaleza" (73-74).

ya no podían (a pesar de la nomenclatura oficial) comprenderse como "guerras de castas", es decir como la lucha de la raza indígena contra la raza blanca o mestiza.[38] Friedrich Katz señala que el período entre 1884 y 1910, en el que el Estado mexicano se convirtió en una entidad fuerte y centralizada y con crecimiento económico, determinó nuevas tensiones en las periferias nacionales (178). Desde el punto de vista retórico, las rebeliones en el centro del país (más intensas y más numerosas que en el período anterior) estuvieron cada vez más marcadas no por invocar la lucha de razas sino por insistir en la posesión de la tierra como bandera unificadora.

Frente a este panorama, es claro que el discurso de Gamboa debe leerse —como lo hace Ángel Rama— en consonancia con la actitud de la mayoría de los intelectuales latinoamericanos del fin de siglo, quienes "se dieron por no enterados o asumieron el discurso oficial que acusaba a indios y campesinos de 'enemigos del progreso' ornamentándolo literariamente" (*Ciudad letrada* 322).

Pero lo que llama la atención en Gamboa es el contraste entre su "lucidez justiciera" para percibir los conflictos raciales persistentes en los Estados Unidos y la miopía para proyectarlos sobre el propio país, una contradicción que no pasa desapercibida para el lector del *Diario*.

---

[38] Apunta Katz que "las guerras de castas de Yucatán tuvieron un enorme impacto en México. Muchos blancos y mestizos fueron presas del pánico y consideraban que una revuelta india o incluso cualquier movimiento de protesta era una guerra de castas incipiente. Como resultado, aumentó la violencia contra los indios en muchas partes del país (182-83). En general, puede decirse que los partes oficiales muchas veces consignan como "guerras de castas" a lo que Leticia Reina denomina "rebeliones mesiánicas" (35-38), es decir, rebeliones en las que una comunidad indígena, con la esperanza de la venida de un emisario divino, se enfrenta al conjunto de la sociedad dominante y a sus instituciones y crea un poder paralelo (37). Como también lo destaca Katz, la más conocida de estas rebeliones fue la de los chamulas en 1868-1869. Reina divide la expresión ideológica de las rebeliones campesinas entre 1810 y 1906 en "mesiánicas", "rebeliones por la democracia agraria", "rebeliones anticolonialistas" y "rebeliones por el socialismo agrario". A este respecto, señala Reina la dificultad en la interpretación de los documentos oficiales del Estado mexicano que "llamaron *socialista* a quien tenía ideas *sociales*, y *comunista* a cualquier movimiento social, persona o idea que atentaba contra el orden ya establecido, llegando a denominar en algunas ocasiones a un mismo movimiento social como *comunista y guerra de castas*" (41, énfasis en el original).

Si los negros norteamericanos estaban condenados a la mansedumbre por culpa de la herencia persistente de la esclavitud, ¿qué juicio le merecerían estas rebeliones campesinas, muchas veces estigmatizadas por el discurso oficial como "meros levantamientos de indios"?[39] ¿Dónde está la mansedumbre que siglos de explotación habrían de imprimirle a la raza indígena mexicana? Si es cierto que la obra de Gamboa puede leerse como el "espejo de la mentalidad conservadora" (Pacheco 16), hay que prestar atención a este pasaje en su discurso (que su *Diario* tan bien refleja) en el que la preocupación por la nación empieza a perder de vista la cuestión de la raza para empezar a pensar en términos de clase.

Claro que las rebeliones rurales no llegan a las páginas del diario íntimo de Gamboa. En él encontramos algunas excursiones al campo —no muy lejos de la capital— en las que el escritor apenas agradece el descanso que la "vida rural é intensamente mística" le provee (66). Acaso no es sorprendente que así sea, si consideramos que Gamboa es el "novelista de una ciudad que ejerce su dominio sobre el campo" (Pacheco 21), y que su ambición de crítica social y moral tiene casi siempre como escenario la ciudad de México y sus múltiples caminos de corrupción.

Y sin embargo, lejos de su país y horrorizado ante la barbarie yanqui, el año 1904 sorprende al propio Gamboa con una nueva ola de inspiración literaria. Siete años han transcurrido desde ese discurso en el que el México indígena se le apareciera como un empobrecido rebaño de

---

[39] Refiere Leticia Reina que el principal obstáculo para su investigación sobre las rebeliones campesinas en México entre 1810 y 1906 fue el hecho de que "en la mayoría de los documentos se hablaba de insurrecciones de *indios*. En tal caso, la denominación *indio* tiene una connotación despectiva, totalmente subjetiva, que designa a todo aquel que es un explotado del campo [...] De ahí la imposibilidad de determinar a qué sector de la clase explotada del campo se refieren: peones acasillados, peones alquilados, medieros, aparceros, jornaleros, indígenas o campesinos. La denominación generalizada de *indio* aplicada a toda la población trabajadora del campo, frecuente en el lenguaje de grupo en el poder, dificulta el análisis histórico, pues cada sector que se movilizaba le imprimiría un carácter determinado y específico a su acción política, según el lugar distinto que ocupara en la estructura de clases del país" (11-12). En su *Diario*, Gamboa se hace eco de esta costumbre y utiliza indistintamente los términos "campesino", "indio" y "peón" para referirse a los trabajadores rurales a quienes observa atentamente en una escapada al campo en junio de 1898. Un evento que, como veremos, resultará fundamental para la escritura de *La venganza de la gleba*.

indios o como una raza en agonía condenada a desaparecer. Como si su afán de registro de las atrocidades cometidas contra los afroamericanos lo hubiera sensibilizado frente a la realidad nacional, escribe Gamboa:

> Inopinadamente –aunque no inesperadamente– viéneme hoy el argumento de un drama que hace diez años, desde la representación de *La última campaña*, estoy buscándome en el cerebro. Viene tal y como yo lo quería: a favor de nuestros desheredados, totalmente nacional, azotando en plena cara no sólo a nuestras clases privilegiadas, ¡que tanto se lo merecen!, sino también a todas nuestras otras clases (!), ¡que quizás se lo merecen más! [...] Lo bautizo, mientras sus tres actos se esbozan en mi mente; y su título me suena a himno de purificación y castigo, se denominará: *La venganza de la gleba*. (243)

La distancia recorrida entre el discurso de 1897 y esta entrada del *Diario* en 1904 es grande y podemos medirla por la ausencia de la palabra *indio* en estos párrafos. Si Gamboa quería que Santa llegara a vieja para poder escribir sobre las cosas que le estaban vedadas, esta declaración de principios en la que piensa a su obra de teatro como una bofetada en la cara de *todas* las clases sociales de México dice mucho de su proyecto.

La venganza de la gleba –que sería la obra de teatro más exitosa de Gamboa– no nos habla tanto de la supuesta misericordia con la que trataría a los "desheredados" sino del tipo de conflictos sociales que la prosperidad del Porfiriato estaba despertando en la sociedad mexicana. Hacia 1904, algunos podían pensar que el problema del "indio" era un resabio del pasado lejano, desmentido y silenciado por siglos de mestizaje, de "reversión étnica". No sucedía lo mismo con el problema de la lucha de clases. Seguramente Federico Gamboa no era el único escritor en percibirlo, pero sin duda era unos de los primeros en animarse a ponerlo sobre un escenario.

¡LOS PEONES! . . . ¿PERO QUÉ LES PASA Á LOS PEONES?

A pesar del éxito que tuvo en el momento de su estreno, casi un siglo de crítica literaria ha juzgado a *La venganza de la gleba* como una obra llena de defectos (Pacheco 20), de ritmo lento (García Barragán

24), y tema aburrido (Reyes de la Maza 149), de la que apenas pueden rescatarse las "buenas intenciones" de su autor.[40]

El drama sucede en una hacienda ubicada "a seis horas de la ciudad de México" y la intriga se desarrolla en torno a un secreto a voces: Loreto, una de las trabajadoras de la hacienda de don Andrés de Pedreguera, fue seducida hace dieciocho años por su hijo, Javier de Pedreguera. Como resultado de la unión, Loreto quedó embarazada. Para silenciar la cuestión, don Andrés alejó a su familia de la estancia y casó a Loreto con otro de sus trabajadores, Marcos, quien siempre la había amado en silencio. El hijo bastardo, Damián, creció con la pareja sin saber nada de su origen. Dieciocho años después, los amos regresan a la estancia. Javier se ha casado con una mujer de su clase, Beatriz, y ha tenido una hija, Blanca. En unas pocas escenas (que varios críticos juzgan como las más débiles de la obra),[41] Blanca se enamora del joven vaquero Damián sin sospechar que se trata de su medio hermano. La obra termina con don Andrés literalmente fulminado por el descubrimiento del amor incestuoso.

Reducido su argumento a un párrafo, es cierto que *La venganza de la gleba* parece desmentir la metonimia que propone desde el título. La obra no termina en revolución o en asesinato. Ni siquiera en socialismo. Los siervos de la gleba no son los que ejecutan la venganza, sino la tierra (o la naturaleza) misma. El hecho de que la venganza en esta obra es sólo un acto de la naturaleza es algo que ningún crítico olvida señalar,

---

[40] "La intención progresista de Gamboa al escribir esta obra –que significativamente dedicó a 'los ricos de mi tierra'– no puede ser puesta en duda; y si posteriormente su valor social y su fuerza revolucionaria se han visto opacadas por corrientes más vigorosas de nuestro teatro, en su momento tuvo gran efectividad, pues su estilo correspondía al sentimiento del público y su contenido a las preocupaciones que ya comenzaban a sentirse en el país" (Cantón 90).

[41] En un pasaje de su estudio preliminar, García Barragán destaca que el idilio entre los jóvenes "es bastante absurdo, si se considera la rusticidad de aquél [Damián] y el supuesto refinamiento de ella [Blanca]. No tengo conocimiento de que nadie más, fuera de Victoriano Salado Álvarez, señalara –con mucha gracia– dicha debilidad de la intriga" (23).

Más allá de que la crítica parece considerar absurdo o poco verosímil el amor entre dos personas de clase diferente, tal vez pasa por alto el hecho de que esa inverosimilitud forma justamente parte de la intriga, ya que la relación entre Blanca y Damián se da *a pesar de ellos*, por una supuesta ley natural que "venga" la afrenta originaria sobre la madre de ambos.

pero conviene detenerse en cuál es la afrenta, cuál es el crimen que se venga en esta obra y cuál es la ética de la acción que informa y justifica la venganza. En pocas palabras, es necesario tomar en serio la propuesta de Gamboa (por fallida que parezca al lector contemporáneo) para poder evaluar el efecto de esta obra tanto sobre los espectadores que en 1905 la ovacionaron de pie en el Teatro del Renacimiento como sobre la tradición literaria mexicana.

Desde la reseña elogiosa (casi seguramente escrita por Luis Urbina) que *El imparcial* publicó en el momento de su estreno,[42] no hay crítico que no mencione (bastante pudorosamente y al pasar, es cierto) que la obra es una de las primeras en denunciar "el derecho de pernada" que ejercían los terratenientes mexicanos sobre sus campesinas (Cantón 89; García Barragán 21-22; Reyes de la Maza 45). El recurso al término medieval está, quizás, habilitado por el título de la obra, que la designa como un drama de la servidumbre, de los siervos atados tanto a su señor como a la tierra que cultivan. ¿Pero quiénes son esos "siervos" que aparecen por primera vez en el escenario del teatro "culto" de la ciudad de México?[43]

Sobre este punto, la reseña atribuida a Luis Urbina resulta, otra vez, reveladora. Luego de consignar algunas de las limitaciones estéticas de la obra, el crítico la considera un ejemplo único de "cómo los tipos autóctonos, el criollo, el mestizo, el peón de hacienda, el ranchero, pueden, en manos hábiles transformarse en elementos de arte dramático" (citado en Reyes de la Maza 287). No sorprende, en el año 1905, este juicio. En toda Hispanoamérica es el momento en que las elites intelectuales echan mano a los "tipos autóctonos" en una reconcentración de los esfuerzos nacionalistas que luego se llamaría *criollismo*. Típico ejemplo de esa lectura transculturada, el reseñista advierte que "hasta hoy nuestro pueblo se había presentado sólo en caricatura, en canallescas máscaras del género chico" (287) y que el logro mayor de *La venganza de*

---

[42] Me refiero a la reseña sin firma que figura en las páginas 286-90 del libro de Reyes de la Maza y que tanto él como José Emilio Pacheco atribuyen a Luis Urbina.
[43] No está de más señalar, como lo hace Wilberto Cantón, que para 1905 y paralela al teatro "literario" que cultivaban Gamboa y sus colegas, el teatro mexicano contaba con una larga y rica tradición de piezas populares, "sainetes o pasos de comedia" [...] con tanta vida, [...] que son los únicos que se mantienen en pie, a pesar del transcurso del tiempo" (12-13).

la gleba es justamente el de elevar a ese pueblo a la altura de los géneros mayores, el de proponer una "fisonomía sociológica y psicológica" propias para el teatro mexicano (287). Más interesante que esa lectura de los campesinos como fuente de autenticidad nacional, es cómo son percibidos (o acaso sea mejor decir, *escuchados*) esos peones que sufren sobre el escenario. Con respecto a eso, Urbina celebra la "naturalidad" de la obra, en la que Gamboa hace hablar a los personajes "como las gentes que le sirvieron de modelo" (288). Más aún, "sus *peones* hablan como nuestros campesinos, en una especie de caló en que las palabras castellanas tienen dejos arcaicos –ecos coloniales– y alteraciones fonéticas propias de un pueblo que tiene siglos de no oír hablar correctamente el idioma que le enseñaron los conquistadores" (288).

En una transición de tres líneas, el reseñista ha convertido a los peones de Gamboa en indios al margen de la nación. La supuesta fuente de ese teatro nacional que con tanta urgencia México parece necesitar consiste para el crítico en un pueblo al margen de la lengua y del progreso, detenido para siempre en el momento de la Conquista, un pueblo que no parece pertenecer ni estar incluido en el mito triunfal del mestizaje que celebraban los intelectuales del Porfiriato.

Esta interpretación está más cerca del discurso que Gamboa pronunciara en 1897 que de lo que efectivamente sucede en *La venganza de la gleba*. O, en todo caso, esta igualación de las categorías de raza y clase resulta iluminadora no sólo para interpretar qué es lo que realmente sucede con los peones en esta obra de teatro sino para comprender el desplazamiento de la categoría de raza a la de clase en el discurso hegemónico del fin de siglo. Tal como señala Stuart Hall, no es infrecuente que ciertas formas de dominación capitalista se articulen no a través de las relaciones de clase, sino a través de la raza. De ese modo se explica que en ciertas comunidades (especialmente en aquellas que han heredado un modo de producción colonial) la raza sea el modo en que las relaciones de clase son realmente vividas y experimentadas (Hall 340-42).[44]

---

[44] El contexto de Hall es otro (el de las comunidades negras en Sudáfrica), pero su análisis puede ser útil para pensar otras situaciones coloniales: "las estructuras a través de las cuales el trabajo negro es reproducido –estructuras que bien pueden ser comunes al capitalismo en

Si *La venganza de la gleba* es un ejemplo de esta articulación, sólo lo entendemos de manera sutil o a través de la interpretación que se propone en la reseña aparecida en *El Imparcial*. Porque Gamboa utiliza el término "indio" una sola vez en toda la obra. Y no para referirse a Marcos o a Loreto, sino a Damián, el hijo mestizo de ella y Javier de Pedreguera. Esa ocasión es, sin embargo, significativa. Enojada porque Damián no se anima a entrar a la casa de los Pedreguera, Blanca, le dice a su abuelo: "Abuelito, abuelito! grítale á Damián que entre, que no sea indio!..." (73), ante lo cual podemos interpretar dos cosas: que Damián no es indio (de hecho es mestizo) pero que al desobedecer se comporta como tal; o que Damián no es indio pero el resto de los peones sí lo son. Sin embargo, a diferencia de su discurso de 1897, Gamboa elige presentar a sus peones como campesinos y no como un rebaño de indios en extinción. De este modo la obra resulta también una denuncia de esa particular articulación de la dominación clasista a través de la raza que en México se instaura con la colonia. *La venganza de la gleba* parece ir hacia la denuncia de las relaciones de dominación capitalistas ya no en términos de una raza que esclaviza a otra (supuestamente "inferior") sino lisa y llanamente en términos de la explotación del hombre por el hombre.

Por si quedara alguna duda, así habla Marcos, el peón que se ha casado con Loreto para salvarla de su deshonra, y en quien, por lo tanto, recae la afrenta en la que se basa el drama entero:

> Pero el niño Javier era el hijo del amo y tú eras hija de un peón, yo de otro peón!...¿cómo había de defenderte ni de alvertirte, si los amos, con ser dueños de la tierra, son los dueños de nosotros, de nuestros padres y de nuestros hijos?...Yo lo hubiera hecho, no creas, de carcularte perdida, hasta mordía yo á mis vacas; me golpiaba yo la frente contra los árboles, hasta que me saliera la sangre, porque se me hacía injusticia que el niño Javier ¡tan arriba! te perdiera á ti que á nadien ofendías con ser linda y buena, con ser la esperanza y el lucero de uno igual á tí, de uno de nosotros, los de abajo, los que trabajando por ellos nos abajamos más, más, hasta besar los surcos del arado... (45)

---

determinado grado de desarrollo, más allá de la composición racial específica del trabajo— no están simplemente 'coloreadas' por la raza: funcionan a través de ella [...] De este modo, la raza es también la manera en que se 'vive' la clase, el medio a través del cual se experimentan las relaciones de clase, la forma en que se apropia esa relación y, por lo tanto, también se la pelea." (340-41).

Varias cuestiones afloran en este monólogo: la metáfora espacial para referirse a las clases sociales mexicanas (los de arriba vs. los de abajo) que marca, como muchos críticos han apuntado, las deudas no siempre reconocidas de Azuela con Gamboa;[45] el origen claramente clasista de esas relaciones de dominación ("los dueños de la tierra" vs. los que la trabajan); y el habla, supuestamente natural (que, según la reseña que citamos, al conservar los arcaísmos e incorrecciones de un pueblo todavía indio, detenido para siempre en el momento de la Conquista, representaría con justicia el habla popular). Justamente esa supuesta "naturalidad" con la que hablan los peones es la que resulta intolerable (impostada, exagerada) para el lector-espectador contemporáneo. García Barragán señala que ese lenguaje que sus contemporáneos admiraron, hoy "a muchos parece metafórico y literario en demasía" (24). José Emilio Pacheco advierte que "Gamboa pasa por las haciendas como un novelista inglés viajaría por la India. Los peones que terminan sus labores cantando el *Alabado* aparecen ante sus ojos como el coro de una representación exótica" (21).

En este punto es interesante contrastar el esfuerzo de Gamboa por representar a la clase dominada en esta obra de teatro con el relato de una excursión a una hacienda que su *Diario* registra el 11 de junio de 1898 y que parece haber sido una de las fuentes de inspiración de *La venganza de la gleba*. Agotado del ritmo de la ciudad, Gamboa decide pasar unos días en el campo, que todo lo cura. Pero al regresar de una caminata por las sierras, la tranquilidad de la vida rural lo sorprende con el siguiente espectáculo:

> De pronto, y saliendo de muy lejos, pasando por barrancos y hondonadas, óyese imponente, musical y triste, extraño rumor que me clava en medio del patio de la hacienda.
>
> – ¿Qué es eso? – pregunto.
>
> – Son los «peones», señor– me responden.
>
> – ¡Los peones! . . . ¿pero qué les pasa á los peones?

---

[45] Sobre este tema, véase la introducción de José Emilio Pacheco al *Diario* de Gamboa y el estudio preliminar de Guadalupe García Barragán a la compilación de sus piezas teatrales.

> — De pasarles, no les pasa nada, es que concluyó ya el trabajo, se retiran á descansar, y vienen antes, cantando el Alabado, á dar gracias en la capilla.
>
> El rumor, al aumentar, se precisa, ya es canto, pero canto desolador, de sufrimiento, de infinita miseria, que, sin darme yo cuenta de mi ademán, oblígame á escucharlo con la cabeza descubierta.
>
> A poco, por el recio portón del enorme patio colonial, desemboca un montón humano que apenas si puede determinarse entre las sombras. Son muchos hombres, muchos, que avanzan en ondulación de endriago, adivinándose entre ellos mujeres y chiquillos. De dos en dos y siempre cantando, pasan junto á mí con su sombrero en la mano indios á medio vestir, los parias, los ilotas que trabajando de sol á sol, no disponen de tiempo para pensar nunca, los que no conocen de esta vida más que el trabajo bestial, los que con razón entonan fervorosamente el Alabado, á cuenta de un premio tardío que venga á indemnizarlos, alguna vez, de su esclavitud sin término. (65-66)

Seis años después, esta misma escena es la que abre *La venganza de la gleba*. Sólo que al escribir la versión teatral de esta entrada del *Diario*, Gamboa elige deshacerse de esos "indios a medio vestir" y los reemplaza por

> los siervos de la gleba, que, saliendo del hueco que separa la troje de la tienda, cruzarán el escenario diagonal y despaciosamente, esfumados por el crepúsculo, que lo empalidece todo, y entonando El Alabado, después de una jornada de trabajo espantoso, de sol á sol...[...] De dos en dos, surgen los peones, en lamentable desfile de rebaño humano; al hombro, los pesados instrumentos de labranza; doblegados por ellos y por su miseria social y fisiológica; descubriendo sus cabezas enmalezadas al aproximarse á la capilla. ¡Cantan! (15)

El pasaje de la escena registrada en el *Diario* a la que inaugura la obra de teatro resulta muy revelador. Al reemplazar a los indios y peones por "los siervos de la gleba" Gamboa pone el acento en el modo de explotación brutal y anacrónico de la gente que trabaja en el campo. Podemos conjeturar que Gamboa ve en esos campesinos el mismo sometimiento, la misma mansedumbre que en los negros de los Estados Unidos y por eso elige presentar a los peones casi como esclavos o siervos. De este modo, y tal vez inadvertidamente, se refiere al régimen de servidumbre que implica la explotación de la tierra en México. Ciertamente las relaciones de la obra se dan entre siervos y amos y no entre peones y patrones, así como el régimen de explotación se tiñe de tintes medievales, de colonialismo interno y no de elementos liberales o capitalistas.

Más que destacar la naturalidad del habla de un sujeto que Gamboa no quiere ni puede representar, habría que leer en esta obra los silencios en los que esas voces, a pesar de todo, se escuchan. Los peones de *La venganza de la gleba* han ganado al menos algo de sustancia: en ese canto inadmisible para los oídos de la clase media urbana, en ese desfile fantasmagórico sobre un escenario en el que están representadas físicamente las tres instituciones básicas de explotación de los trabajadores rurales,[46] en esa "miseria social y fisiológica", algo que tiene la fuerza no de un crimen del honor sino de un crimen mucho más antiguo, empieza a ser articulado.

Es por esa razón que Wilfredo Cantón puede considerar a *La venganza de la gleba* como un preludio del México revolucionario (90). En parte porque Gamboa (yendo incluso en contra de su propia percepción) se niega a hacer de sus peones, "indios a medio vestir". Es cierto que hay cierto exotismo, pero también cierta dignidad, en esos espectros que cruzan el escenario como una afrenta. A pesar de las graves limitaciones del discurso ventrílocuo con el que Gamboa manipula a sus personajes, en esa música fantasmagórica, los peones hablan. Tan sólo por eso, la obra reclama ser leída más allá de la denuncia del "derecho de pernada" o de los dramas del honor. Sólo un análisis más profundo del tema de la venganza permite comprender porqué Gamboa pensaba a esta obra como una bofetada en la cara de *todas* las clases sociales mexicanas. Por eso es necesario leerla no sólo en relación con las tensiones sociales que estaba produciendo el Porfiriato sino también en consonancia con la tradición literaria y teatral de la que emerge.

---

[46] La escenografía de la obra es una reproducción de las instituciones básicas de la explotación rural: la troje o el granero, la tienda (en donde los peones estaban obligados a gastar su salario), el despacho de don Pedreguera (donde don Francisco y Joaquín contabilizan las ganancias en escena), la casa de los terratenientes, la capilla y, al fondo, "la infinita grandeza de los campos" en la que se adivina "una cosecha pingüe. La tierra fecunda, promete su generoso rendimiento, incansable" (14).

Las pasiones fuera de lugar: Transgresión y venganza

La venganza es tan antigua como el teatro mismo. Podemos rastrearla como tema y motor de la acción dramática desde la tragedia griega hasta Lope de Vega y Calderón, pasando por los períodos isabelinos y jacobinos del teatro inglés, que genera una tradición única de expiación colectiva inmortalizada en una serie de *revenge plays* como *A Spanish Tragedy* de Thomas Kyd (1587) o *The Revenger's Tragedy* (anónima, atribuida a Cyril Tourneur) de 1606. En esta larga tradición, son las obras de Séneca las que sientan las bases para el particular tratamiento del tema que encontraremos en las obras del Renacimiento y el Barroco europeos. Señala Anne Pippin Burnett que uno de los problemas que los críticos contemporáneos enfrentan al evaluar el teatro ático es la tendencia a evaluar el tema de la venganza de acuerdo con una ética didáctica o moralizante que tiende a verla como el problema de una acción desviada o fuera de ley, olvidando que para los griegos la venganza no era un problema, sino una solución (xvi, xvii).

Para Aristóteles, la venganza es "una acción privada, deliberada y retrospectiva, dirigida contra un par, un igual que nos ha injuriado en el honor propio [...] Tal venganza es la reparación de una afrenta, la corrección de un desequilibrio anclado en el pasado, un daño calculado para retribuir un insulto gratuito o una injuria vergonzosa, siempre intencionales y llevados a cabo por un par que no se arrepiente" (Burnett 2). En la *Ética a Nicómaco*, Aristóteles considera que, dado que la venganza es típica de los hombres libres y no de los esclavos, lejos de ser un acto de injusticia, puede considerarse como digna de elogio (112).

Esta anclaje de la venganza como un acto de justicia reparador *entre iguales* es el que subyace a obras como *Hamlet* o *El castigo sin venganza*. Así como la Biblia reserva el placer de la venganza a Dios, la tradición occidental que Aristóteles teoriza la reserva para los nobles. Apunta Burnett que, en caso de que los esclavos o inferiores tomaran la iniciativa de agredir a sus amos, el pensamiento griego no circunscribiría ese acto como venganza sino como revuelta o como simple asesinato (2).

¿Qué pasa con la venganza en esta obra de Gamboa? Los primeros en transgredir el orden social han sido los ricos. Damián es el fruto de esa transgresión que se ha ocultado a los ojos del mundo. Siguiendo los códigos patriarcales del honor de la época, la afrenta a Loreto cae en realidad sobre Marcos, quien no sólo se ha casado con ella sino que ha sido como un padre para el hijo de otro. Este crimen del honor es el que ha trastocado el orden de las cosas. Pero tiene, además, un efecto revelador sobre la injusticia fundamental de todo el sistema. Gamboa pone en boca del administrador de la hacienda, don Francisco Rayo (y no en la de Marcos), la denuncia más clara sobre la dominación que los terratenientes ejercen sobre sus siervos. Así se lo explica a Joaquín, el ex-estudiante que ahora trabaja de dependiente en el despacho de los Pedreguera:

> D. Francisco– [...] Joaquinito, es una cosa muy rara la que pasa en el campo con el amo de la tierra y los que lo sirven.... muy rara!..... [...] Los amos no quieren á la gente todo lo que debieran quererla ¡créame usté á mí! ni se duelen de ella, porque no la creen hecha de la misma masa.
>
> Joaquín–¡Don Pancho, que se vuelve Ud. socialista!....
>
> D. Francisco–¿Socialista? ¿y qué es eso de socialista, me quiere usté dar razón?....
>
> Joaquín–(atrojado) Pues, socialista .... ¡ ahora verá Ud! socialistas son los que pretenden echar abajo.... este.... este.... ¡ ah, eso es! (triunfante con el hallazgo de la frase) los que pretenden echar abajo el orden de cosas....
>
> D. Francisco–¿Qué orden y qué cosas ?
>
> Joaquín–¿Cómo qué orden de cosas ? pues el orden bajo el cual vivimos ¡ahí está!.... acabar con los ricos y con la religión y con los gobiernos, acabar con lo establecido!....
>
> D. Francisco–Ay, Joaquinito, cuando yo le digo á usté que le falta un tornillo! Esos no se llaman socialistas, hombre de Dios! así me jure usté que lo estudió en la escuela, esos se llaman bandidos, en toda tierra de cristianos; y los que trabajamos la tierra, los que la regamos con nuestro sudor y con nuestras lágrimas, los que con el arado le destrozamos sus entrañas para que todos comamos, nosotros los de los campos y ustedes los de las ciudades [...] nosotros no somos bandidos, somos guerrilleros, pronunciados, revolucionarios,

precisamente para defenderla de los de afuera ó de los de adentro ¡es igual! del que pretende mancillarla ó arrebatárnosla!.... ¿Esto qué tiene que ver con los ricos, y la religión, y los gobiernos?... .¡Con los gobiernos malos, si acaso!....

Joaquín – (temeroso de disgustarlo) No me expliqué, señor don Francisco, no me expliqué! Yo decía, de broma por supuesto, que con las ideas que me iba Ud. soltando tan á favor de los peones, parecía Ud. socialista, de los que quieren que los de abajo suban á donde ahora se hallan los de arriba. (26-29)

Esta es la única apología revolucionaria en toda la obra. Como razona muy bien don Francisco, no se trata de una apología del socialismo o de la revuelta (aunque es inevitable notar cuán cerca estaba Gamboa de ello) sino de cierta demanda de *justicia de los afectos*. ¿No podrían los amos amar un poco más a los siervos, considerarlos por un momento como si estuvieran "hechos de la misma masa"? Gran parte del alegato de Gamboa tiene ese trasfondo cristiano (ejemplificado, sobre todo, en los parlamentos de doña Guadalupe de Pedreguera). De ahí que la reseña atribuida a Urbina juzgue a toda la obra como "misericordiosa" y tan sólo "un poco" socialista (288). Pero no debería descartarse el efecto potencialmente desestabilizador de este argumento en el que Gamboa juega a la denuncia con los códigos que su clase y su época le permiten.

Se podría argumentar que de hecho estos amos no aman poco, sino que aman demasiado. Son sus pasiones fuera de lugar las que han trastocado "el orden de cosas". Paradójicamente, eso los hace descender al nivel de los siervos, como si estuvieran "hechos de la misma masa". Al cortejar a Loreto (pues no hubo violación, en todo caso, engaño), Javier ha usurpado el lugar de Marcos, así como su hijo ha usurpado el lugar de los que deberían nacer de la pareja (por eso el hijo de Marcos y Loreto muere de pequeño).[47] Así, la transgresión sexual tiene el efecto, siquiera momentáneo e ilusorio, de colocar a Marcos y a Javier en pie de

---

[47] Por eso Marcos puede decirle a Loreto: "no podía besarte á mis anchas porque tu vientre que si abultaba con el hijo del amo, mi apartaba de tí, á la juerza, y por no lastimar al hijo ajeno no podía darte nunca el beso mío, el que yo había imaginado en mis soledades, un beso grande, grande como los campos [...] cuando yo no dormía contigo sino en el otro rincón mirando pa'l bulto de tu cuerpo que si alzaba en las sombras y al que si iban á posar mis deseos de hombre y mis pobres suspiros ....¡es que el hijo del amo me daba horror desde antes de nacer, ocupaba el lugar de los que debían nacer de mí, no los dejaba nacer de mi cariño!" (50-51).

igualdad, como si fueran adversarios en el teatro del honor, sentando las bases para que los acontecimientos posteriores puedan entenderse como la venganza de la tierra o la venganza de los siervos que trabajan en ella. Claro, esto implica que ni la revuelta ni la revolución son necesarias: la venganza se ejecuta como un acto natural, como la resolución divina de una afrenta entre iguales. Este es sin duda el aspecto más interesante de la obra de Gamboa: el de incluir a los siervos en el derecho aristocrático a la justicia privada. Mientras que el resto de la obra puede entenderse como un "himno de purificación y castigo" bastante conservador (un castigo que dice: "conserva tu lugar") dedicado a las clases privilegiadas y las que las secundan.

A pesar de esta igualación potencial entre Marcos y Javier, los peones en la obra no se rebelan. Ni siquiera hablan. La venganza, queda en manos de la tierra. En los dramas antiguos (como *Tiestes* o *Medea* de Séneca), la venganza es siempre un acto de mímesis y memoria. Porque la afrenta pasada se recuerda y carcome la memoria del ofendido, éste planea el acto retributivo que, al imitar la afrenta original, no sólo la venga, sino que la borra. Así, el vengador desafía la ley del cosmos. "Ningún mortal o innmortal puede deshacer lo que está hecho [...] pero la venganza, cuando es exitosa, borra la ofensa pasada como si nunca hubiera ocurrido" (Burnett 5).

En la obra de Gamboa, la tierra es la vengadora anónima. Es la "naturaleza" misma la que ejerce la acción que restaura el equilibrio de las afrentas, el "ojo por ojo" expresado en este caso en la retribución de la transgresión sexual. La naturaleza empuja a los personajes a copiar la afrenta original (Blanca se enamora de su hermano Damián como Loreto se había enamorado de Javier). La consecuencia es que Blanca ya no es Blanca, por más pura que se sienta. Esa mancha es el castigo que Gamboa diseña para *los ricos*.

Doris Sommer considera que la novela de reconciliación racial llegó relativamente tarde a México (222). En efecto, *El Zarco*, que el propio Gamboa evalúa como la mejor novela de Altamirano, por ser "medularmente mexicana" (*La Novela* 18), se publicó solamente unos años antes del estreno de *La venganza de la gleba* (en 1901). Si en esa narrativa fundacional Altamirano buscaba afirmar el presente mestizo de la nación gracias a una alegoría romántica, podemos decir que Gamboa escribe mucho más en consonancia con un tiempo que no permite esa misma operación de sublimación de tensiones raciales. Las últimas décadas del Porfiriato —del que Gamboa sería partidario hasta el día de su muerte— están marcadas no ya por el problema de la herencia de una raza que es necesario revertir sino por los conflictos extremos en torno a la distribución de la tierra que las medidas de Díaz no han hecho más que profundizar.[48] Incluso desde Washington D.C. y observando la opresión de otro grupo racial, Gamboa es capaz de percibir que una clase amansada por siglos de explotación tarde o temprano ha de buscar justicia. Su obra no busca reconciliar sino conservar un equilibrio por demás precario. Algo que no vamos a encontrar en sus novelas. Quizás por eso *La venganza de la gleba* lleva como epígrafe una frase de Marcel Prévost que nos recuerda que mientras que la novela es un acto de placer egoísta, el teatro sería un esfuerzo altruista.

Al dejar el acto de justicia en manos de la tierra misma, al negarle toda agencia posible a sus peones, toda capacidad de acción, Gamboa pone en boca de Marcos una verdad (la de la explotación) mucho más fuerte que este drama de las pasiones fuera de lugar. En efecto, atormentado (o "atragantado" como dice don Francisco) por la afrenta original, Marcos se niega a enfrentar a sus amos porque (lo repite todo el tiempo a lo largo de la obra) él no puede hablar: "su mercé le dirá á los amos, que su mercé ve que yo no sé hablar" (23); "pero yo no sé hablar, don Pancho" (24) "ya su mercé sabe que yo no sé hablar" (117). Sólo que en esta obra el silencio del ofendido no equivale al arma del débil ni a una resistencia astuta: es odio contenido a punto de explotar. Marcos, el campesino atragantado por la afrenta, el que rumia su odio en alcohol, no habla. No porque no sepa, sino porque sabe demasiado bien que una sola palabra suya desencadenaría la acción, aquella que terminaría en "desgracia". Su silencio es un síntoma, una denuncia fundamental de la inutilidad de la palabra y quizás incluso de la obra literaria misma. Porque tomar la

---

[48] Sobre este punto, véase el análisis de las leyes de Lerdo que hace Katz en su artículo.

palabra *realmente* sería como tomar las armas. Sería el turno del ofendido, la hora de la venganza:

> Me voy pa mi monte, con mis animales, no nos vaya á antecoger á todos una desgracia.... De quedarme aquí, tengo miedo, me miro tan desamparado junto al amo!.... Pa todos hay justicia, Loreto, pero pa nosotros, nó, te digo que no hay justicia!.... Ya lo ves, pa el que hurta, cárcel; pa el que se emborracha, multa; pa el que peliando hiere, más cárcel; al que mata, lo ajusilan, y pa el niño Javier (*bajando muchísimo la voz, con homicida entonación de odio reconcentrado*) que ti hurtó tu pureza, y se emborrachó del querer tuyo, y sin peliar te hirió y á mí á traición me dió muerte ¡que no es vida lo que yo cargo! ¿pa el niño Javier, qué ha habido?.... ni cárcel, ni multas, ni soldados!.... Plata, harta plata; dicha, la hacienda entera, con nosotros y todo que seguiremos siempre junto al surco, cuidando de sus yuntas, dándole nuestro sudor y nuestras vidas, dándonos todos, de padres á hijos, á los padres de él y á los hijos de sus hijos, siempre, siempre, siempre, porque nacimos abajo y ellos arriba. (57-58, énfasis mío)

Por todo eso, Marcos huye para el monte y se niega a enfrentar a quien lo ha ofendido. Sumado al desfile fantasmagórico de peones explotados con el que se abre el telón, peones a los que sólo oímos cantar El Alabado, el silencio y la huida de Marcos, ¿no nos hablan, en definitiva, de la imposibilidad de representación tanto del crimen diario del *capital* como de los mismos oprimidos? Como si Gamboa tuviera miedo de lo que sus peones pudieran hacer una vez desatado ese "odio reconcentrado" que los enmudece, o tal vez como si tuviera plena consciencia de su incapacidad para poner las demandas justas en la boca del ofendido, esa insistencia de Marcos en la palabra y en la justicia que se le niegan es seguramente, el elemento más perturbador de toda la obra.

Segunda parte

I. Animales fabulosos

Fábula y política ilustrada

A diferencia de la tragedia, no hay en las fábulas personajes legendarios o memorables. En su mundo cerrado, los arquetipos giran a imagen y semejanza de lo humano en una transposición de valores y sentimientos que, sin embargo, no hace más que reafirmar nuestra diferencia. El lobo, por siempre feroz; la zorra astuta; la tortuga perseverante pueden enseñar máximas abstractas justamente porque no son humanos, porque todavía son dueños de esa sabiduría inmemorial adscripta al animal y de la que el Hombre ha sido expulsado desde su comienzo privilegiado en la historia de Occidente. La fábula trae consigo cierta nostalgia y cierta ansiedad: nos trae de vuelta a la vida animal del hombre, una vida que desconocemos y ansiamos, un paraíso del instinto y de la oralidad sepultado por siglos de culturas letradas.

En Latinoamérica, quizás el último fabulista (al menos, en el sentido tradicional del término) haya sido Augusto Monterroso, quien se dedicó a esta forma con particular ironía. Tal como señala Juan Villoro, Monterroso sabe "evitar que los animales literarios se parezcan demasiado a los hombres; la contigüidad excesiva puede llevar a una rancia pedagogía, donde cada graznido es 'simbólico' y cada rebuzno 'ejemplar'" (29). Lo que Villoro aclara en ese breve juicio sobre *La Oveja negra y demás fábulas* (1969) es la característica fundamental de esta microforma: su modestia. Entendida en su sentido más estricto, en tanto género que apela a lo moral, el placer de la fábula es justamente el de su aparente despreocupación por la estética; anuncia desde las primeras líneas su falta de pretensiones, su condición de "género menor". Esa característica se hace aún más evidente si pensamos en su origen en la Antigüedad clásica.

Señala Ben Edwin Perry que para los griegos las fábulas escritas en prosa no eran más que colecciones de material retórico –al igual que las listas de proverbios o apotegmas– de las que se servían los oradores para ilustrar narrativamente sus argumentos. Es recién con la llegada de Gayo Julio Fedro (c.15 a.C. – 55 d.C.) y Valerius Babrius (c. s. II d.C.) que las fábulas se independizan de esta función puramente argumentativa y ganan autonomía estética en las letras romanas. Pero para que pudieran entrar al dominio mayor de la literatura (que en ese momento significaba simplemente "poesía") fue necesario que esos autores las escribieran en verso.[49]

Fueron los escritores de la Europa neoclásica –con su obsesión por los sistemas, los manuales y las reglas– quienes recuperaron a este género, esta vez con fines predominantemente educativos. Apuntan Antonio García Berrio y Javier Huerta Calvo que "la progresiva intelectualización de la fábula la hace la forma predilecta para la mentalidad neoclásica del siglo XVIII, verdadera época dorada del género" (175). Sin embargo, los autores de este período también la transforman en una narrativa didáctica destinada no ya a enseñar conductas éticas, sino a afirmar la moral de la dominación burguesa. Tal es la operación que realiza La Fontaine y la que Samaniego e Iriarte adaptan al contexto español.[50]

En su análisis magistral de las fábulas de Jean de La Fontaine, Louis Marin trabaja específicamente con el concepto de moral que subyace a la Francia de la Ilustración. Partiendo de las definiciones de la *Lógica de Port-Royal* (1660), Marin demuestra cómo el concepto moderno de *moral* deriva tanto de la teoría del signo de San Agustín como del discurso epistemológico cartesiano. El producto del cruce de ambas filosofías es una "lógica contaminada" o una "semántica moralizada" en la que los modos del discurso ético acaban siendo inscriptos en la semántica

---

[49] Curiosamente, Fedro, al igual que Esopo era un esclavo. Sobre estos escritores, véase *Aesopica: A Series of Texts Relating to Aesop or Ascribed to Him or Closely Connected with the Literary Tradition that Bears his Name* (1952) de Ben Edwin Perry.

[50] Fue esta misma crítica neoclásica la que "procuró consolidar la jerarquización entre géneros mayores –tragedia, epopeya– y géneros menores –fábula, farsa–" (García Berrio y Huerta Calvo 117). Serán los escritores románticos –con Víctor Hugo a la cabeza– los que pongan en cuestión esa jerarquización.

misma que soporta la teoría moderna del sujeto y del lenguaje (55-59). Acorde con los procesos de sistematización y clasificación que encara todo el Iluminismo, la *Lógica de Port-Royal* introduce la dimensión moral gracias a una cuidadosa distinción entre "por un lado, el acto de la aserción y sus modalidades particulares, y, por el otro, las modalidades del deseo y la posibilidad. Lo que está en juego en esta articulación es la regulación de la voluntad y el deseo a partir de las aserciones" (59). De este modo, el sujeto cartesiano es erigido directamente en la lógica misma del lenguaje, que lo afirma en el acto enunciativo pero a la vez instituye a los enunciados declarativos como la norma frente a la cual serán medidos todos los desvíos de su voluntad y sus pasiones.

Más que reproducir aquí esta larga discusión semiótica,[51] conviene detenerse en la definición operativa de "moral" que Marin propone para su estudio de la fábula como género literario:

> Por moralidad se entiende "la doctrina que concierne a la moral, la ciencia que enseña el modo apropiado de conducirse en la vida y en las propias acciones", en otras palabras, la regulación de la voluntad, del deseo y la pasión por medio de los valores y las obligaciones, por medio de una serie de *mandatos* que conciernen al deber ser o a lo que debe hacerse en cada caso. (59, énfasis en el original)

La conexión del concepto de moral con el género de la fábula está dada por la presencia determinante en ese género de la modalidad discursiva de la aserción. Esto se evidencia con más claridad en las fábulas clásicas como las de Esopo, Fedro o Babrio, que parten de una proposición dada (una aserción) y relatan una historia con el fin de ejemplificarla. Es decir que el "efecto moral" del texto está dado por la interacción compleja entre un relato y una máxima general. De ahí, la función de la moraleja en el final: retomar la aserción principal y transformarla en

---

[51] Continúa Marin: "De este modo, la aserción es el punto de referencia a partir del cual todas las divergencias modales del modo principal de pensamiento serán a la vez identificadas, medidas y reguladas. El juicio cognitivo, la proposición objetiva y la aserción son, de hecho, parte del mismo germen primordial de la semántica de Port-Royal. Sin embargo, para que la semántica de Port-Royal concuerde con su propia teoría y, para que sea válida en todo el vasto terreno que esta teoría delinea, debe aceptar un sistema ético o moral" (59).

una máxima para la acción, un predicado "por medio del cual 'las faltas de la humanidad' son corregidas en nombre de los valores" (Marin 60).

Es justamente esta característica de la fábula la que Todorov considera como el rasgo que permite distinguirla de géneros cercanos, como por ejemplo, la parábola. La fábula constituye el planteamiento de un problema y de su resolución. Pero a pesar de lo abstractas que pueden parecer sus máximas, el conflicto que plantean es el de un "sujeto moral" que actúa en la esfera de la razón práctica, es un conflicto que debe ser resuelto en el contexto de una "conducta de vida".[52]

Siguiendo a Todorov, también hay que señalar que la fábula es un género híbrido. Participa, a la vez, de algunas características de la tragedia y la epopeya. Lo que permite distinguirla de ambas es justamente que en ella la sentencia moral es la que da unidad tanto a la trama como a los personajes:

> Los personajes del drama o de la epopeya existen en cierto modo en sí mismos; ellos encuentran su razón de ser en su lógica interna. Al contrario, los de la fábula no existen si no en función de una intención que les es ajena. La literariedad del texto épico o dramático se opone al rol transitivo, sumiso, de la acción en la fábula. (35)

Estos rasgos nos permiten llegar a una definición acotada de la fábula, dada la confusión que puede generar la etimología latina del término. Entonces, en tanto género literario se caracteriza por ser una narración que predica una norma moral, que prescribe una cierta regulación de la voluntad, del deseo y de las pasiones en función de ciertos valores, de cierto "deber ser social". La forma que adquiere ese "deber ser" depende tanto del contexto sociopolítico, como de la creatividad y del trabajo de los fabulistas. No es casual que en el caso de la Ilustración francesa,

---

[52] Siguiendo a Todorov, la parábola, a diferencia de la fábula no nos habla de lo que sucedió sino de lo que podría suceder; la parábola es predominantemente simbólica, mientras que la fábula es narrativa (34). En la parábola, el símbolo ilumina y a la vez oculta un *más allá futuro*, mientras que la fábula se ancla en una máxima de acción para el presente tomada de una narración ejemplar. La diferencia entre estas dos formas es importante para entender el movimiento creativo de ciertos escritores que —como veremos en el caso de Machado de Assis— combinan ambas formas.

ese "deber ser" haya tomado la forma de una reflexión sobre el poder del Estado y su legitimidad basada, en última instancia, en la violencia.

Lo que Marin analiza en las fábulas de La Fontaine desmiente la modestia de esta forma literaria que aparece, a primera vista, como limitada a lo didáctico. La idea de que estos relatos tienen sólo una función instrumental, centrada en la transmisión de ciertas normas para la "buena conducta" es puesta en cuestión ni bien leemos con atención estos relatos de animales parlantes. Al contrario, Marin demuestra la contingencia y la particularidad de los juicios que las fábulas de La Fontaine buscan ilustrar; especialmente su identificación entre "justicia" y "poder". No se trata de máximas morales ni de juicios abstractos sobre la condición humana sino de máximas que remiten al origen de la política y del Estado modernos tal como los piensan e ilustran textos como *Leviatán* de Hobbes o *El contrato social* de Rousseau.

En su interpretación de la fábula del lobo y el cordero (titulada por La Fontaine "La razón del más fuerte siempre es la mejor"), Marin argumenta que los dos animales son vehículos utilizados para hablar de la sociedad civil (encarnada por el cordero) y del poder del Estado en tanto fuerza bruta (encarnado por el lobo). Así, el relato argumenta la máxima que lo titula de forma paradójica: revela que el soberano (el animal más fuerte) existe en una esfera más allá de toda moralidad, dado que ha sido transportado a la zona de la naturaleza. De este modo, la fábula acaba premiando la fuerza (el lobo) y rechazando la debilidad (el cordero); "en otras palabras, se supone que el relato proporcionaría una evidencia que constituiría en sí misma una justificación del poder" (Marin 71). Jacques Derrida (2008) profundiza esta interpretación y sostiene que los textos fundacionales del Iluminismo "ilustran" esta máxima con una claridad asombrosa: en el juicio que reza *homo homini lupus*, el soberano (o el Estado moderno) es instituido como fuera de la ley; un lugar que comparte con la bestia y el criminal. Así, una forma literaria ligada a la moral, a modelar conductas de acuerdo al Bien, acaba siendo el correlato narrativo de toda una operación filosófica y política que instituye al soberano como aquel que gobierna simplemente porque tiene el poder de devorar a los otros. Pero en esa operación filosófica, también se instituye toda una ontología. Al igual que la fábula de La Fontaine, la máxima "El hombre es un lobo para el hombre" no nos habla sólo de la supuesta necesidad del Estado y su fuerza bestial; también nos habla sobre la condición humana, sobre la ansiedad por deslindar en el Hombre aquel resto o substrato animal que supuestamente lo envilece.[53] De hecho, las micro-fábulas aparecen con tanta frecuencia como argumentos ilustrativos de los tratados filosóficos modernos que a veces cabe preguntarse si en lugar de ilustrar no son, en realidad, el pretexto elidido del mismo, es decir, si la comparación entre hombres y animales, más que ser una proyección de virtudes y vicios sobre el mundo natural no será siempre una reflexión inquietante sobre la incapacidad para definir lo humano mismo.

Es este camino interpretativo el que me interesa retomar para las obras de escritores latinoamericanos que examinaré en esta sección, ya que todas ellas son, a su modo, reescrituras de la tradición fabulística europea. No se trata de que los escritores latinoamericanos escribieran colecciones de fábulas —incluso los *Cuentos* (1880) de Eduarda Mansilla contienen relatos que no pueden ser considerados estrictamente como pertenecientes a ese género— sino de que hallaron en esta forma literaria un vehículo único para la crítica social, para el cuestionamiento del poder y su legitimidad y para la discusión de los roles de género y de la moralidad política en sus propias sociedades.

De maneras muy diversas, estas tres obras, *El gallo pitagórico* (c.1857) de Juan Bautista Morales, los *Cuentos* (1880) de Eduarda Mansilla y ciertas crónicas y relatos de Machado de Assis constituyen una toma de posición frente al proceso de organización (o de civilización) que llevan adelante los Estados latinoamericanos en el fin de siglo. No es casual que la forma literaria elegida para ejercer esta crítica haya sido la prosa breve vinculada con la tradición fabulística. Mientras que la ambición

---

[53] Siguiendo un camino interpretativo diferente pero con puntos de contacto con este análisis, R. Howard Bloch sostiene que las fábulas animales en Europa cumplieron la función de acompañar el pasaje de la dominación feudal a la dominación burguesa hacia fines de la Edad Media. Analizando los *fabliaux* franceses, Bloch afirma que "la fábula es un depósito para la ansiedad que implica el cambio de estatus social, captura en términos de especies animales la relación entre naturaleza y cultura en la determinación de la valía social" (71).

totalizadora de las novelas parece acompañar los procesos políticos del siglo dictados por la dicotomía sarmientina, los textos breves (al igual que parte del teatro de la época) ejercen un movimiento contrario, de repliegue, de auto-interrogación de la propia elite letrada.

Quizás por su trabajo con lo menor, por su carácter contingente y coyuntural, estos textos han quedado fuera de lo que hoy se considera nuestro canon. Y sin embargo esas mismas características parecen haberlos hecho más efectivos. Por la mirada crítica que proponen sobre sus sociedades, por la apuesta estética diferencial que los sostiene y, sobre todo, porque logran trascender el contexto latinoamericano y dialogar de manera mucho más profunda con las filosofías y éticas heredadas de Europa, son obras que requieren un estudio más atento.

Si los dramas analizados en la primera sección se proponían como un enjuiciamiento de sus sociedades a partir de la figura del esclavo (figura que ilumina como ninguna otra las fallas más evidentes del discurso iluminista), las obras de esta segunda parte ejercen su crítica de manera aún más frontal al invocar al animal parlante. Que ambas figuras –esclavos y animales– estaban ya conectadas de alguna manera en el pensamiento filosófico occidental y, más aún, en el género literario de la fábula, es algo que estos textos hacen más que evidente, pues no se limitan a reflexionar sobre los procesos de dominación presentes en sus sociedades sino que pueden ser leídos como una gran descomposición del discurso filosófico europeo en torno al humanismo y sus falacias.

Del esclavo al animal fabuloso: escritores latinoamericanos frente al Hombre

Cuando Jean de La Fontaine se puso a escribir fábulas creyó necesario incluir, a modo de preámbulo para su obra, una breve biografía de Esopo.[54] En ella nos cuenta que el famoso fabulista, además de ser

---

[54] Tal como lo declara el mismo La Fontaine, la biografía –en sí misma una fábula sobre el nacimiento de las fábulas– fue probablemente tomada de la versión de Maximus Planudes (s. XIV). Sobre la relación entre estos dos textos véase McKenzie (11) y La Fontaine (5: n.1). Para

esclavo, era un ser deforme, casi monstruoso al que la naturaleza había, además, negado el don de la palabra: "On ne sauroit dire s'il eut sujet de remercier la nature, ou bien de se plaindre d'elle; car, en le douant d'un très-bel esprit, elle le fit naître difforme et laid de visage, ayant à peine figure d'homme, jusqu'à lui refuser presque entièrement l'usage de la parole" (4).

La conexión entre Esopo (en ese momento de su vida, sólo un esclavo y no un legendario narrador) y el mundo natural de las bestias queda establecida, entonces, desde las primeras líneas. No sólo por su apariencia física (que era "apenas humana") sino por su incapacidad de hablar. La Fontaine hace de esta última característica de su protagonista el centro dramático de su narración. Aprovechándose de la mudez de Esopo, el mayordomo de la casa lo acusa de haberse comido unos higos que él mismo y sus amigos han robado a su señor. Llamado a comparecer ante su dueño, Esopo recurre a la única defensa posible: como no puede hablar, vomita. De su estómago sólo sale agua, mientras que, obligados por el amo a pasar por la misma prueba, el mayordomo y sus amigos vomitan los higos a medio digerir. Así, la inocencia de Esopo queda demostrada no a partir de la palabra sino de su cuerpo. Pero la historia no termina ahí: la moraleja es que, a partir de ese acto, Esopo adquiere el don del habla y se convierte en el astuto fabulista y consejero de su señor que se volverá un personaje mítico en la historia literaria de Occidente.

Atendiendo a esta semejanza insoslayable entre el creador de la fábula de animales y sus personajes, Louis Marin analiza cómo "La vie d'Ésope le phrygien" no es, en realidad, una biografía de Esopo sino una pequeña teoría de la fábula en tanto género literario, una vez pasada por el tamiz de la Francia de la Ilustración. En efecto, en esta mini biografía de La Fontaine, Esopo, el esclavo, ocupa el lugar simbólico-filosófico del animal: el lugar de aquel que sólo puede hablar con su propio cuerpo. De este modo, el significado del animal parlante en la fábula queda doblemente esclarecido: por un lado habilita ser leído como una

---

una biografía de Esopo (quien, en efecto fue un esclavo en la isla de Samos) reconstruida a partir de fuentes históricas secundarias véase el libro de Perry (1965).

alegoría del hombre antes de transformarse en tal gracias a la magia de la palabra, alegoría que constituye, en última instancia una ilusión de regresión a un tiempo inmemorial, anterior a la ley; por el otro, también representa una inversión de roles en la que los sometidos (sean animales o esclavos), vencen. Marin prosigue su análisis señalando que el animal parlante es una figura que actúa de bisagra entre una serie de términos: entre el hablar y el comer; entre la justicia y la injusticia; entre el instinto de auto-preservación y la pulsión de la letra. Así:

> El animal que figura en las fábulas es propiamente animal en el simple hecho de que es presentado como un cuerpo que come y es comido. Sin embargo, este animal también habla. En la fábula, el animal simula un regreso simbólico al nivel del instinto. Así, nos encontramos con una ficción que coloca el origen del discurso en Eros y su destrucción y que cumplirá la función de privar a los soberanos de su poder sobre el discurso. (Marin 44)

Desde su nacimiento ficticio en la Francia de la Ilustración, esta versión literaria del animal fabuloso es en sí misma una reflexión sobre el poder, una deconstrucción de la figura del soberano o del Estado moderno que implica, en última instancia una revisión del concepto mismo de hombre tal como esa filosofía lo presenta, un concepto atravesado por una serie de dicotomías aparentemente insoslayables (naturaleza vs. cultura; cuerpo vs. alma; comunidad vs. individuo, etc.).

Para los escritores latinoamericanos del siglo XIX esta reflexión sobre el poder que ejerce la fábula desde la Antigüedad adquiere una forma particular: al trasladar al animal fabuloso al escenario post-colonial, la crítica se radicaliza, pues además de los poderosos (encarnados por amos o dictadores) caen también los supuestos filosóficos morales heredados de la filosofía europea. Si los dramas de esclavos analizados en la primera parte de este trabajo cumplen la función de deconstruir la figura del amo hasta despojarla de su falaz investidura moral o moralista, los textos que invocan la tradición fabulosa completan ese movimiento crítico descomponiendo la definición misma de hombre (y sus muchas "animalidades") anclada en la filosofía moderna europea. De este modo, yendo del esclavo al animal, el arco crítico de esta pequeña literatura moral se completa.

En ningún escritor del siglo queda más clara esta operación que en Machado de Assis, cuyos textos ya denuncian no sólo la hipocresía moral de una clase dominante sino también el agotamiento del paradigma humanista y su incapacidad para dar cuenta del problema de la dominación racial y social en nuestras sociedades.

En un sentido estricto, no todos los textos que analizaré a continuación son fábulas o colecciones de fábulas,[55] pero sí tienen en su centro a la figura del animal parlante. La pregunta que guía mi análisis es simple: ¿qué efectos retóricos, qué mecanismos estaban poniendo en marcha estos tres escritores latinoamericanos al recurrir a la figura del animal parlante para la crítica del poder y las costumbres en sus sociedades? La respuesta, claro, difiere para cada escritor, pero puede decirse que tanto los cuentos de Eduarda Mansilla, como los de Machado o la sátira política de Juan Bautista Morales comparten no sólo ese recurso literario común sino también una sutil preocupación, una inquietud por la definición de lo humano que, otra vez, es formulada en el territorio resbaladizo de la moral. Como en un espejo invertido, el animal parlante refleja inevitablemente la fragilidad de lo que llamamos el "ser humano" y

---

[55] A pesar de la obra pionera de Mireya Camurati (1978) todavía no contamos con un estudio exhaustivo de los fabularios latinoamericanos. Sin embargo, la tradición se remonta a los tiempos de la Independencia y guarda relaciones interesantes con las culturas indígenas de la región. Como lo demuestra Juan Carlos Dido para el caso argentino, la fábula surge como un género literario asociado al periodismo criollo liberal que ya conspira por la emancipación de las colonias (15). En el período romántico, se destacan las fábulas de Juan Cruz Varela inspiradas en la obra de Mariano José de Larra. Sobre Gutiérrez y Larra, comenta Jorge Max Rohde: "Recuérdese que Alberdi, en Montevideo, y Sarmiento, en Santiago de Chile –para citar sólo dos nombres– trazan «cuadros de costumbres» con el deseo de corregir, según el viejo adagio, con la risa las costumbres. Y encuentran, en tal empresa, en el moralista español un maestro. «La mitad de Larra –dice Alberdi– nos es útil, porque la mitad de nuestra sociedad es española.» [...] «La crítica de las costumbres –dice Sarmiento– tiene una alta misión: depurar el lenguaje, corregir los abusos, perseguir los vicios, difundir las buenas ideas, atacar las preocupaciones que las cierran el paso, y destruyendo todos los escombros que lo pasado nos ha dejado, preparar el porvenir.» [...] Juan María Gutiérrez, a fuer de artista, conserva la forma y no el fondo que mueve a sus amigos de *El Iniciador*; es decir, se emancipa de postulados éticos al componer su «artículo sobre costumbres de Buenos Aires en 1838»" (Rohde, citado en Gutiérrez, "El hombre hormiga" 33). La antología de Dido es una recopilación de fábulas desde la Independencia hasta Borges y Gudiño Kieffer (los *Cuentos* de Eduarda Mansilla no están incluidos en la selección; tampoco en la obra de Camurati).

de su supuesta soberanía, lo absurdo de su voluntad de control y dominio de la naturaleza y de los discursos en torno a ese derecho.

Para estos escritores, la pregunta por la dominación social, por el poder, cobraba la forma de una moralidad puesta en cuestión. Que esa intervención literaria haya tomado la forma de una didáctica, de una literatura preocupada por modelar conductas y ciudadanos, por criticar costumbres y gobiernos puntuales no disminuye la complejidad de sus aportes pero sí quizás explica por qué estas obras han recibido tan poca atención crítica. Hoy no queremos leer literatura didáctica. El texto que se pregunta por la ética antes que por la estética nos parece pesado, mal ejecutado, entorpecido por esa voluntad de lograr un efecto. Y sin embargo, se trata de textos impresionantemente vivos justamente porque al hablar del poder y sus formas no pueden evitar referirse al hombre y sus "animalidades".

De estos tres escritores, la obra de Juan Bautista Morales (1788-1856) es, sin duda, la más singular. Escribiendo en el México de Santa Anna, un México marcado por la censura, las guerras intermitentes y el hambre, Morales recurre a la tradición del animal fabuloso para atacar de manera más o menos velada a esa dictadura. Pero en el proceso de demoler la figura de Santa Anna, Morales también acaba descomponiendo la idea misma del Estado y de soberanía tal como las había pensado la Europa iluminista. Esta serie de artículos que Morales publicó entre 1842 y 1853 con el título de *El gallo pitagórico* constituye, entonces, un ejemplo único de intervención literaria. Con su animal fabuloso, con ese gallo que amalgama en su cuerpo la figura de un filósofo y la de un pendenciero, con ese gallo que habla en la jerga popular de los reñideros y así se enfrenta a un dictador en invectivas cargadas de referencias letradas pero también de "vulgaridades", Morales intenta algo poco común entre los autores de su época: apelar no sólo a la elite intelectual que lo circunda sino también a lo que él percibe como la masa popular que apoya a Santa Anna.

Si la pregunta detrás de la obra de Morales es la de la razón animal que informa a nuestra filosofía política, los *Cuentos* de Eduarda Mansilla llevan el problema de la animalidad del hombre a un terreno hasta entonces inexplorado por las letras argentinas: el de la infancia. Estos nueve *Cuentos*, publicados en 1880, son sintomáticos de las nuevas preocupaciones sociales y estatales del fin de siglo, en el que asistimos a un verdadero *boom* del niño, a instituciones y discursos que abogan por su educación, su protección y el análisis de su especificidad. Esa preocupación adquirió incluso el nombre de una nueva disciplina: la puericultura.

La equiparación del niño al hombre "primitivo" (hermanados en su supuesta tendencia "innata" a personificar o humanizar a la naturaleza) es uno de los tropos comunes del discurso de fin de siglo y sin duda está presente en estos *Cuentos*. Sin embargo, si prestamos atención al doble contrato de lectura que Mansilla propone en este libro, descubrimos inmediatamente el efecto desestabilizador que supone pensar al niño y a su "formación moral" recurriendo a historias de animales. Cuentos como "Tiflor" o "Nika" revelan a una escritora que, por debajo de las moralejas anodinas diseñadas para los hijos de la elite, se burla de los roles de género que prescribe la sociedad del fin de siglo. Es más, colocar a animales en el centro de estas pequeñas narrativas parece tener un efecto liberador en la escritura de Mansilla, pues si comparamos estos relatos con sus novelas, advertimos no sólo una prosa mucho más simple y un estilo más logrado, sino una crítica más frontal a la mentalidad patriarcal y a su proyecto civilizador y censurador de otras sensibilidades. Los niños y los animales de Mansilla son desestabilizadores en más de un sentido: en tanto revelan la rigidez de los guiones de género y en tanto exhiben la cercanía entre hombres y animales como una pregunta inquietante acerca de su origen común y de sus rasgos compartidos.

Esta semejanza entre hombres y animales, así como la incapacidad de cierto discurso moral para dar cuenta de la diferencia de lo humano, alcanza su máxima expresión en las crónicas y relatos de Machado de Assis que refieren al tema de la esclavitud. De hecho, es en la prosa breve de Machado en donde vemos surgir con mayor intensidad una crítica al humanismo y su doble moral, crítica casi siempre encarnada por la figura del animal o por la del hombre tomado en términos de su más estricta biología.

Ya en 1871 escribe una crónica denunciando la hipocresía de la clase dominante de Río de Janeiro en la que utiliza la figura de una mona-sirvienta y parlante como parodia de la esclavitud. Podemos seguir el tema en otros textos machadianos en los que el animal (antes apenas un recurso lúdico) se transforma en el centro del relato. Por ejemplo, en una crónica fechada en 1894, Machado escribe el diálogo de un burro con el cronista. En verdad, se trata de un monólogo del animal, porque el escritor casi no habla: se limita a tres o cuatro intervenciones. El texto puede tomarse como una humorada que aboga por los derechos de los burros que movían a los tranvías de Río. Pero una lectura minuciosa de la crónica revela que Machado, además de reescribir *El asno de oro* de Apuleyo en apenas dos cuartillas, acaba denunciando la precariedad, la inutilidad del logos (representado en la crónica por las flores que adornan el jardín) frente a la realidad muda y obscena de la explotación tanto de hombres como de animales.

Es que, a diferencia de Morales y de Mansilla, Machado se destaca por un procedimiento genial: libera a la fábula de uno de sus rasgos definitorios, el de la moraleja. Gracias a la volatilidad y a la ironía típica del narrador machadiano, siempre quedan en el lector el peso y la responsabilidad de la resolución didáctica de la historia. Este trabajo singular con las convenciones de la fábula y con la filosofía iluminista que la alienta alcanza un nivel mucho más refinado en *Quincas Borba* (1891). Es una novela que puede leerse como una crítica a las doctrinas darwinistas del fin de siglo. O más bien a su aplicación sociológica, doctrinas que además de reflexionar sobre la animalidad del hombre (encarnada en las figuras de sus posibles zoo-ancestros) también proporcionan un nuevo marco en el que esa animalidad revela al hombre en una lucha de "todos contra todos", según la ley que aparentemente regiría la supervivencia en el mundo moderno. Machado no hace más que burlarse del lugar incómodo en que esas doctrinas colocan al "animal político" aristotélico y, para ello, pone en boca del filósofo Quincas Borba la doctrina del "humanitismo". Ese "humanitismo" es en realidad una parodia de cierto humanismo europeo que declara los Derechos Universales del Hombre para luego colocarlo en el centro de un universo cuya única lógica es la de la supervivencia del más fuerte.

En definitiva, en la vasta obra de Machado asistimos de manera ejemplar a una tendencia que también se verifica en los otros textos de ese fin de siglo que analizo en esta sección: de la crítica moral, centrada en los procesos de dominación racial, social y patriarcal vigentes en sus sociedades, pasan a la crítica filosófica. En este sentido, esta pequeña literatura moral entabla un diálogo infinito con las contradicciones del humanismo europeo y adelanta los principales ejes del debate filosófico de nuestro propio fin de siglo.

II. El animal soberano: placeres de la sátira y la invectiva en El gallo pitagórico *de* Juan Bautista Morales

> *El gallo manco al fin cortó los bríos*
> *al gallo cojo. ¡Viva la nación!*
> *Decid, decid conmigo, oyentes míos:*
> *Gane mi gallo, y aunque sea rabón*
>
> Juan Bautista Morales, *El gallo pitagórico*

Antonio López de Santa Anna y *El Siglo XIX*

Aunque fue varias veces presidente de México y conocido como "Su Alteza Serenísima", el "Napoleón del Oeste" y el "Héroe de Tampico", Antonio López de Santa Anna ha pasado a la historia acompañado no por esa serie de epítetos gloriosos con los que se hizo llamar en vida sino por una serie mucho más injuriosa. "Quince uñas", "El Espíritu del Diablo", "Demonio de Ambición y Discordia", son sólo algunos de los motes con que los periódicos mexicanos lo designaban al momento de su caída (González Pedrero 21; 47; 539).

En sus memorias, Santa Anna, no cuenta detalles de su vida privada. Escribe en un estilo cargado de adjetivos, pendiente de los posibles bronces de la historia y limitado por la sintaxis de los partes militares. Son los testimonios de sus contemporáneos los que lo han salvado de la rigidez de su propio relato. Un puñado de anécdotas coloridas se repite alrededor de su nombre, anécdotas que retratan sus excentricidades más que los grandes hechos de su biografía. En esta serie anecdótica podemos colocar la temprana impresión del viajero norteamericano Albert M. Gilliam —que visitó México durante los años 1843 y 1844— y a quien le sorprendió encontrar una sala entera del Museo Nacional dedicada enteramente al retrato del dictador. Dejó escrito que le fue imposible no verse impresionado por "la vanidad de sus amigos, o de sí mismo, al destinar de manera tan conspicua toda una habitación para su retrato, en lugar de colgarlo en las galerías en que se encuentran los de sus demás distinguidos coterráneos que han servido a su país" (130).

Durante esos años, la vanidad de Santa Anna no era noticia para ninguno de sus compatriotas. El general ya era famoso, entre otras cosas, por haberle dedicado una ceremonia fúnebre a su propia pierna, arrancada por una bala de cañón francés en el que sería el episodio más memorable de la Guerra de los Pasteles (1838). Alternativamente "sátrapa" o "genio en el que hallaron su feliz expresión los peores vicios y las peores aberraciones de la república" (Magdaleno XVI) el Santa Anna de los años '40 era bien conocido, entre otras cosas por su vanidad, por su volubilidad política y por su afición a la riña de gallos.

Este dato menor es el punto de partida para los artículos que Juan Bautista Morales (1788-1856) publica esporádicamente en *El Siglo XIX*[56] —el periódico liberal dirigido por Ignacio Cumplido— entre los años 1842 y 1853 bajo el título de *El gallo pitagórico*. Editado por primera vez como libro en 1845 y luego en 1857,[57] este texto de difícil clasificación —elementos de la sátira, la tradición greco-latina y el cuadro costumbrista se combinan con gran fluidez en su factura— condensa de manera única la relación productiva entre poder y literatura y muestra

---

[56] Como lo señala Boris Rosen Jélomer, *El siglo XIX* fue uno de los periódicos más importantes de la época y el que tuvo más continuidad (apareció en 1841 y siguió publicándose, con ciertas interrupciones, hasta 1896). Ignacio Cumplido era su editor y Juan Bautista Morales fue uno de sus miembros fundadores. "El periódico fue el defensor más entusiasta del liberalismo puro y el principal opositor de la dictadura santanista [...]. Bajo la dirección de Francisco Zarco, después del triunfo de la revolución de Ayutla, se convirtió [...] en el vocero del partido liberal progresista" (Prieto 319, n.6).

[57] En su prólogo a la edición (fragmentaria) de la UNAM de 1940, Mauricio Magdaleno menciona la edición de 1845, también a cargo de los talleres de Ignacio Cumplido. Para este trabajo, en el que me interesa, sobre todo, mostrar el funcionamiento de los principales recursos retóricos de Morales y no su relación *puntual* con cada evento político al que se refiere en sus columnas, utilizo la edición (póstuma) de 1857 "corregida y revisada por su autor, precedida de un prólogo del mismo, acompañada de una noticia biográfica del Sr. Morales escrita por D. Francisco Zarco, e ilustrada con 100 grabados hechos en París por los mejores artistas, conforme a las instrucciones del autor". Sólo he normalizado la ortografía.

las posibilidades que la prensa periódica y los géneros "menores" abrían a la intelectualidad política del período.

México vive por entonces sus peores años, marcados por guerras intermitentes contra España, Francia y los Estados Unidos.[58] Aunque Santa Anna no gobierna oficialmente durante todas esas contiendas, gravita sobre el destino de la nación durante un largo período: ocupa la presidencia alternativamente en 1839, 1841 y 1849 y, aunque derrotado en Texas, regresa del exilio en 1853 para ser declarado Dictador Perpetuo. Una de sus primeras medidas será la venta del territorio de La Mesilla a los Estados Unidos para solucionar los problemas del tesoro nacional.

Contra la figura de este hombre escribe Morales *El gallo pitagórico*. En el momento en que comienza su publicación, el autor tiene ya más de cincuenta años y cuenta con una larga carrera política a favor de los principios democráticos y federalistas. Ha sido senador en el primer congreso constitucional, profesor de Derecho canónico en el Colegio de San Idelfonso, magistrado de la Corte Suprema de Justicia y redactor del periódico *Hombre Libre* (1823) y de la Gaceta (Morales VIII).[59] Esta carrera periodística y política lo separa —en estilo y en experiencia— de muchos de sus colegas de redacción de *El Siglo XIX*, más jóvenes y más cercanos a la corriente y al estilo románticos: Guillermo Prieto, Manuel Payno y Francisco Zarco, entre otros.

Obviamente, esta diferencia generacional se nota también en el estilo de *El gallo pitagórico*. Es un texto lleno de referencias neoclásicas e ilustradas y de ecos peninsulares. También en su declarada intención didáctica revela operaciones retóricas distintas a las que presentan los textos canónicos del Romanticismo mexicano. Como señala Mauricio

---

[58] La "Guerra de los Pasteles" (1838-1839) fue la primera invasión francesa al territorio mexicano, llevada a cabo con la excusa de reclamar deudas impagas a panaderos franceses. Entre otras contiendas, Santa Anna también participó en la lucha contra el intento de reconquista español en Tampico (1829) y dirigió al ejército mexicano en la guerra contra los Estados Unidos (1846-1848).

[59] Para una síntesis de la trayectoria política y periodística de Morales, véase el prólogo "El señor. D. Juan B. Morales" de Francisco Zarco a la edición de *El gallo pitagórico* de 1857 (págs. I-XL); y el artículo "Juan Bautista Morales" (2006) de Carlos Monsiváis.

Magadaleno (XXIV), este conjunto de artículos está mucho más cerca de *El periquillo Sarniento* (1816) que de *El Zarco* (terminada en 1888, publicada en 1901), la novela que algunos críticos han leído como aquella que resuelve simbólicamente las tensiones raciales y sociales de la nación mexicana.[60] Tanto por su género híbrido como por su uso del humor y de la sátira, los artículos de Morales tienen más en común con textos como *La Quijotita y su prima* (1818) que con las narrativas de la segunda mitad del siglo.[61] Comenta Carlos Monsiváis: "Ante el espectáculo de la nación que crece sin crecer, Morales es, como Lizardi, un convencido de las bondades regenerativas del análisis más despiadado" (85).

El horizonte inmediato de *El gallo pitagórico* es la figura de Antonio López de Santa Anna y el México que "crece sin crecer" sobre el que ésta se proyecta. Así explica el propio Morales —en el prólogo a la edición de 1857— la circunstancias que dieron origen a su escritura:

> Establecido el *Siglo XIX* en el año de 1841, proyectaron sus editores marcar aquellos acontecimientos que podían formar época en nuestra república. Al efecto pensaron en establecer un periódico, que se publicase dentro del mismo *Siglo*, y que con sólo su nombre llamara la atención de los lectores; pero ese periódico no podía tener términos designados para su publicación, así como no los tenían los acontecimientos que debían servirle de materia. Las revoluciones no se efectúan en épocas determinadas, ni las grandes variaciones de gobierno, y así es que el periódico ha seguido esa existencia incierta de los objetos de que debía ocuparse.
>
> El periódico proyectado se llamó *El Gallo*, célebre invención de su autor para poder extender la crítica hasta donde gustara. (XLI)

Tan directa (pero a la vez tan coyuntural y arbitraria) es la conexión entre la política y la escritura que en ese mismo prólogo, Morales se ve obligado a precisar cuáles fueron los hechos y circunstancias que dieron origen a cada uno de los números de *El gallo pitagórico*. Así, el autor

---

[60] Sobre esto, véase *Fundational Fictions: The National Romances of Latin America* (1993) de Doris Sommer.

[61] Sobre esta novela "moral" de Lizardi, escrita como una crítica a la mala educación de las mujeres, véase el ya clásico artículo "Women, Fashion and the Moralists in Early Nineteenth-Century" (1984) de Jean Franco.

proporciona un mapa lleno de claves para interpretar cada una de sus metáforas y analogías y, en este sentido, revisa en sus últimos años la obra entera (la edición de todos los números de *El gallo pitagórico* que se editará póstumamente en 1857) tratando de otorgarle una coherencia o principio de interpretación que tal vez no tenía. Por eso necesita Morales precisar por qué se incluyen los números titulados *El congreso de los dioses* y *El sermón de fray Supino* dentro de esa edición a pesar de que al momento de su publicación original no llevaran el título de *El gallo pitagórico*. Dice Morales que "no por eso dejan de pertenecer al periódico, y de ser obra del propio autor, porque le pareció que la crítica salía mejor como la hizo, que no valiéndose de la metáfora del *Gallo*" (XLII). Como se ve, es el carácter común de la crítica social y, más importante aún, el principio radiante del autor el que garantiza la coherencia de la obra.[62]

---

[62] Sin estas explicaciones de Morales, muchas de las analogías y chistes de *El gallo pitagórico* serían sin duda mucho más difíciles de reconstruir. De acuerdo con este prólogo, los números de *El gallo pitagórico* corresponderían a la siguiente correlación de eventos políticos, lo cual demuestra su carácter de "obra coyuntural", es decir, el funcionamiento del animal parlante como instrumento crítico que su autor "despierta" para comentar y atacar distintos hechos y medidas del gobierno:
El prólogo, titulado simplemente "El gallo pitagórico", se publicó como un inserto en *El siglo XIX* el 26 de enero de 1842 con el objetivo de plantear la misión del periódico sin dar demasiadas explicaciones sobre el contenido específico de cada número. Constituye, en verdad, una crítica a la obsecuencia y a la ignorancia de la prensa mexicana del momento.
El número 1, "en que se critican los defectos comunes de extranjeros y nacionales y fue con el que se desarrolló la alegoría que habría de ponerse en práctica", salió el 2 de abril de 1842 (XLII).
El número 2 "se escribió en tiempos en que el gobierno de Santa-Anna se desentendió casi enteramente de la subsistencia de los empleados, principalmente de los del ramo judicial, al que pertenece el autor, y todo el tesoro se gastaba en pagar y vestir lujosamente a los soldados" (XLIII).
El número 3 –*El congreso de los dioses*– es una crítica del fracaso del plan de Tacubaya, en el que Santa Anna habiendo convocado primero a un congreso constituyente, lo disolvió inmediatamente al ver que el resultado había sido el voto de un sistema federal y lo reemplazó por una junta de notables que le diera una constitución más a tono con su mando despótico (XLIV).
El número 4 –*El sermón de fray Supino*– refiere también a este evento y a la posterior apatía política en la que habría caído la sociedad mexicana bajo el gobierno de Santa Anna.
El número 5, refleja la prisión de Morales por causa de sus escritos en contra de la guerra de Texas, publicados en *El siglo XIX*.
El número 6 consiste en un juicio a varios gallos pendencieros –animalizaciones de Santa Anna y sus acólitos– escrito y publicado al momento de la caída del general.

El carácter esporádico y azaroso de *El gallo pitagórico* hace también al significado simbólico del animal que aparece para decretar el fin de la noche y el comienzo del día. Los períodos oscuros de la nación mexicana son, entonces, aquellos en los que el gallo resurge para despertar a sus lectores y por eso le da nombre a esta serie heterogénea de artículos que, según Francisco Zarco, "fueron un verdadero acontecimiento en el país por su gracia, por su oportunidad, y sobre todo por su audacia" (X).

El gallo no sólo connota una serie de símbolos complejos, sino que apunta directamente a la figura de Santa Anna. En efecto, el gobernante era famoso por sus fiestas en la ciudad de México, en las que solía incluir riñas de gallos. Sentía el general "verdadera pasión por ellos, no sólo como jugador, sino como criador de gallos finos de pelea en su rancho de 'El Encero', cercano a Veracruz, en el cual poseía una gallera para centenares de animales lujosamente acondicionada con bastidores de caoba, comida escogida, agua filtrada y siempre caliente y toda clase de comodidades" (Sarabia Viejo 80). Varios testimonios de la época lo recuerdan con su gallo predilecto (llamado "Pedrito") en brazos durante las audiencias oficiales (Santa Anna lo había hecho traer de Veracruz junto con tierra de su rancho para que el animal no extrañara revolcarse a sus anchas) y se dice que en sus varias huidas del poder, "él mismo atendía una cesta en la que iban sus mejores gallos" (81).

La marquesa Fanny Calderón de la Barca —esposa del embajador español en México y viajera en ruta por el país a principios de los '40— ha dejado también descripciones de la hacienda de Santa Anna y de sus gallos y, en especial, de las fiestas en San Agustín de las Cuevas, en las que se jugaban todo tipo de juegos y se podía asistir al "espectáculo edificador [...] del mismísimo presidente inclinado desde su puesto en la plaza de

---

Con la guerra contra los americanos y la vuelta increíble de Santa Anna, reaparece "el Gallo, que ya se creía que no hubiera tenido materia para escribir, la tuvo y continuó [...] critic[ando] la conducta de Santa Anna, de sus favoritos y se habló de los principios de la revolución" (XLVII). Por último "se dio el número 8, en que más detalladamente se habló de su conducta, de la de sus ministros, y de las aspiraciones del primero, que no son otras que la del mando absoluto, y la suma codicia para sacar cuanto dinero puede" (XLVII).

gallos, apostando por un macho, codo a codo con algún andrajoso sin saco, sombrero o botas" (164).

También Guillermo Prieto ha dejado descripciones minuciosas de estas fiestas u "orgías" (como él las llama) que unían a "lo más granado de la sociedad, lo eminente en el foro y en la iglesia, en los destinos públicos y el comercio" (363), junto al "*pópulo bárbaro*" (362), en grandes comilonas cuya "gala consistía en arriesgar sumas enormes a un albur, viendo la pérdida con marcada indiferencia" (362).

El juicio de Prieto (en realidad, un fragmento de sus *Memorias* publicadas recién en 1906) retoma algunos de los temas y elementos que aparecen en *El gallo pitagórico* pero sobre todo comparte su visión de la sociedad mexicana como un espectáculo en el que se confunden todas las clases sociales, todas las profesiones y todo tipo de juegos (desde los favores sexuales hasta la pelea de gallos) en una fiesta continua presidida por Santa Anna.

Para hacer frente a este espectáculo, a esta confusión en la que Santa Anna actúa de jefe bifronte capaz de convocar y divertir a los sectores más diversos de la sociedad, aparece en la prensa mexicana *El gallo pitagórico*, que ya desde su primer número –publicado el 26 de enero de 1842– anuncia su programa en clave irónica. Desde su inicio, la confluencia de elementos de la cultura letrada y la cultura popular será una de sus estrategias, un modo de comentar y criticar esa "confusión" de clases y sectores que Santa Anna convoca, pero esta vez en clave humorística.

A modo de presentación, Morales escribe un diálogo entre un periodista que se dice "letrado" (pero que en realidad confunde citas, y términos en griego y ensarta un lugar común detrás del otro con el objetivo de mostrar que, dado el estado calamitoso de la prensa mexicana, cualquiera puede, cualquiera *debe* en realidad, escribir) y un amigo que lo interroga sobre el proyecto de su nuevo periódico. En este diálogo, el periódico llamado *El gallo pitagórico* se presenta primero como animal de pelea que se propone dar guerra "a todo el mundo, á pesar de que el editor no es doctor, licenciado, y ni aun bachiller en filosofía siquiera" para rematar lo "gallardo" de su postura proponiendo para la publicación un epígrafe o slogan risible: "Gane mi gallo, aunque sea rabón" (*Gallo pitagórico* 16).[63]

En seguida alude Morales a los otros sentidos que el animal convoca: como cantor o pregonero será aquel encargado de gritar "las quejas de los mexicanos" pero también, al anunciar el fin de la noche e incluso la llegada de la Regeneración, será quien emprenda la tarea de guiar "por la senda del progreso y de poner al nivel de las luces del siglo" a los mexicanos (17). Por último, haciéndose eco de la tradición clásica (que asociaba a los gallos a Esculapio, el dios de la Medicina y, por lo tanto, los consideraba animales capaces de devolver la salud a los enfermos, característica que, como veremos ya estaba en el texto de Luciano de Samósata), señala que el periódico actuará también de "antídoto" para cuando la "tierna virgen, el añoso anciano, el desvalido joven, el oprimido cliente" sientan "algún desaguisado" (17). En una síntesis que se mofa de las declaraciones rimbombantes de la prensa de la época, Morales cierra la presentación de su programa proclamando: "El Gallo, periódico enciclopédico-arqueológico-moderno, es un *jefe de obra*, que va *donar* instrucción a los ignorantes, consuelo a los afligidos, protección a la inocencia, ataque al vicio, elogios a la virtud, y todo, todo, *menos* pagas de sueldos y dinero a los arrancados" (18, énfasis original).

Tan sólo con enumerar estos sentidos múltiples y la serie de referencias eruditas que la figura del gallo convoca, se puede apreciar que el contrato de lectura que plantea este primer número es bastante más complejo de lo que el tono ligero y la insistencia en su carácter satírico parecerían indicar. Morales no se detiene a explicar estos simbolismos del gallo, aunque claramente los alude, gracias al estilo dialogado que manejará a lo largo de la mayoría de los números. Por otra parte, los artículos están llenos de referencias literarias y filosóficas elididas que

---

[63] "Expresión con la que se da a entender que lo importante es conseguir el fin aún cuando se ponga tacha en el agente" (García Icazbalceta y García Pimentel 225). Tan empapado de frases y refranes populares del siglo XIX está *El gallo pitagórico* que la mayoría de los ejemplos que García Izcalbazeta y José Pimentel proporcionan para la entrada "gallo" están tomados de la obra de Morales.

planean sobre el texto sin llegar a saturarlo ni a obstaculizar su lectura. El autor señala estas pistas para el lector erudito con unas itálicas cómplices pero también enigmáticas que lo reenvían a la búsqueda de las fuentes a veces sin la ayuda de ninguna otra referencia.

Desde el comienzo, entonces, elegir al gallo como animal parlante no es un mero recurso tomado de la tradición clásica: tiene la función no sólo de criticar a Santa Anna y sus orgías –símbolo de la situación mexicana– sino también la de presentar al periódico como un producto heterogéneo que (al igual que el gallo/Santa Anna) puede apelar tanto al mundo del "pópulo bárbaro" que describe Guillermo Prieto, como al mundo de los letrados.

Esta heterogeneidad del texto lo diferencia del estilo de sus colegas más jóvenes de *El Siglo XIX*, característica que ellos mismos se encargan de destacar. En su prólogo a la edición de 1857, Francisco Zarco lamenta en tono bastante condescendiente los descuidos "innegables" del estilo de Morales que, sin embargo, tendrían la "disculpa, que si bien no es muy literaria, debe tenerse en consideración. Si a veces empleaba locuciones que parecen triviales, lo hacía con el fin de ser perfectamente comprendido de las masas, de las clases del pueblo, y descendía por decirlo así abandonando las pretensiones literarias con la mira de ilustrar el espíritu del pueblo" (XVII-XVIII).

Es justamente este "descenso" de Morales lo que hace de *El gallo pitagórico* un producto tan particular como "los acontecimientos que tenían que debían servirle de materia" (XLI). Esa heterogeneidad muestra la entrada de la ciudad real, aquella en la que se confunden lenguas y juegos, crímenes y castigos, en las Letras. En *El gallo pitagórico* las chanzas les ganan a los sonetos, los refranes populares y las costumbres del "vulgo" compiten mano a mano con don Quijote y las máximas del Periquillo, y el estilo ágil de los diálogos entre el gallo y Erasmo Luján (anagrama de Juan Morales y, obviamente, referencia al filósofo humanista) acaba por desatender el declarado proyecto de "ilustrar" a las masas y de llevar a los "monsiuers mexicanos" por la senda del progreso para concentrarse en los placeres de la sátira y la invectiva.

A pesar de la intención moralizante, los mejores pasajes de *El gallo pitagórico* son aquellos en los el poder desarmador de la sátira se impone. En el texto hay bárbaros y civilizados, buenos y malos y otras dicotomías, pero lo que prima es la descomposición, la exhibición y, en definitiva, el regocijo en el espectáculo del desorden que aqueja a la sociedad mexicana. Por otro lado, el humor matiza el proyecto didáctico enunciado por su autor en el primer número. Sus lecciones, en todo caso, aspiran a la crítica y a la risa, y no a la transmisión mecánica de contenidos.

No sabemos qué pensaría Santa Anna de *El gallo pitagórico*. Sí sabemos que mandó a encarcelar a Morales a raíz de sus artículos en *El Siglo XIX* en contra de la guerra por Texas. Pero varios escritores de la época han dejado testimonio de la especial animosidad (cuando no del temor) que "Su Alteza Serenísima" sentía ante la pluma de Morales.[64]

Por otra parte, Morales escribe estos artículos en una situación precaria: todavía depende de su puesto como juez y de su trabajo como periodista en una publicación que ya ha sido sistemáticamente censurada e intervenida.[65] Será por eso que en *El gallo pitagórico* no se recurre al insulto directo a Santa Anna sino que el ataque debe hallar otros canales. El principal de ellos será la máscara del animal parlante.

Haciéndose eco de una larga tradición literaria y filosófica que recurre al animal fabuloso para hablar de otra cosa (para poder hablar, en general, de lo prohibido pero también para reflexionar sobre el poder soberano), Morales pone en boca de un gallo las críticas más incisivas sobre el México de su época. Confirmando en esta encarnación animal el poder de un

---

[64] Sobre la prisión de Morales por su oposición a la guerra de Texas, él mismo declara en el prólogo a *El gallo pitagórico*: "El autor del *Gallo*, que á la sazón era ministro de la suprema corte de justicia y diputado, escribió dos artículos, insertos en el *Siglo*, aconsejando la venta de ese terreno, y haciendo ver al gobierno los males que traía su conservación. Santa-Anna, que afectaba una decisión absoluta por sostener la guerra de Texas, y que á todo el que de algún modo se oponía á ella, daba el nombre de traidor, mandó aprehender al autor y lo puso en la cárcel pública. Sus favoritos y sicofantes, que muy bien conocían que la guerra no debía hacerse, afectaban también estar decididos por ella" (XLV). Véase también González Pedrero (188); y los prólogos de Francisco Zarco (X-XI) y Mauricio Magdaleno (XI-XIII) a las respectivas ediciones de *El gallo pitagórico*. También Guillermo Prieto relata este episodio en sus memorias (357-59).

[65] Sobre las censuras a *El Siglo XIX*, véase Prieto (319-20, n.6).

texto que aúna lo alto y lo bajo, lo clásico y lo moderno, lo trágico y lo ridículo, hay que recordar que el gallo de Morales no es cualquier gallo: es en realidad el alma de Pitágoras que ha llegado a México luego de un largo camino de peripecias y decepciones para guiar a la joven Nación por "la senda del "progreso" y de "las luces" (17).

Un filósofo del hambre o el animal satírico

Nunca voló la pluma humilde mía
por la región satírica, baxeza
que a infames premios y desgracias guía.

Cervantes, Viaje al Parnaso

Sería un proyecto potencialmente interminable rastrear todos los textos que actúan de condición de producción para *El gallo pitagórico*. Los nombres de Cervantes, Horacio, Montesquieu, Quevedo y Juvenal circulan —en frases, aludidos, sentencias y citas— como monedas intercambiables en varios números del periódico. Más que reconstruir el árbol genealógico de estas referencias o la erudición de Morales, me interesa detenerme en dos textos clave para entender su contrato de lectura: *El sueño o el gallo*, de Luciano de Samósata (125-180 DC) y *Los animales parlantes* de Giovanni Battista Casti (1802). En esta sección, me ocuparé del primero, del cual Morales tomará el molde satírico y la idea principal de Pitágoras reencarnado en un gallo. En el próximo apartado, veremos cómo el texto de Casti no sólo le presta oportunas sentencias y máximas generales sino también la conexión con la tradición fabulística neoclásica de corte moralizante.[66]

El sueño o el gallo es una de las obras más conocidas de Luciano, autor que influenció a toda la tradición humanista a través de las obras de Erasmo y Rabelais. En España está presente en una larga cadena de alusiones que va desde Mateo Alemán hasta Quevedo y Cervantes.[67]

---

[66] Otro texto que dialoga con el de Morales vía Luciano es *El crotalón* (c. 1552). También hay referencias a *El siglo pitagórico y la vida de don Gregorio Guadaña*, de Henríquez Gómez (1600-1663) (Morales 516).
[67] Sobre esta influencia y su impacto en España, véase la "Introducción" de José Alsina Clota a la edición de *El sueño o el gallo* (55-63).

Este es un diálogo que, por su complejidad estructural y su unidad temática, muestra la fase más avanzada de su autor en la práctica de la sátira (Helm, 1967; Schwartz, 1965). Su argumento es sencillo: el zapatero Micilo es despertado en medio de un sueño de riquezas por el canto de su gallo, que ha adquirido el don del habla. Pronto revela el animal que en realidad él es una de las tantas reencarnaciones de Pitágoras. Luego de abandonar el cuerpo del filósofo, ha pasado por varios cuerpos: el de una cortesana de Pericles, el de un rey, un pobre, un sátrapa, un caballo, una rana y otros más. Al final de esta cadena de encarnaciones, y aprovechando la oportunidad para aludir a Tiresias y otros personajes de la tradición griega, Luciano cierra el parlamento del gallo con esta declaración, que resume el propósito de todo el diálogo:

> Últimamente he sido gallo repetidas veces, pues me agrada este tipo de existencia, y, habiendo pertenecido a muchos ricos y pobres, vivo contigo y me río [...] cuando [...] te lamentas de tu pobreza [...] mientras admiras a los ricos por desconocimiento de sus desdichas. En verdad, si supieras los cuidados que les afligen, te reirías de ti mismo por haber creído en un principio que la riqueza otorga una superior felicidad. (Luciano 382)

De este modo, la lección a transmitir queda clara: en las próximas escenas, Pitágoras-gallo lleva al zapatero a la casa de tres ricos (un "nuevo rico", un prestamista, y un aristócrata) para demostrar cómo viven obsesionados por proteger sus bienes y son las criaturas más infelices de la tierra. El diálogo se cierra con la conversión de Micilo a la vida simple y frugal como única forma de alcanzar una existencia plena.

Tradicionalmente, se ha considerado a este diálogo como un ejemplo de la sátira menipea, que se distinguía por tratarse de una composición en prosa (a diferencia de las composiciones satíricas en verso de Horacio, por ejemplo) y por tomar como tema los tipos universales antes que los ataques personales. En su estudio de este género, Howard Weinbrot da cuenta de la larga y compleja controversia en torno a su definición y su reformulación durante el siglo XVIII europeo. Contrastando los análisis de Frye (1942; 1957) y Bajtín (1973; 1984), Weinbrot muestra cómo estos dos autores, a pesar de sus caminos analíticos diversos, obtienen una definición general de la sátira menipea como "categoría paraguas" que engloba una cantidad heterogénea de textos.[68]

Pensar la sátira más como un modo discursivo que como un género rígido me parece útil para la interpretación de un texto como *El gallo pitagórico*. Tanto la teoría de Frye como la de Bajtín apuntan a eso y colaboran en el deslinde del malentendido común que la asocia necesariamente al humor.

Frye conserva la idea de la menipea como la sátira en prosa que corresponde a la poesía satírica de Horacio o Juvenal, pero propone cambiar el término por "anatomía" para extenderlo a obras en prosa más modernas que se caracterizan por una disección de su tema en los mismos términos en los que un ácido descompone un organismo (26). Así es como *Anatomy of Melancholy* (1621), de Robert Burton, puede ser incluida en esta categoría que no necesariamente produce risa.[69] Separada del humor, la sátira es aquí, entonces, sinónimo de disección; es definida por su efecto corrosivo sobre el tema o el objeto que aborda. Esta definición de sátira de Frye en tanto "disección" se puede relacionar con la idea de crítica en su sentido más etimológico (del griego *krinein*, verbo que significa tanto "separar" como "decidir").

Por otra parte, Bajtín, en su teoría de la Antigüedad helénica como la fuente de los géneros literarios modernos, sostiene que en esa época:

> se constituyen y se desarrollan numerosos géneros bastante heterogéneos externamente, pero relacionados por un parentesco interno, por lo que conforman una zona específica de la literatura que los antiguos llamaron tan expresivamente *spoudogeloîon*, es decir, lo cómico-serio. Los antiguos referían a este dominio los mimos de Sofrón, el "diálogo socrático" (como un género aparte), la vasta literatura de los banquetes, las primeras memorias (Ión de Quío, Critio), los panfletos, toda la poesía bucólica, la "sátira menipea" (como género especial) y algunos otros géneros. Difícilmente podríamos

---

[68] Weinbrot señala que textos tan dispares como *Alicia en el país de las maravillas*, *La tierra baldía* o *La divina comedia* han sido considerados, en algún momento de la historia literaria, ejemplos de sátira menipea. De ahí que proponga una definición *ad hoc*, efectiva para su área de interés (la literatura del s. XVIII europeo) (11-19).

[69] Sobre esta característica "ácida" de la sátira en la definición de Frye, véase: McFarlane, Duncan (2011).

marcar fronteras claras y estables del dominio de lo cómico-serio. Mas los antiguos percibían netamente su distinción fundamental y lo oponían a los géneros serios: epopeya, tragedia, historia, retórica clásica, etc. (*Problemas de la poética de Dostoievski* 150-01)

Conservar esta zona de lo "cómico-serio" como propia de la sátira, así como su característica "ácido-corrosiva", permite entender mejor el diálogo que entabla la obra de Morales con la tradición europea y, sobre todo, con la literatura española.[70] Para ese contexto en particular, Antonio Pérez Lasheras distingue entre sátira y literatura burlesca. Siguiendo su análisis, las tres características principales de la sátira entendida como modo discursivo son: su finalidad moral, ya que tiene el fin "de corregir las costumbres perniciosas y censurar los vicios o las locuras de las personas o de la sociedad de su tiempo" (183); su carácter de invectiva (la sátira constituye también un ataque); y, para que la sátira pueda considerarse "artística" o "literaria" tiene que recurrir al artificio de la retórica y utilizar el ingenio" (183). Como se ve, tampoco en este deslinde el humor se ve asociado necesariamente a la sátira, es un efecto textual más ligado a la burlesca.

Evaluado en su totalidad, *El gallo pitagórico* cumple con esas tres características que señala Pérez Lasheras. Pero, en una lectura más profunda, puede verse una progresión entre las primeras secciones (la I y la II), más enfocadas en el tipismo moralizante y, otras, menos episódicas y más dialogadas, en las que el uso la sátira abandona el tipismo y se vuelve más frontal. En ellas prepondera la invectiva.

A medida que, con el paso del tiempo su relación crítica con el contexto social y político mexicano se agudiza, *El gallo pitagórico* se transforma en un texto caótico, en el que sobresale sobre todo, su uso

---

[70] No se puede afirmar que la relación de *El gallo pitagórico* con *El sueño o el gallo* sea de imitación directa, pues Morales puede haber tomado la idea de Pitágoras reencarnado en gallo de *El crotalón* o de otros textos españoles que ya eran imitaciones del texto de Luciano. Como ya señalé antes, más que rastrear préstamos puntuales en la obra de Morales, me interesa entender cómo dialoga con otras obras latinoamericanas que utilizan recursos similares y cómo reformula la modalidad satírica heredada de España y la adapta al contexto particular del México de Santa Anna.

particular del animal parlante. Es por esa característica heterogénea que, creo, conviene aproximarse a él con una definición menos restringida de sátira.

En efecto, en las primeras entregas, Morales, retomando al gallo filósofo, recurre al tipismo, es decir, a la crítica de "tipos" humanos o sociales. Sólo que los adapta a los presupuestos y estereotipos de su siglo. En lugar de enfocarse en los "tipos" abstractos de la retórica clásica como sí lo hace Luciano (ricos vs. pobres, generosos vs. avaros, etc.), Morales elige como primeros blancos a los "tipos nacionales", un tema muy en consonancia con el momento mexicano.

El pretexto narrativo para la pregunta por las naciones y su primacía se desarrolla en sus primeras páginas. Caminando un día por la calle, el *alter ego* de Morales, Erasmo Luján, oye que un gallo lo interpela y le pide que lo compre, prometiendo revelar el misterio de su habilidad parlante una vez a salvo en el domicilio del asombrado caballero. El enigma se revela inmediatamente: en el cuerpo de ese gallo vive el alma de Pitágoras quien confiesa que, "cansado de animar cuerpos de griegos, viéndolos que ya ni aún sombra son de lo que fueron mis contemporáneos, determiné viajar por la Europa culta, habitando en cuerpos de individuos de varias naciones" (*Gallo pitagórico* 26).

De este modo se da inicio a la primer narrativa del gallo: pasando de cuerpo en cuerpo, Pitágoras aprende que ni en la culta Europa ni en los prósperos Estados Unidos se verifican los altos ideales de la filosofía y la civilización de la época clásica.

Los ingleses son criticados por carnívoros, lacónicos, melancólicos y belicosos. Igual que Luciano, Morales aprovecha dos de las famosas enseñanzas de Pitágoras (el vegetarianismo y la práctica del silencio) para la sátira. Sin embargo lo hace con signo contrario. En *El sueño o el gallo*, Luciano se burla de Pitágoras mismo, lo hace confesar por boca del gallo que sus crípticos preceptos iban sólo en busca de la fama: "Ni la salud ni la sabiduría lo motivaron, mas percibía que, de legislar preceptos ordinarios y coincidentes con el común criterio, difícilmente iba a lograr atraerme la admiración humana; en cambio, cuanto más extraño resultara, tanto más augusta –creía– iba a ser para ellos mi figura" (Luciano 380).

Morales usa esas mismas enseñanzas de Pitágoras simplemente para atacar a estos "tipos nacionales" exagerando los esterotipos que su época les adscribía. Así, por ejemplo, el laconismo de los ingleses ocasiona esta reflexión de Pitágoras:

> [y]o creo que los dioses, permitiendo que habitase el cuerpo de un inglés, me castigaron por el silencio de cinco años que imponía a mis discípulos. Semanas enteras se me pasaban sin hablar una palabra. Allá cada ocho días, solía mi huésped pronunciar un *very well*, o un *yes*, y pare Ud. de contar [...]. Por fin, una mañana que se levantó con el *spleen* más negro que otras veces, tuvo la bondad de plantarse en la sien un pistoletazo. (Morales, *Gallo pitagórico* 29)

En esta sección, a la crítica de "tipos abstractos" se suma el procedimiento de la hipérbole o exageración de uno o dos rasgos (operación propia de la caricatura). El mismo recurso se utiliza en el caso de los franceses, descartados por ser excesivamente galantes y mentirosos y, en el de los "anglo-americanos", demasiado preocupados por el utilitarismo. El naufragio de su último huésped –un contrabandista de esa nacionalidad que sale peor pintado que sus pares europeos– deja a Pitágoras frente a la costa mexicana, donde un conjunto de almas que esperan reencarnar, le informan de la inconveniencia de habitar cuerpos humanos en un país que se la pasa de guerra en guerra y que, aparentemente, está plagado de vicios y corrupción.

En el afán de instruir a Pitágoras sobre los males mexicanos, las almas se ocupan de diseccionar los defectos de los tipos, estamentos y profesiones de la sociedad mexicana. Caen así, gracias al poder corrosivo de la sátira, los militares; los patriotas; los ministros; los diputados; los jueces; los abogados, los médicos, los eclesiásticos y los periodistas, entre otros. No se salvan ni las mujeres (92-104), divididas en cotorronas (caricaturizadas por su persecusión de jovencitos), niñas (meras coquetas, más hábiles que las culebras) y casadas (básicamente, infieles e interesadas).

Sin dar (todavía) nombres propios, en esas primeras entregas, Morales viste a su crítica social con el traje del ideal inocente del cual México se aleja. Aquí el procedimiento retórico utilizado, tal como lo apuntara Borges en un conocido artículo (503), es uno de los más viejos en la tradición satírica y consiste en la inversión incondicional de los términos. Así, en el México que pinta Morales, los ministros son ejemplos de la acrobacia política y la hipocresía, los diputados defienden la injusticia y a los periodistas sólo les interesa el dinero y no la información pública. Del mismo modo, los militares reciben condecoraciones por batallas que jamás pelearon y recompensas por servicios que jamás prestaron.

El uso de estos viejos procedimientos no quiere decir que Morales retome la tradición satírica que lo precede sin someterla a profundas modificaciones.[71] Todo lo contrario. Al hacer migrar ciertos tropos y lugares comunes de la sátira al México de Santa Anna, Morales acaba escribiendo algo muy distinto. De hecho, el intertexto de la literatura española del Barroco se revela a veces en tensión frontal con la realidad decimonónica del México que Morales intenta criticar. Esta tensión es especialmente clara en las ilustraciones que acompañan a *El gallo pitagórico*. Por ejemplo, en el caso de los médicos, el grabado que acompaña a la sección representa a un hombre muy bien vestido con una guadaña en la mano y rodeado de cráneos humanos; todos motivos y lugares comunes de la sátira del Siglo de Oro. Basta para ello recordar el episodio XXV de *La Hora de todos* de Quevedo, donde queda clara la inversión de términos: los médicos matan, son en realidad, asesinos legales.[72]

Sin embargo, el texto de Morales que acompaña a esta imagen no retoma ese argumento (típico, por otra parte, del contexto insalubre de la España del siglo XVII). Morales elige otro camino satírico. Una de

---

[71] Morales invoca en repetidas ocasiones la tradición satírica que le precede. De hecho, la sátira, en tanto modo discursivo capaz de permear no sólo distintas formas literarias sino distintos estratos sociales, tiene una larga tradición en el México de la Ilustración, basta comprobar las décimas, los romances y las novelas picarescas anónimas que la Inquisición confiscaba hacia fines del siglo XVIII en Nueva España (González Calderón 82). A tal punto la tradición satírica española se había popularizado como forma de crítica social y de oposición al gobierno virreinal que González Calderón concluye que representaba para el México de la Independencia "lo que hoy es la prensa de oposición en prosa" (95). De hecho, es de esa tradición de la que emerge la obra de Lizardi.

[72] Sobre Quevedo y los médicos, véase Quérillacq (1986).

las almas informa a Pitágoras que si reencarna en médico mexicano ha de tener

> coche de última moda, brillantemente charolado, ha de vestir con mucho aseo y también a la última moda, aunque duerma en un *petate*, y coma en una *cazuelita de á tlaco*. Ha de visitar á sus enfermos á horas extraordinarias, para dar á entender que está muy recargado de visitas. Ha de contar en ellas curaciones maravillosas; como que le ha cortado la cabeza á un rico agiotista, á un general de división, ó á otro personaje; que la volteó al revés, la limpió y se la tornó á pegar; que la operación concluiría cerca de las seis do la tarde, y á las ocho de la noche dejó al *descabezado* bueno y sano en la ópera. Ítem: ha de ser aristócrata, enemigo mortal de los sansculottes, y si puede ser sin grave inconveniente, con sus barruntos de monarquista, y aun borbonista, ó por lo menos iturbidista. (69-70, énfasis en el original)

Esta tensión entre el ser y el parecer era también un lugar común de la sátira de Quevedo a los improvisados doctores en medicina. Pero, más allá de la hipérbole y de los detalles locales, Morales centra su crítica de la profesión en el terreno de lo político denunciando la cercanía al poder y el conservadurismo de los médicos mexicanos.

Este uso de tradición española en particular (pero también de la tradición clásica griega y latina) atraviesa toda la obra de Morales. Otra de las secciones en las que esta tradición entra en conflicto con el contexto local es aquella en la que, como ya mencionamos, se ataca a las mujeres.[73]

Consciente de estas influencias, Morales juega con sus predecesores a este y al otro lado del océano. Por ejemplo, siguiendo la tradición del Siglo de Oro en el primer diálogo entre Erasmo Luján y el gallo, Morales coloca una advertencia para el lector en boca de su animal. Dice el Gallo Pitagórico:

---

[73] Estos pasajes realmente destrozan el arquetipo romántico del siglo utilizando viejos tropos satíricos para concluir que ni una esperanza de pureza o de inocencia queda en el cuerpo de las mexicanas; todo en ella es engaño, interés y ardid. Y, más adelante, una de las secciones más divertidas del periódico es aquella en la que Morales vuelve a escribir pasajes enteros del *Ars amandi* a partir de las rígidas convenciones locales que un joven pretendiente debía seguir si quería conquistar a una niña mexicana (156-65).

> [s]i tuvieras la imprudencia de publicar algunos pasajes de nuestra conversación, podrías acarrearte el odio de algunas personas; porque los malvados, que de todo se espantan, y en las palabras mas sencillas y vertidas sin la más ligera intención de zaherir á persona determinada encuentran alusiones, y tal vez retratos perfectos de sus vicios, creen que el autor no ha tenido otro ánimo que satirizarlos, cuando ellos mismos son los que se aplican el cuadro que el autor trazó en un puro ideal: de suerte que sus mismos defectos son los que ajustan el saco que le viene, no porque el escritor lo cortó expresamente para ellos. Si fueran virtuosos, no se encontrarían retratados; así como no se encuentran en las sátiras de Horacio, Perseo, Juvenal, Quevedo, Padre Islas, Boileau, ó Amato Benedicto, los que no han incurrido en las faltas que estos autores critican. (38-39)

En boca del filósofo-animal aparece, entonces, una teoría misma de la sátira: una explicación de cómo la misma ofrece la posibilidad de un pasaje de lo general a lo particular, es decir del tipismo a la invectiva. En el pasaje citado, Morales estaría colocando a su obra en la línea que marcara Cervantes, quien tanto en el *Quijote* como en *El coloquio de los perros* escribe en contra de la sátira cuando ésta perjudica "honras ajenas", pero la considera una modalidad literaria elevada cuando ataca no a una persona determinada sino a "los vicios en general" (*El Quijote* 308).[74] Pero a la vez, Morales, al declarar que rechaza a la sátira como un modo de ataque personal –ya que se trataría de cuadros ideales o generales que no atacan a nadie– acaba confirmándola justamente como eso pues admite que si bien sus personajes no llevan nombre y apellido, de hecho existen personas a las que muy bien podría quedarles el traje. Lo cual equivale a acordar con esa otra definición de la sátira que la entiende como uno de los modos del insulto. Más adelante, justamente en las secciones no episódicas sino dialogadas, el gallo nos brinda esta definición más claramente, esta vez en una ingeniosa analogía:

> [...] ya te dije que cuando no se tira á persona determinada, no hay riesgo alguno en declarar contra los vicios. Los críticos han de ser como los cazadores que tiran al aire: arrojan el tiro á una multitud de perdices que vienen volando; la que cayó, cayó, y adelante. Así los críticos: descargan el tiro de la sátira contra la masa del pueblo, y el individuo que cayó, *requiescat inpace*. (*Gallo pitagórico* 114)

---

[74] Sobre Cervantes y la sátira, véase Pérez Lasheras (189-90; Cacho Casal [2006]; y Close [1990]).

El gallo pitagórico transita este precario equilibrio entre la finalidad moralizante de la crítica social y el afán destructor, particular del insulto.[75] Queda claro que la sátira está emparentada con ambos. De hecho, cuando enfatiza la invectiva, el modo discursivo de la sátira se aleja de los procedimientos argumentativos del ensayo y equivale a un sustituto del golpe. Tal como lo señala Borges, "la tenebrosa raíz de la sátira [...] se derivó de las maldiciones mágicas de la ira, no de razonamientos. Es la reliquia de un inverosímil estado, en que las lesiones hechas al nombre caen sobre el poseedor" (504).

Hacia el final de esos dos primeros números en los que Morales, a partir del tipismo, destruye una a una a las clases mexicanas, Pitágoras confiesa su desconcierto, ya que no puede hallar en México ni un solo cuerpo decente para encarnar. Una de las almas que lo acaba de instruir sobre el país, le aconseja optar por el cuerpo de un gallo. Con esta salvedad, que es una alusión directa a la riña de gallos y a Santa Anna mismo:

> [...] como nosotras cuando estamos en un cuerpo de animal seguimos la suerte de estos, ni el derecho natural, ni el de gentes, ni el divino, ni el humano, nos prohiben la poligamia.
>
> Ahí tienes que á un gallo se le pone inmediatamente su harem de gallinas, se le dan sus coladuras de maíz, vive como un sultán. [...] Pero no has de ser gallo chisgaraviz y valentón, porque entonces en las primeras tapadas de Tlalpam puedes encontrar otro gallo más valiente que te tuerza el pico. Además, que esa

---

[75] Por esta característica –esta tensión entre el ataque puntual y la ambición universal– Morales puede considerarse de a ratos un humorista, de a ratos un satirista. Señala Pérez Lasheras: "Sátira y humor son conceptos diferentes, aunque tienen algunos puntos en común. En ambos casos, por ejemplo, se produce una agresión, pero mientras el ataque del satírico se dirige (...) a un vicio o a una locura de la sociedad [...], el humorista lanza 'palos a lo ciego', no le importa a quién dé o a quien le duela; su propósito no es moral, aunque sí quizás catártico" (187). Sobre esta dualidad de Morales, comenta Monsiváis que aunque hoy en día *El gallo pitagórico* haya perdido mucho de su efecto humorístico, no hay que perder de vista que para el contexto del México de Santa Anna era un producto verdaderamente atrevido: "Si, según los criterios actuales, Morales es más analista crítico del discurso que escritor satírico, en 1840 o 1850 el desmenuzamiento de torpezas retóricas y abismos de la lógica es un triunfo hilarante. Según los liberales, que se afirman a través de la polémica, pensar con método es encarnar al Progreso, y nada más divertido que puntualizar los errores del enemigo y exhibir su notable humor involuntario" (91). Nótese cómo la interpretación de Monsiváis está en consonancia con la idea de sátira como "anatomía".

vida inquieta de gladiador, esperando matar o ser muerto en cada funcioncita, no es para un gallo filósofo. [...] [La] república está actualmente en la crisis peligrosa de su regeneración [...]. Tú desde la cresta de tu gallo puedes estar en atalaya observando cuanto pasa y adquiriendo experiencia para que cuando dejes el cuerpo de tu animalito y [...] puedas poner en ejercicio tus ideas filantrópicas en servicio de los mexicanos". (105-106)

Con este programa es que Pitágoras se decide descender al cuerpo del animal. Paralelamente, el texto de Morales abandona la estructura de viñetas y opta por el diálogo. A partir del número III, *El gallo pitagórico* se aleja de la sátira de tipos o clases[76] y se lanza a un uso más frontal del humor y del animal parlante como vehículos de crítica del gobierno de Santa Anna. Este uso particular del animal parlante es, sin duda, el mayor aporte del texto de Morales.

Es que, como se puede ver en el pasaje citado, el supuesto "descenso" del filósofo a la condición animal tiene que ver con adquirir ciertas libertades: no sólo la libertad sexual sino también la de la palabra y la de la opinión acerca de la "la cosa pública"; de ahí el contraste entre el gallo de Santa Anna (chisgarabíz y valentón) y este gallo filósofo y socarrón.

Este ser híbrido que retoma Morales –el gallo filósofo– va más allá de la criatura de Luciano: aúna en un solo cuerpo el sentido común del animal y el extrañamiento filosófico. Recordemos con Louis Marin que siempre que en un texto aparece un animal fabuloso, es decir, un animal que habla, el principal tema será el de la supervivencia y la comida, es decir, el juego se plantea siempre al nivel de la vida biológica en un "comer o ser comido". A lo largo de los próximos artículos, Morales hará de esta primera característica del animal (su lucha por la vida) el centro ingenioso de su crítica social: hambre, tripas, miseria y la falta de toda vitalidad son los elementos que definen la vida de cualquier persona en el México de Santa Anna, mientras que la opulencia y los banquetes les tocan sólo a los hipócritas que le hacen la corte al general. Si, siguiendo a Louis

---

[76] Lo cual no quiere decir que la abandone. Morales adapta sus recursos a la coyuntura de la que se ocupa. Por ejemplo, vuelve a optar por el tipismo en el número V, cuando el gallo relata su temporada en el Infierno y arremete otra vez contra los distintos estamentos de la sociedad mexicana.

Marin, el animal fabuloso figura el tiempo del instinto, el *clinamen* o la voz en la que se aúnan la comida y la palabra, Morales lleva esa figuración al extremo. En *El gallo pitagórico* el "descenso" al cuerpo animal –ese descenso o reducción del ser a sus funciones biológicas básicas– alcanza un segundo nivel: por la boca del gallo no sólo habla Pitágoras sino también la voz hipotética de la razón animal, que lo primero que entiende es el mensaje del estómago lleno y el abrigo. En este sentido, puede decirse que Morales lleva al animal fabuloso y su lucha por la supervivencia a nuevos terrenos argumentativos.

El hambre en el México de Santa Anna no es un argumento menor,[77] y Morales recurre sistemáticamente al contraste entre la situación desesperante de los empleados y las clases más bajas y la indiferencia (cuando no franca desidia) del gobernante, pero también de los militares e intelectuales que lo secundan. En el número tres del periódico, especialmente dedicado a la comida, al hambre y a la miseria como metáforas extendidas por todos los estamentos sociales, amenaza el gallo:

> no hay cosa más inquieta que unas tripas vacías. Todo el día y toda la noche gruñen; mas ni por esas. Para ellas nunca hay paz, ni tranquilidad. Bien sea que el armígero Marte en su sanguinoso carro recorra los campos del Anahuac; bien sea que la encantadora paz, sentada en la nevada cumbre del *Popocatépetl*, dirija sus vivificadoras miradas por la vasta extensión de la república, las barrigas de las mencionadas personas siempre están en guerra *intestina* [...] pronunciándose en contra del hambre, y en favor de la comida. ¡Infelices! Está decretada vuestra muerte en el libro de los destinos…Moriréis de muerte *adminícula y pésima*. (135-36, énfasis original)

En este fragmento pueden verse en acción varios de los procedimientos típicos de Morales, que trascienden lo puramente satírico: el uso de la metáfora extendida, el absurdo que provoca el colocar en contraste los tropos neoclásicos con el paisaje de México; el juego de palabras

---

[77] El hambre tampoco era un tema menor para Morales, si nos atenemos a las desventuras de su biografía. Cuenta Monsiváis que en su época de estudiante vivía en la más extrema pobreza pero prefería enviar sus alimentos a su padre. "Sus compañeros quieren ayudarlo y él no lo permite. En 1812, días antes de pronunciar un discurso académico, se enferma, víctima literal del hambre. Con dificultades, salva la existencia pero la salud frágil ya no lo abandonará ni la invalidez del lado izquierdo de su cuerpo" ("Juan Bautista Morales" 74).

que apela al sentido literal y figurado de ciertas expresiones. Todos estos procedimientos contribuyen al efecto humorístico, pero la burla está especialmente lograda en el contraste que hace Morales entre el vocabulario político de la época (*pronunciarse* es, en este contexto, levantarse en contra del poder) con las acepciones más literales, más corporales de las palabras. Es este realismo lo que distingue al texto. Si con frecuencia la pluma romántica equipara a la nación a un cuerpo, Morales se burla de la analogía y designa algo mucho más urgente: la guerra que se lleva a cabo todos los días en los cuerpos de sus habitantes.

Es interesante también detenerse en su uso casi didáctico de las cursivas. No sólo conducen al lector a prestar atención a la metáfora extendida que se quiere resaltar –"intestina", el tropo o lugar común con que se designa a una guerra civil es aquí tomado en su sentido literal, refiriendo esta vez a las tripas–, Morales también las usa para marcar las referencias letradas que pululan en el texto. Es más, si no fuera por las cursivas tal vez sería muy difícil recomponer aquí la referencia a *El Quijote* que los dos últimos adjetivos señalan. En efecto "adminícula y pésima" refieren al capítulo XLVII de la obra de Cervantes, aquel que cuenta cómo se portaba Sancho Panza en su gobierno de la ínsula Barataria. Justamente ese capítulo trata de la comida, más específicamente, de cómo el médico Pedro Recio le prohíbe comer a Sancho Panza a pesar de estar en su palacio de gobierno y frente a una mesa llena de manjares. El escudero termina encerrando al médico porque "si alguno me ha de matar ha de ser él, y de muerte adminícula y pésima, como es la de la hambre" (Cervantes 419).

El tropo del hambre alcanza su punto más alto en el número seis de *El gallo pitagórico*, en el que se lleva a cabo el juicio a "Cola de Plata" (el gallo que por fin encarna a Santa Anna) y a sus secuaces. Uno de los testigos presentados es el Hambre. Después de su testimonio, consigna el gallo filósofo que el juez Minos "echó la vista por la república y del montón de empleados, viudas, pensionistas & c., entresacó unos cuantos; [...] [y] mandó que les reconocieran las barrigas, y en efecto no se encontró una tripa entera, y aun se encontraron algunas barrigas en que ni señal había de que hubiesen tenido tripas" (*Gallo pitagórico* 413).

En esta escena puede advertirse aún con más claridad el uso que hace Morales del animal fabuloso y cómo éste siempre *funciona* frente al discurso de la ley (o, lo que es lo mismo, el de la letra). Al igual que Esopo, vemos a estos sujetos, a este pueblo mudo encarnado por "empleados, viudas, pensionistas" presentar como único argumento frente al poder el de sus tripas vacías. Mientras que del otro lado del estrado, "la Abundancia reinaba en las barrigas de los gallos que engordaban con los sueldos [del gobierno]" (413).

Argumento más que elocuente. Pero aquí, a diferencia de lo que sucede en "La vie d'Esope le phrygien" de La Fontaine, no hay una moraleja que transforme al débil (sea el gallo o el pueblo) sino que en este caso, el transformado es el propio Santa Anna, a quien, como castigo se lo convierte en el jabalí de Calidonia, "para que tenga en lo político y civil la propia suerte que aquél en lo físico" (421).[78]

La cuestión de la comida, del hambre y la palabra que encarna la figura del animal parlante está también presente en otros niveles (meta) textuales de *El gallo pitagórico*. No por casualidad, frente a esta situación de hambruna generalizada, el gallo en varias ocasiones sugiere a Erasmo "divertir el hambre con cosillas alegres" (137) o "hacer colación con un pedacito del prójimo" (114), es decir, propone sustituir a la comida por la palabra hablada. Esta sustitución –o, en palabras de Deleuze y Guattari, "esta disyunción entre el hablar y el comer" (33)– es en definitiva, la que realiza toda escritura. Pero en *El gallo pitagórico*, al igual que en muchas fábulas tradicionales, esta sustitución del comer por el hablar cobra un signo diferente. No sólo porque ya el discurso satírico constituye una forma de analizar, descomponer y, en definitiva, de "devorar" al prójimo; o porque Morales se alimente también de toda una tradición literaria evidenciada en esas cursivas que van marcando sus "bocadillos" eruditos, sino porque el animal –puesto a hablar en el centro de la polis– hace del cuerpo mismo el centro de su argumento y de su acción política.

---

[78] La referencia es al mito clásico en el que Artemisa suelta a un jabalí desaforado que será perseguido y acribillado a flechazos por varios de los héroes de la época olímpica (de Atalanta a Meleagro, pasando por Peleo).

Conspiraciones de esclavos y animales fabulosos

Es esta política animal o la insistencia en cierta animalidad política el principal hilo conductor de la invectiva de Morales contra el gobierno de Santa Anna. Pero este hilo tiene varias bifurcaciones. Animalizar al oponente es fácil: toda la convención fabulística, con sus analogías entre el reino animal y las virtudes y vicios humanos, lo habilita. Morales utiliza este recurso sólo en los últimos números del periódico, cuando es claro que su oponente, ya en proceso de caída, no puede iniciar represalias y entonces se lo puede pintar cómodamente como a un gallo de pelea (número VIII, 389-418) o como al mítico jabalí que será cazado por un conjunto de valientes (número VIII, 419). Por otra parte, humanizar al animal también es un camino ya transitado por la fábula. Es cierto que Morales utiliza los dos procedimientos. Pero también otros. *El gallo pitagórico* no nos habla nada más que de Santa Anna o de las costumbres decadentes del México de su época. En el proceso de hablar sobre todas esas cosas, la voz de la razón animal convoca a las fábulas políticas que, durante el Iluminismo, pensaron al soberano y el origen de su derecho de dominio. Así, *El gallo pitagórico* trasciende su propio carácter coyuntural para volver a decir o a escribir esa fábula fundamental: la que nos recuerda que la raíz de todo dominio es de alguna manera bestial y que frente a esto, la razón animal parece ser la única política posible.

Posible corolario: el animal soberano vs. el soberano animal

> *La política humana es bien sabida/*
> *pero de la animal no habló ninguno/*
> *llámenme, si tal mi canto suena/*
> *el poeta animal enhorabuena.*
>
> Casti, *Los animales parlantes*

En 1802 Giovanni Battista Casti publicó un largo poema "heroicocómico" titulado *Gli animali parlanti* en el que un congreso de animales se reúne para discutir la forma más legítima de gobierno. Escrito como una crítica a los abusos de poder de las monarquías, el poema pone en boca de cada animal distintas versiones de la política. Así los "doctos animales" van ensayando distintos gobiernos y analizando las virtudes y debilidades de cada uno. Al final, no logran ponerse de acuerdo y terminan en la anarquía, destrozándose entre sí: así fue, nos enseña Casti, como los animales perdieron la razón y el habla.

Más allá de las correlaciones previsibles entre animales y virtudes humanas (el can astuto, el asno ignorante, el lobo feroz) lo que Casti hace en este poema es volver a escribir toda la tradición fabulística occidental que empieza con Esopo y culmina con la fábula fundacional del Estado moderno de Hobbes.

De esa larga tradición literario-filosófica también se hace cargo *El gallo pitagórico*. Con frecuencia, se citan los versos de Casti como ilustración de una máxima o de una moraleja. Pero también al designar a Santa Anna como a un gallo gladiador valentón y asesino y al retomar la tradición del animal fabuloso, Morales está dialogando con un universo donde el sentido del animal paradójicamente logra ascender a la categoría de filosofía política y de enseñanza moral.

Colocar a un animal parlante en el centro de una sátira política permite estas operaciones. Es que no se trata solamente de que por el animal habla el más común de los sentidos (el de la conservación), sino de una clase diversa de sabiduría: la de siglos de literatura y tratados filosóficos que tienen en su origen animales fabulosos. Como ya vimos, hallamos animales en diálogo permanente por su vida –diálogo en el que la palabra difiere intermitentemente a la muerte– en las páginas de Esopo y La Fontaine, pero también los encontramos como actores y símbolos sintéticos de los pecados y las virtudes humanas en los *Emblemas* de Covarrubias y en la extensa literatura del Siglo de Oro español. Con referencia a Covarrubias, es interesante señalar que en sus *Emblemas* de 1640 el león aparece frecuentemente como figura del rey o del soberano. De hecho, vale la pena detenerse en el "Emblema 84" (Centuria I), que lleva el lema "Imperat, vt serviat" (el que reina, sirve). Lo adorna un grabado con la figura de un animal con cabeza de león y cuerpo de buey que posa su garra sobre la esfera del mundo. En los versos que lo acompañan, se lee: "El Rey parte es león, feroz y horrendo/ de quien el mundo todo está temblando,/ y manso buey, del medio cuerpo abajo/ nacido para el yugo y el trabajo". Más adelante, en el "Emblema

66" (Centuria II), Covarrubias destaca que el león "huye del gallo si le siente", sentencia que retoma en *El tesoro de la lengua* donde, al referirse a la simbología del gallo en la filosofía de Pitágoras, destaca que este animal "tiene una calidad y virtud oculta, que puesto en presencia del león, le hace huir no embargante que ambos sean animales solares" (575).

Más allá de esas resonancias que parecerían puramente simbólicas (cuando no arbitrarias de acuerdo con la naturaleza misma del emblema),[79] interesa este contraste entre el gallo y el león si lo pensamos no como una mera fuente para el apólogo sino como otra inscripción cultural de lo que luego será la operación conceptual que dará origen al Estado moderno. En el pensamiento filosófico-político de la Ilustración en torno al Estado, el soberano se presenta con tanta frecuencia como un animal "feroz y horrendo" que es preciso indagar un poco en esa metáfora. Derrida le dedicó a esta analogía todo un seminario en el que analiza cómo el soberano en la filosofía política occidental es equiparado a una bestia (sea un lobo, sea un león) que gobierna simplemente porque tiene el poder de devorar a sus súbditos. La cuestión del animal y lo político, del hombre y de la bestia en el contexto de la *polis*, la cuestión de la guerra, del Estado y de la paz no puede pensarse, entonces, sin recurrir a esta idea del animal feroz (que alcanza la máxima expresión en el *Leviatán* de Hobbes). Como ya vimos, la máxima "el hombre es un lobo para el hombre" funciona como fábula fundacional del Estado pero también como inadvertida ontología. Es más, destaca Derrida que en el pasaje de *El contrato social* en que se discuten las ideas de Hobbes y de Grocio, Rousseau rechaza ambas filosofías porque piensan al hombre como mero animal y al soberano como a una bestia y por eso proveen la inquietante imagen de "la especie humana [dividida] en rebaños de bestias, cada uno de los cuales tiene un jefe que le guarda para devorarle" (10).[80]

---

[79] Sobre la naturaleza arbitraria del emblema (en oposición a la alegoría), véase Panofsky (1957) y Fletcher (1964, 25n.).

[80] Derrida demuestra cómo Rosseau, a pesar de oponerse a esta "animalización" del origen de la política, también, de alguna manera, la avala en la serie de analogías que propone en su tratado al ocuparse, por ejemplo, del tema de la esclavitud (31-39).

El gallo pitagórico, más allá de su carácter contingente y coyuntural de "literatura polémica", vuelve a escribir, de alguna manera esta fábula. Ésa es la sabiduría fundamental del gallo que pronto pierde la voz de Pitágoras y habla sólo con la de sus tripas. En efecto, a medida que salen más números del periódico y va aumentando la tensión política en la ciudad de México, Morales va perdiendo de vista al filósofo griego y se va quedando solamente con el gallo. En un pasaje Morales escribe: "G.–Tendré paciencia, y haré bien; él me hará llorar, y hará mal. Porque ¿de qué puede ser responsable un pobre gallo á cuyo canto despierta el pecador?" (*Gallo pitagórico* 294). En otro momento, consigna el gallo que él no espera favores ni glorias literarias, porque "¿Qué quieres que espere un pobre Gallo?" (295). Hasta que llega el remate: cuando el gallo regresa de una temporada en el infierno (la referencia es al período que Morales pasó encarcelado por Santa Anna) y proclama la siguiente contradicción, que es una forma de admitir la victoria retórica y política del animal sobre el filósofo: "G- Como *desde que estuve en el cuerpo de Pitágoras* me habitué á filosofar sobre todo, no pude prescindir de esa costumbre con motivo de la ópera de los diablos, y á propósito de lo que cantaron los cuatro operistas principales, hice la reflexión de que aun en el infierno los que figuran como ministros no pasan de papatacho" (314-15, énfasis mío). Desliz o deliberado deslizamiento de Morales, ahora los roles se han invertido y es el gallo quien triunfa, quien habita el cuerpo de Pitágoras. La razón animal se ha apoderado del cuerpo del filósofo clásico y habla con su única ley: la de la conservación de la vida.

Más allá del modo satírico que permea toda su obra, Morales parece retomar con su animal parlante ese origen inquietante de lo político presente en las fábulas filosóficas de Hobbes y Rousseau. Fábulas que justifican el nacimiento mismo del Estado y "la cosa pública" siempre a partir de metáforas que conjuran el peligro del animal agazapado en el hombre sólo para volver a reintroducirlo en la excepcionalidad del soberano.

En efecto, en un juego de espejos que parece no acabar nunca, el soberano, al estar fuera de la ley, se equipara con la bestia: como bien señala Morales, a un animal no se le aplica ni "el derecho natural, ni el de gentes, ni el divino, ni el humano" (14), como tampoco se le aplican a un dictador como "Su Alteza Serenísima" Antonio López de Santa Anna. Señala Derrida que en ese estar afuera de la ley, el soberano comparte su lugar simbólico tanto con la bestia como con el criminal y "al compartir este estar-fuera-de-la-ley, la bestia, el criminal y el soberano adquieren un parecido problemático" (39).

Al resaltar esa semejanza entre bestia, criminal y soberano, Morales va más allá de sus críticas puntuales acerca de cómo se gasta el dinero de la Nación mexicana o cómo se corrompen sus costumbres. De a ratos fábula, de a ratos diálogo filosófico, pero siempre sátira corrosiva, *El gallo pitagórico* devuelve, tal vez inadvertidamente, la razón animal al centro de la discusión política. Quizás ahí está el secreto de su mayor efectividad crítica. Sin recurrir ni al ensayo ni a una argumentación programática, Morales, logra, sin embargo, desarmar la figura del soberano hasta desnudarla en su feroz investidura. Así en la voz del animal, en la fluidez del humor y en la falta de respeto por los géneros y las convenciones, *El gallo pitagórico* trasciende la forma de la sátira y la invectiva y se transforma en un pequeño tratado de filosofía política.

III. Anticipos del poeta animal: niños para la Argentina moderna en los Cuentos de Eduarda Mansilla de García

FABULAR NIÑOS

"Todo siente y habla en mis cuentos" declara Eduarda Mansilla –epitiendo en traducción el epígrafe de La Fontaine– desde la primera línea del prólogo a su libro de cuentos de 1880. Su ambición, confiesa, es producir en español ejemplos del "género literario de Andersen" y "vivir en la memoria de los niños argentinos", a quienes considera "críticos perfectos, de un gusto exquisito" (X-XI).[81]

Pero la frase no termina ahí. "Todo siente y habla en mis cuentos hasta una inerte jaulita dorada" escribe Eduarda Mansilla, cuando La Fontaine había dicho "Tout parle en mon ouvrage, et même les poissons" (49).[82] El desplazamiento del pez a la jaula no es un dato aleatorio. Mientras que las fábulas del francés (re-escrituras de la tradición clásica) representan el esfuerzo del Iluminismo por inscribir una moral en el corazón mismo del sistema lingüístico (Marin 55-84), los cuentos de Eduarda Mansilla recorren otro camino: el de la sensibilidad y sus desbordes, el de la emoción y su dulce disciplina. Jaula dorada llena de arabescos, verdadero palacio para el pájaro que ha de habitarla, ese objeto inerte que abre el prólogo puede leerse como símbolo del libro entero.

---

[81] Todas las citas de los cuentos pertenecen a la primera edición de este libro, publicado por la Imprenta de la República. Aunque la edición lleva estampado el año 1880, los cuentos llevan fechas individuales que van de 1879 hasta 1880 y el prólogo está fechado el 20 de enero de 1881. En las citas, he normalizado la ortografía.

[82] La cita completa: "Je chante les héros dont Esope est le père; / Troupe de qui l'histoire, encor que mensongère, / Contient des vérités qui servent de leçons. / Tout parle en mon ouvrage, et même les poissons: / Ce qu'ils disent s'adresse à tous tant que nous sommes; / Je me sers d'animaux pour instruire les hommes" ("A Monseigneur le Dauphin" 49)

La jaula dorada nos habla no sólo de la disciplina de la sensibilidad, sino también de modelos morales para los niños argentinos y de las pautas de comportamiento sexual y social para las niñas que quieren llegar a ser mujeres. Ya desde el objeto precioso que siente y se emociona, advertimos, entonces, que este conjunto de relatos es muy diferente al género de La Fontaine o de Andersen. La sustitución del animal por la mercancía, de la naturaleza por el artificio convoca un pasaje que Baudelaire (en su lectura y re-escritura de Rousseau) había ejecutado unos años antes;[83] gesto que en el contexto hispanoamericano, anuncia el movimiento que el Modernismo todavía tardará unos años en hacer. Que Eduarda Mansilla lo condense "inocentemente" en un libro para niños no deja de ser una osadía que sus contemporáneos (con excepción de Sarmiento) eligieron ignorar.[84]

Eduarda Mansilla era muy consciente de su atrevimiento. De ahí, las falsas disculpas que ofrece en este prólogo, amparándose en la figura de los niños (claro que luego de haberse colocado en línea con conocidos escritores europeos). No es la primera vez que recurre a la máscara. Sus dos primeras novelas aparecieron con el seudónimo de Daniel García (que luego sería el nombre de su cuarto hijo) y firmaba sus artículos en *El Plata Ilustrado* como Alvar o Alvear (Barcunsky 71). Pero en los *Cuentos*, ya hay otra consciencia de la máscara, otra ironía. En un guiño que parece más destinado a sus colegas masculinos, que a sus pequeños lectores advierte Eduarda Mansilla: "Cada uno de mis cuentos [...] lleva

---

[83] Sobre el juguete y la mercancía en la obra de Baudelaire, véase la introducción de Marilyn Brown en *Picturing Children Constructions of Childhood between Rousseau and Freud* (2002).

[84] En un trabajo importante para esta revalorización, Gioconda Marún propone una re-lectura del Modernismo rioplatense a partir de las revistas literarias de la región, en las que puede leerse a una serie de autores que se adelantan al lanzamiento "oficial" de esa corriente literaria (tradicionalmente identificado con la llegada de Darío a Buenos Aires). Como apoyo a esta tesis, Marún dedica un pasaje de su análisis a la "La jaula dorada", publicado en *La Ondina del Plata* en sus números del 2 y 9 de noviembre de 1879. Además de analizar los elementos modernistas presentes en este cuento, señala que Eduarda Mansilla se adelanta al propio Darío en su introducción de Andersen al español (87-89). Completan su argumento los analísis de cuentos de Eduardo Holmberg, Carlos Monsalve y Benigno Lugones, entre otros. A estos trabajos, hay que sumar los de Masiello y Lojo, pioneros en la revalorización de la obra de Eduarda Mansilla y su lectura como un cuestionamiento del paradigma "civilizador" de la Argentina del siglo XIX.

al frente el nombre del niño a que va dedicado. Es la imagen protectora que ha de servir de salvaguardia y aun de inspiración a mi pobre ingenio" (VII-VIII).

Volviendo a la jaula dorada, no es casual que la autora elija destacar en el prólogo al cuento más extraño del volumen. A pesar de la aparente modestia con la que está escrito este prefacio, hay que advertir que invocar a la jaulita dorada es también llamar la atención sobre su originalidad (la del objeto y la de la autora), otro valor que para la elite letrada del Buenos Aires del '80 se estaba transformando en el sinónimo de lo moderno. Atrás quedaban indios y cautivas; atrás los espléndidos hogares de provincia que Eduarda Mansilla misma idealizara en sus novelas, hogares que eran espacio de refugio y de crítica tanto de la civilización como de la barbarie (Masiello 99-105). Atrás, un siglo de políticas bestiales, de dicotomías obsoletas. Adelante, el abismo vertiginoso de lo nuevo, de la ciudad, del placer que provoca un objeto maravillosamente inútil. ¿Pero quien, si no Eduarda Mansilla podía atreverse a escribir en 1879 un cuento en el que una jaula con forma de pagoda siente y razona con lógica impecable y desea con pasión digna de una heroína a la niña que acaba abandonándola en un desván polvoriento?

El volumen no sólo es la primera obra literaria escrita para el público infantil que se publica en Argentina sino también de las primeras (si la pensamos en serie con el otro libro de relatos de la autora, *Creaciones*) en experimentar con lo fantástico y lo maravilloso.[85] Más allá de la prestigiosa genealogía en los que los coloca este prólogo (en la que, además de Andersen y La Fontaine, figuran Éduard Laboulaye y la condesa de Ségur), estos cuentos son difíciles de clasificar. En un contexto literario en

---

[85] Es más, *Cuentos* puede considerarse como un ensayo para los relatos recopilados en *Creaciones* (1883), que trabajan abiertamente con lo fantástico y lo onírico. Para la misma época, Eduardo Holmberg también estaba publicando narraciones fantásticas, construidas a partir del intertexto con la medicina y la biología. Aunque el discurso científico está presente en los relatos de Mansilla, no lo está desde la fascinación sino desde la inquietud. De hecho, Irene Chikiar Bauer (2013) sostiene que en algunos de ellos se constata "el miedo al avance de la ciencia y de la técnica" (131). Sobre *Creaciones*, véase Lojo (2002) y Castro (2002). También puede leerse un análisis más reciente e interesante de dos cuentos de ese volúmen en intertexto con el *Fausto* de Goethe en el ya citado texto de Chikiar Bauer. Sobre Holmberg y el nacimiento de la ciencia ficción, véase Nouzeilles (2000) y Marún (1992; 2002).

que el Costumbrismo domina y el Naturalismo hace furor –es la época de Potpourri (1881) de *Sin rumbo* (1885) y de los cuentos de Fray Mocho–, experimentar con la sensibilidad animal y sus consecuencias fantásticas no deja de ser una osadía. No es la primera que comete Eduarda Mansilla. Para 1880, ya había publicado cuatro novelas, se había casado con un diplomático perteneciente al bando opositor a su familia, había tenido seis hijos, viajado por Europa y Estados Unidos y compuesto (y publicado) piezas musicales.[86] Sin embargo, y a pesar de esta larga carrera que la colocaba, al menos en cuanto a producción y actividad, al mismo nivel que sus pares masculinos (aunque no todos podían citar palabras elogiosas de Víctor Hugo sobre sus primeras novelas),[87] Eduarda todavía tenía que pelear por un espacio en el periodismo cultural de Buenos Aires.

De vuelta de Europa y recién reinstalada en la capital, empieza a escribir para *El Nacional*, en donde publica notas sobre los temas más variados, que van desde bailes de sociedad hasta un reportaje sobre la Penitenciaria (Sarmiento, "Literatura argentina" 189). Como señala Masiello, la década del '80 coincide con un momento de mayor apertura de espacios de participación para la mujer y tal vez el ingreso de Eduarda Mansilla como columnista en ese periódico es un ejemplo de ese cambio. Sin embargo, conseguir ese lugar no le ha resultado fácil. Sarmiento mismo resalta que:

> Eduarda ha pugnado diez años por abrirse las puertas cerradas a la mujer, para entrar como cualquier cronista o reporter en el cielo reservado a los escogidos (machos), hasta que al fin ha obtenido un boleto de entrada, a su riesgo y peligro, como le sucedió a Juana Manso, a quien hicieron morir a alfilerazos, porque estaba obesa, y se ocupaba de la educación. ("Una sobrina de su tío" 276)

"A su riesgo y peligro": estas líneas de 1885 sorprenden por la claridad con la que el ex-presidente sintetiza la situación de las escritoras en esa época: no sólo el cielo de los machos les estaba vedado sino que la

---

[86] Sobre las novelas de Eduarda Mansilla, véase Masiello (1997) y Lojo (2007).
[87] Como señala Graciela Batticuore (1996), Eduarda Mansilla misma se encarga de resaltar estas genealogías. Invariablemente se citan los elogios de Víctor Hugo a *Pablo o la vida en las pampas* (publicada originalmente en francés). Además, Laboulaye había escrito el prólogo a esta novela.

calificación o descalificación de su escritura pasaba por la diferencia (los temas menores eran su área obligatoria) y, cuando la crítica a su estilo literario no encontraba asideros, los ataques no dudaban en desplazarse con una facilidad asombrosa a los atributos físicos de las autoras.[88]

Apunta María Rosa Lojo que la defensa de Sarmiento de escritoras como Eduarda Mansilla, Juana Manso o Rosa Guerra, lejos de ser condescendiente, constituye un rasgo de progresismo sin igual para la época. En efecto, el ex-presidente venía abogando por la educación y la participación social de la mujer desde hacía décadas. En lo personal, no dudaba en mencionar con nombre y apellido a sus admiradoras y llegó a prometer en ese artículo de 1885 que alguna vez escribiría una crónica que se llamaría "las mujeres de Sarmiento" en la que contaría la vida de "aquellas graves matronas, a quienes debí todo" y de "las jóvenes adeptas que me deben mucho y pudieran deberme más, si todas hubiesen comprendido que en ellas rendía culto a la mujer, como inteligencia más que como seducción de los sentidos" (277).[89]

Más allá de este alarde de sus dotes de seductor, Sarmiento dedica páginas muy serias a la obra de muchas de sus contemporáneas, pero es de Eduarda Mansilla de quien se ocupa con mayor frecuencia. Ya en 1879, destacaba la necesidad de contar con una cronista como ella en *El Nacional*, no sólo por sus "excelentes páginas", ejemplos de su "facultad de observación" ("Literatura argentina" 189), sino también porque su escritura representaba "una mano delicada y artística que nos haga sentir de nuevo, lo que escapó a nuestros groseros sentidos" (190).

Es cierto que en este comentario, el valor de la escritura femenina todavía está anclado en la diferencia sexual. Pero no hay que apresurarse a prejuzgar las apreciaciones de Sarmiento. En varios de sus artículos, queda

---

[88] El artículo de Sarmiento prosigue citando otros ejemplos y anécdotas de discriminación hacia la mujer, entre ellas, el episodio en el que tuvo que pelear con los "machos políticos" para que, en la ceremonia en la que se lo iba a investir como presidente, le permitieran llevar en el coche de gala del Gobierno Nacional a su prima hermana (276). Sobre este artículo y el tópico de "las mujeres de Sarmiento", véase Lojo (2010).

[89] Eva-Lynn Alicia Jagoe (2005) propone otra lectura de este patrocinio de Sarmiento de las mujeres escritoras. Véase la discusión que hace Lojo (2010) de esta lectura.

claro que considera que Eduarda Mansilla escribe distinto porque es mujer, lo cual le daría una sensibilidad especial, pero también es capaz de reconocer que sus cuatro novelas, sus obras de teatro, cuentos y artículos literarios "contienen el trabajo diario de una inteligencia, de un cerebro, como dirán los modernos, que está en actividad seis, diez horas al día, recapacitando hechos y buscándole á la prosaica vida argentina alguna esquina por donde darle relieve ó imaginarla bella" ("Recuerdos de viaje por Eduarda Mansilla de García" 344-45). La ausencia de marcadores de géneros en este comentario parece deliberada, dada la escasez de escritores que en la época pensaran a la mujer en términos neutros, es decir como "una inteligencia" o "un cerebro".[90]

Me detengo en estos comentarios de Sarmiento porque en muchos aspectos, él es, sin duda, todavía el mejor crítico que tenemos de los *Cuentos* de Eduarda Mansilla. En el momento de su publicación, les dedica una reseña detallada en la que expresa su admiración por el estilo y los aciertos del primer libro argentino en un área literaria que él no consideraba menor: la literatura para niños.

Hace tiempo que Sarmiento viene escribiendo sobre la necesidad de producir lecturas originales para los niños hispanoamericanos.[91] Ese tema es casi ubicuo en sus páginas sobre educación. El niño, su cuerpo,

---

[90] Incluso cuando Sarmiento cae en marcar la diferencia genérica, impresiona el tono inflamado de su defensa: "Una sola dama, ó mujer ó niña, en una gran ciudad, en un pueblo ilustrado, rico, noble, etc., que pulse esta lira de la inteligencia, que rompa el silencio, la ultimísima moda... y cuando suena, sin hallarla discordante no prestarla atención siquiera! Las diez tiranías que pesan sobre nuestra sociedad han reducido la condición de la mujer á creerse una flor ó un gigot, de manera que si no huele á azahares ó esta gordati, si no tiene bellas apariencias, ó se ha pasado de punto, ó no lo estará jamas, nada mas le queda en esta vida? ¡Quédale la murmuración! y el confesionario!
Vayan estos requiebros para hacer honor á la actividad mental de una dama, que honra las letras, con sus escritos y á su país con lo único durable y exportable, sus letras, muchos de sus libros excelentes, y todos inspirados por una razón madura, un corazón joven, y el sentimiento de lo bello y la solicitud de lo artístico" (345).

[91] Ya desde "Memoria sobre ortografía americana" (1843) se quejaba de la ausencia de lecturas adecuadas para los niños hispanoamericanos y deploraba la dependencia (tanto en España como en América) de las traducciones de obras francesas o inglesas para la enseñanza en las escuelas. Además, había traducido el manual francés "La conciencia de un niño" para su utilización como libro de texto en las escuelas chilenas y argentinas.

su mente, su imaginación y su moralidad o inmoralidad innatas son verdaderas obsesiones sarmientinas. Pero el tema del niño es también doloroso para el ex-presidente porque remite a su propio hijo, muerto a los dieciocho años. Unos años después de la publicación de estos cuentos de Eduarda Mansilla él también intentará, sin éxito, crear a un niño, es decir darle cuerpo y alma literarias a Dominguito. La biografía quedará inconclusa. Es que no sólo para el contexto literario del Buenos Aires del '80, sino para cualquier escritor en cualquier época, la aventura de crear un niño es una de "alto riesgo y peligro". Y allí es donde la osadía de Eduarda Mansilla termina de iluminarse por completo: ángel guardián, "crítico perfecto y exquisito", pretexto para la historia, pero sobre todo, ser complejo a medio camino entre lo animal y lo humano, ese niño es, en realidad, la creación más notable de su libro de relatos.

Problemas de género y moralejas

Cuentos reúne nueve relatos; en siete de ellos ("La jaula dorada", "Nika", "Chinbrú", "Bimbo", "Tiflor", "La paloma blanca" y "El alfiler de cabeza negra") predomina el elemento maravilloso, mientras que los otros dos ("Pascua" y "Tío Antonio") son de corte realista (el primero trata de la celebración de la pascua en Francia e Inglaterra, el segundo cuenta la historia de un esclavo "modelo").[92] Por su tema y su dimensión enunciativa (que combina el tejido de las acciones con máximas morales) pueden leerse como apólogos, tal como los define la autora.

Esta característica enunciativa, es decir, el predominio de la voz que inserta aseveraciones morales, quizás sea una de las razones por las que el libro ha recibido tan poca atención crítica. También la tendencia hasta hace poco dominante a descartar a la literatura infantil como género literario menor, compuesto por historias "más simples" o de

---

[92] "Tío Antonio" es uno de los pocos relatos de la literatura argentina que tiene a un esclavo como protagonista y merecería un análisis en sí mismo. Relata la historia del disciplinamiento de Antonio, que comienza siendo un joven esclavo díscolo y haragán y termina sacrificando su libertad para salvar a sus amos.

menor interés que la literatura destinada a los adultos.[93] Por otra parte, la historia de la infancia en Latinoamérica recién se empezó a escribir de manera más sistemática hace un par de décadas, y es un terreno en el que la investigación interdisciplinaria de médicos, historiadores y críticos de arte está revelando resultados interesantes.[94]

¿Cómo era ser niño en la Argentina de los '80? El libro de Eduarda Mansilla no puede contestar a esa pregunta, pero sí puede revelar ciertos modelos prescriptivos pensados para los niños de las clases más altas. De ahí que, al igual que en otros terrenos educativos (como el aprendizaje del francés y de la música), Eduarda Mansilla —miembro de esa clase, viajera y lectora privilegiada— recurra a la tradición europea para enmarcar sus relatos. En este sentido (el mismo que retoma Sarmiento en sus textos pedagógicos), este libro se hace cargo de la verdadera revolución en el pensamiento en torno a la niñez que representó *Emilio*, de Rousseau. Refiriéndose a esta revolución, señala Priscilla Robertson que "por primera vez en la Historia [Rosseau] logró que un gran número de gente entendiera que el tema de la infancia merecía atención, y, además, puso especial énfasis en el proceso de crecer antes que en el mero producto. Así, la educación de los niños empezó a verse como una parte importante del interés en el progreso típico de la época" (407). A pesar de que el momento que señala la invención moderna de la infancia también es un punto controvertido entre los historiadores, hay un consenso general (deMause [1974]; Rodríguez Jiménez y Manarelli [2007]; Pollock [2002]) en señalar al siglo XIX como "el siglo del niño", momento en el que en Europa se instala la idea romántica del niño como ser inocente que necesita ser separado de los adultos y protegido por el Estado del abuso

---

[93] Sobre la falta de trabajos críticos y las polémicas que genera el estudio de la literatura infantil en Argentina, véase Cabal (2000). Una idea del descuido de este campo de los estudios literarios latinoamericanos la da la tardía aparición de un diccionario especializado de autores que tome a toda la región como objeto. Sobre esto véase Weber (2010).

[94] Sobre la aparición "tardía" de los estudios sobre la infancia en Latinoamérica véase el ensayo de Bianca Premo (2008). Esta historiadora sostiene que, a pesar de que recién hacia la década de 1990 empieza a circunscribirse este campo de la historia como objeto en sí mismo, en realidad, los historiadores de la región estaban escribiendo sobre la infancia desde mucho tiempo antes, al escribir la historia de la esclavitud, de la mujer y de la ilegitimidad.

y de la explotación laboral.⁹⁵ Estas ideas, si bien tardan un poco más en instalarse en América Latina, son centrales para el proyecto modernizador de la elite política que domina la Argentina de los '80 y el libro de Eduarda Mansilla debe leerse como una inscripción en esa línea.⁹⁶

Educar al niño –como se proponen los cuentos de la condesa de Ségur o los de Laboulaye– es, entonces, el propósito declarado de estos *Cuentos*, de ahí que desde el punto de vista del género literario, Mansilla trabaje siempre en contrapunto con la fábula tradicional y el cuento maravilloso. Sin embargo, una lectura atenta, revela que no podemos afiliarlos completamente a ninguna de esas dos formas literarias. Como veremos, en muchos casos, estos cuentos trastornan las convenciones de estos géneros, y la moraleja anunciada al principio o esperada al final, muchas veces queda suspendida o puesta en cuestión por el elemento desestabilizador de la voz animal y por la crueldad con la que se conducen los niños en estos relatos.

---

[95] Esta extrapolación debe, sin embargo, tomarse con reparos. Señala Premo: "Los elementos que llevaron a la formación de una infancia moderna tal como los han identificado los historiadores –el surgimiento de la idea de inocencia asociada a la de juventud, la introducción de prácticas sociales de segregación de los niños del mundo adulto, la prohibición del trabajo infantil, la sustitución de caridad por bienestar social, etc. –no están del todo ausentes en la historia latinoamericana. Sin embargo, los fenómenos que sirvieron como catalizadores de esa noción moderna de la infancia (industrialización a larga escala, urbanización masiva y el crecimiento de una clase media influyente) se dieron en períodos posteriores o sólo en ciertas regiones de Latinoamérica. Más aún, es difícil sostener que fenómenos culturales que transformaron para siempre la experiencia de la infancia en "Occidente" (como la introducción, a comienzos del siglo XIX, de pedagogías inspiradas en la Ilustración, o la explosión de la publicidad destinada a los jóvenes consumidores a principios del XX) hayan tenido un impacto radical en las vidas de los niños en las regiones más pobres de América Latina. Si esas tendencias llegaron efectivamente a esos niños, seguramente lo hicieron en convivencia con costumbres, ritos, y pasatiempos indígenas, africanos, coloniales y católicos" (64).

[96] Donna Guy sostiene que la legislación y las políticas a favor de la protección del niño en Latinoamérica entran en vigencia recién durante las dos primeras décadas del siglo XX, momento en que el Estado comienza a tomar un rol activo en esta área, como respuesta al abandono, a la encarcelación o a la ausencia de instituciones públicas de beneficencia que caracterizaba a los siglos anteriores. Para el caso específico de Argentina, señala Sandra Carreras que "[l]os debates del Congreso Pedagógico de 1882 y la sanción de la Ley Nº 1420 de Educación Común en 1884 colocaron a los niños en el primer plano de la política argentina. La niñez fue volviéndose cada vez más objeto de control estatal y disciplinamiento social" (144).

Es necesario, primero, detenerse en cómo está construida la dimensión moral de estos relatos para luego pasar al análisis de la irrupción del elemento fantástico en estos modelos para la educación de los niños argentinos. En parte, el funcionamiento dislocado de la dimensión moral en los cuentos de Mansilla está dado por el doble contrato de lectura que el libro propone, pues las destinatarias primarias del mismo son las madres y las maestras y no los niños. Otro de los elementos que apunta a ese contrato de lectura son los epígrafes (en francés o en latín) que encabezan la mayoría de los cuentos. Como se verá más adelante, el funcionamiento particular de esta dualidad del destinatario (aunque convención habitual del cuento para niños, género que supone a los padres "lectores") hace aún más difícil la clasificación de estos relatos.

También Sarmiento concebía a las mujeres como el primer canal de transmisión de preceptos morales. En el prólogo a su traducción de *La conciencia de un niño* (1844), ya destacaba la necesidad de enseñar las reglas abstractas de la moral a partir de ejemplos narrativos:

> En cuanto á la moral, no la enseñarán mejor que la primera parte del librito, ni Curas ni Maestros de Escuela. Una sola institutriz puede enseñarla mejor, y es la madre con el librito mismo, prestando á las palabras el acento del amor maternal. La moral no se enseña con preceptos. Así es árida, estéril. Después del ejemplo, viene el cuento. (4)

Este prólogo va destinado, obviamente, "a las madres". Lo mismo sucede con el de Eduarda Mansilla, quien aclara que a pesar de que su ambición es "vivir en la memoria de los niños argentinos" (VI), sabe que debe "penetrar en el hogar por la puerta mágica de la fantasía" y desea

> que las madres encuentren en mis cuentos con que reemplazar a esos hoy olvidados, que en mi infancia contaba yo a mi anciana abuelita. El tiempo ha ido borrando los contornos de "*La Hormiguita, del Caballito de siete colores, de Juan sin miedo*", que hacían las delicias de otras generaciones infantiles. Feliz yo, si mis narraciones llegaran a popularizarse, reemplazando hasta cierto punto las ya olvidadas. (VI)[97]

---

[97] Además del prólogo y de los epígrafes y citas en francés, en inglés y en italiano, también las digresiones en las que la voz narrativa discute teorías científicas o pedagógicas son marcas claras

Llama la atención en esta cita la inversión de roles, otra de las osadías de la autora: no es la abuela la que contaba cuentos a la niña, si no a la inversa. Ya desde estas líneas pone Mansilla en cuestión los roles femeninos que la tradición patriarcal designa: las madres son las que supuestamente educan a los niños, pero la niña que cuenta cuentos a su abuela se ha transformado en escritora capaz de reemplazar a toda una tradición literaria. Por otra parte, el terreno del hogar, a diferencia de lo que sucede en sus novelas, ahora es abierto a la fantasía y se transformará en un espacio urbano, refinado pero también lleno de peligros. Con respecto al objetivo moral de sus relatos, dice la autora, hacia el final del prefacio:

> He tratado de familiarizar a mis jóvenes lectores, por medio de apólogos sencillos, con la idea delicada y profunda, que en la naturaleza todo vive, todo siente; y que el sufrimiento no cuenta sólo por la cantidad sino por la calidad, mostrándoles que la virtud debe ser amada porque es bella. Si mi fantasía se ha extraviado, voy en grata compañía. (VIII)

Extraña misión la de educar sobre y con el dolor (lo mismo hará Rodó en *Motivos de Proteo*). Y extraña máxima animista, pues abarca hasta a los objetos, la que se propone transmitir la autora a los niños: la idea de "que en la naturaleza, todo vive, todo siente". Fieles a este proyecto, cinco de los cuentos maravillosos del libro tienen como protagonistas a animales: "Nika" cuenta la historia de una laucha que se escapa de su hogar para entrar en el de los humanos y sufrir un destino fatal. "Chinbrú" es la historia de un mono del Chaco que cede al mismo y curioso ímpetu pero acaba en manos de un organillero italiano que lo tortura y finalmente le da muerte. "Tiflor" es la historia de un gallo que, privado de su harén de gallinas por culpa de un rival sueña con la venganza que termina haciéndose real cuando un zorro se despacha con todo el gallinero. "Bimbo" es la historia de un perro rechazado por su pequeña dueña cuando contrae la sarna para ser reivindicado cuando la

---

de un doble destinatario diferente al del cuento infantil tradicional. Por ejemplo, en "Chinbrú", interrumpe la historia para declarar: "No hay maestro como el dolor; si las madres no fueran madres, cuánto no alcanzarían de su prole con el sistema del educacionista americano Horacio Mann, que tanto recomienda el látigo (*even for girls*) (hasta para las niñas), que el Signor Battista exageraba con barbarie digna de un salvaje" (43, énfasis original).

niña queda desfigurada por la viruela. Por último, "La paloma blanca", uno de los cuentos más complejos del libro, contrasta el carácter opuesto de dos primas (una de ellas parece ser una paloma) en lo que puede leerse como una crítica brillante y desestabilizadora de los roles de género que prescribía la época. Los dos cuentos restantes están protagonizados, alternativamente por la famosa jaula dorada y por un alfiler. Por supuesto que ambos objetos sienten y piensan, pero, sobre todo, sufren.

A pesar de que todos estos cuentos tienen un elemento común (la animización de los objetos o la humanización de los animales), sería un error leerlos sólo como eso, es decir, entender al animal parlante o sensible como mero vehículo para modelar lo humano. Es cierto que todos esos cuentos tienen su aseveración o moraleja. Por ejemplo, en el caso de "Chinbrú" o de "Nika" la máxima a enseñar sería que la curiosidad o el rechazo a la autoridad paternal en el hogar sólo acarrea dolor. En el caso de "Tlifor", la moraleja sería la de no alentar malos deseos que luego se lamentarán, en el caso de "Bimbo" el castigo para la niña llega como corolario para quienes no entienden que la belleza no está sólo en la apariencia sino que debe amarse "la virtud porque es bella" (VIII).

Como ya vimos, la conexión del concepto de moral con el género de la fábula está dada por la presencia determinante en ese género de una máxima o aserción y por el hecho de que la trama y los personajes están supeditados a la moraleja que la resume (Todorov 35). Sin embargo, no en todos los cuentos de Mansilla encontramos esa sumisión de los personajes a la máxima moral que encarnan. En muchos casos, sobre todo en "La paloma blanca", el elemento fantástico irrumpe en medio del relato y relativiza la aserción moral. En otros casos, la moraleja está directamente elidida, como en el caso de "Tío Antonio", en donde se deja al lector la conclusión sobre el significado de esta historia de un esclavo abnegado, nacido "para vivir en beneficio de los demás" (178), y a quien la recompensa sólo le llegaría en un hipotético más allá.

Leer solamente la máxima moral abstracta que origina o destina estos cuentos sería perder de vista la complejidad con la que están construidos, así como su funcionamiento en tensión con la ideología dominante de la elite argentina del fin de siglo. Sin embargo, la lectura moral es el camino que ha seguido la crítica más reciente de este libro:

> El mensaje moralizador no se limita a presentar el clásico enfrentamiento entre el bien y el mal, con el merecido castigo para el malo. Eduarda quiere inculcar entre los pequeños otro mensaje no menos duro: la vida está formada por series de momentos placenteros y favorables, pero también por otros, consiguientes, en los que se imponen el dolor y la desilusión.
>
> Estos dolores no provienen necesariamente del castigo por la culpa cometida, sino que son consecuencia de las naturales propensiones del ser humano, representado por animales o cosas. Aunque la autora insista en que los animales y las cosas *sienten a su manera*, es indudable que las referencias son las personas. (Molina, "Los cuentos infantiles de Eduarda Mansilla")

Quizás el problema de la lectura que se concentra sólo en la didáctica de estos relatos es que no toma en cuenta las disonancias entre la moraleja y la dimensión diegética. Sólo explorando estas disonancias, podemos entrever los patrones de dominación patriarcal vigentes en la Argentina de su época y, entonces, todo el libro se ilumina como un gran laboratorio en el que los roles de género y de clase son modelados y prescriptos por la elite porteña para su propio círculo. Estos cuentos no hablan sólo de lo que es bueno o malo en abstracto (al fin y al cabo, la pelea entre el Bien y el Mal puede leerse también en una novela), sino también de cómo debían ser las niñas y mujeres, o los niños y varones en el Buenos Aires de fines del siglo XIX. Y más, aún de las sanciones sociales para quienes no encajaran en esos roles. De hecho, es debido a que el elemento fantástico desborda en muchos casos la intención moral, y es debido a que el vehículo del animal traiciona su funcionalidad, que podemos leer a estos cuentos como una crítica de la transmisión y repetición de esos roles y sanciones. Tal vez estos cuentos deben leerse en la misma línea que *Pablo, o la vida en las pampas*, que para Cecilia Corona Martínez constituye una "didáctica frustrada". Lo mismo sucede con este libro. De hecho, porque Eduarda Mansilla pierde la máxima moral en medio del relato y porque "se extravía" con demasiada frecuencia en la fantasía, es que vale la pena seguir leyendo sus cuentos para niños.

Hombres gallos, mujeres palomas: muñecas que lo pueden todo

Tal como señala Marilyn R. Brown, el estudio de la infancia y los discursos sociales que la rodean ha sido siempre un tema importante (si bien aún pendiente) en la agenda del feminismo (4). En muchos sentidos, ese estudio se puede considerar como una rama dentro de la historia del concepto de género como regulador de patrones y guiones sociales asociados a la sexualidad. Historiadores de la familia o del género como Ann Twinam, Elizabeth Kuznesof o Diana Balmori han contribuido con capítulos importantes a la historia del niño en Latinoamérica, aunque el foco de sus análisis varíe desde cuestiones de ilegitimidad, a temas de educación y representación. Lo mismo puede decirse de la crítica literaria, si bien es cierto que la historia de la literatura infantil en la región está aún por escribirse.

Sin embargo, los estudios de género proveen el marco para comprender que cualquier representación (sea visual o literaria) del niño y su mundo proyecta preguntas interesantes sobre el orden social de los adultos y puede revelar cómo se inscribe al niño en una política económica y sexual mayor que la aparente contingencia de ese universo supuestamente pueril en el que se lo representa (Brown 2).

En este sentido, los cuentos infantiles de Eduarda Mansilla pueden leerse en tres dimensiones: 1) como modulaciones críticas de los roles de géneros vigentes en la Argentina del '80; 2) como mini-reflexiones didácticas en torno al problema de las clases sociales; 3) como una reflexión mayor acerca de la condición humana y la cuestión de su animalidad. Estas tres dimensiones analíticas se combinan para dar una imagen compleja del concepto de "niño".

En cuanto a la primera dimensión, dos de los cuentos ("Tiflor" y "La paloma blanca") ejemplifican el trabajo que Mansilla hace con los roles de género y cómo el vehículo del animal parlante/ doliente y la irrupción de lo fantástico pueden transformarse en elementos de crítica que acaban suspendiendo la moralidad del relato. De hecho, la mayoría de estos cuentos pueden leerse como reflexiones muy agudas sobre la masculinidad y la feminidad normativas prescritas por la sociedad de la época.

Desde sus primeras líneas (con epígrafe de Virgilio), "Tiflor" nos pone en contacto con la cualidad lunar, capaz de descubrir las pasiones y amores de hasta el más "humilde insecto" (95-96). Pero el protagonista del relato es

> un ser animado, esbelto como espiga de alhucema olorosa, blanco como espuma leve del mar y triste como Werther en sus horas de desaliento sombrío. Es un gallo, joven y ya desdichado. No asome, lector amigo, a tus labios la sarcástica sonrisa; respetemos el dolor, que es siempre dolor, ya atormente con agudos, asesinos celos al amante de la suave Desdémona, ya oprima con férrea garra el estrecho corazón de un diminuto gallito de la raza de Banthan. (96)

Un gallo que siente como el joven Werther o como Otelo sin duda no apela a los niños sino a otros lectores. Pasajes como éste y digresiones aún más filosóficas irrumpen en los relatos de Mansilla con frecuencia. Son estas referencias y su ironía solapada los primeros elementos que ponen en cuestión la aseveración que supuestamente sostendría a la moraleja.

Pero volvamos a Tiflor. Adscribir sentimientos humanos a un gallo no es suficiente: si hubiera en este cuento una Desdémona y un Yago, aquí se acabaría el análisis. Lo que vuelve interesante a este particular espécimen es que, a diferencia de los personajes de Goethe y de Shakespeare, no sufre por la gallina de sus sueños sino por todo su harén, del que un nuevo macho lo ha desplazado. Antes de la llegada del rival, Tiflor era feliz:

> Seis preciosas gallinitas coquetas, vivarachas, sumisas y querendonas, vivían bajo su ley, estudiando sus caprichos, adivinando sus deseos, previniéndolos, con los brillantes inquietos ojos, fijos en la mirada fascinadora del venturoso sultán. Ni envidia estrecha, ni enojosos celos penetraron jamás en el ancho y bien ventilado gallinero, donde reinaba a su antojo el venturoso gallito. (97)

Más allá del orientalismo que sostiene el paralelo realizado en este párrafo, es obvio que Tiflor representa al patriarca cuya ley se obedece sin discusión. Sin embargo, Tiflor es un patriarca raro, no es el típico macho pendenciero, es un gallo blanco y joven; demasiado romántico, que "no sabía sino amar"; "pequeñito y bien formado como el diminuto héroe de

Musset" (102). De ahí que lleve un nombre feminizado. La referencia al héroe de Musset no puede pasar desapercibida al lector contemporáneo pues es la que da su arquitectura a todo el relato de Mansilla. Se trata de la fábula del héroe romántico que el francés tituló "Historia de un mirlo blanco" y relata los pesares de un pájaro de esa especie que, rechazado por su padre por ser de otro color, deambula por el mundo tratando de encajar en otras familias de aves hasta llegar a la conclusión de que en su rareza se encierra, en realidad, su valor y su genialidad. Dice el mirlo de Musset:

> – Ser un mirlo blanco –me dije– no es cualquier cosa, no es poco de pavo. Era demasiado tonto al afligirme por no encontrar a alguien semejante a mí, ¡ése es el destino del genio, es mi destino! Quería huir del mundo, pero ahora quiero sorprenderlo. Puesto que soy el pájaro sin igual cuya existencia niega el vulgo, debo, pretendo comportarme como tal, ni más ni menos que un fénix, y despreciar al resto de volátiles. Tengo que comprarme las *Memorias* de Alfieri y los poemas de Byron; este alimento substancioso me inspirará un noble orgullo, sin contar con el que Dios me ha dado. Sí, quiero incrementar, si es posible, el prestigio de mi cuna. La Naturaleza me ha hecho raro y yo me haré misterioso. ("Historia de un mirlo blanco" s/p)

El mirlo resulta finalmente engañado por una pajarita que se ha pintado para seducirlo. Toda esa historia es en realidad una fábula irónica sobre el genio estereotipado del poeta romántico, una fábula que también es un comentario sobre la masculinidad a partir del mundo codificado de las aves. En una sola línea, Eduarda Mansilla nos deja entrever el mismo comentario en su cuento para niños: Tiflor, gallo excepcional por su masculinidad demasiado sensible, es inevitablemente reemplazado por el macho color ocre, de "actitud arrogante; pero que no excluye la gracia" que "pasa revista a las bellas odaliscas", y es dueño de una cresta roja "de vastas proporciones" (100). Por si no queda clara esta alusión al falo, frente a tremendo oponente (que lo supera en tamaño y en virilidad), Tiflor siente "la superioridad incontestable de aquel rival que a su pesar admira y odia a la vez" (101). Obviamente, el gallo blanco estaba condenado a perder. La escena siguiente, la más lógica desde el punto de vista diegético, sería la de una riña de gallos. Pero Mansilla elige otro camino: el gallo romántico (arquetipo del poeta) se limita a cantar sobre una higuera y a desear cobardemente la muerte de sus infieles gallinitas. De este modo, su masculinidad "insuficiente", se desvía del enfrentamiento con el rival por el objeto amado y, por el contrario, se proyecta con furia asesina sobre el objeto mismo de su deseo. La invocación a Némesis se materializa en un zorro, que se despacha con todo el gallinero (rival incluido) en "una carnicería tan rápida como sangrienta" (105). Atormentado por los remordimientos, el destino de Tiflor es revelado en las últimas páginas del cuento: en lugar de cantar a la aurora, canta a destiempo, en el medio de la noche, canto "extemporáneo, que causa sorpresa a los niños y aun a los que no lo son" (109).

La moraleja de la fábula (la venganza es mala y sólo acarrea castigos sobre su perpetrador) no deja de resultar incómoda cuando no inapropiada. Porque, si bien la voz narrativa se esfuerza por dictar sentencias que guiarían la lectura hacia la enseñanza de la virtud –al pasar se dice que Tiflor comprende que "la venganza ha superado a la falta" (106) y el cuento cierra con un "Ay! del amante ofendido que invoca en hora fatal a la terrible diosa!" (109)– no logra, sin embargo, cristalizar unívocamente la moraleja. Más que un comentario sobre la venganza, todo el cuento es una fábula sobre masculinidades enfrentadas que no logran resolver el enigma del varón. Las únicas que parecen totalmente ajenas a la ferocidad del conflicto son las gallinas, a las que una ley u otra (un falo u otro) les da exactamente lo mismo. Tiflor ve cómo "sus coquetas odaliscas" obedecen al nuevo gallo, "vienen, van inquietas, presurosas alrededor del nuevo sultán" (100). Sin ningún tipo de reparo, "satisfechas, provocantes, pasan y repasan una a una con encrespado plumaje, alas palpitantes y ese expresivo inclinar del pico" (100) frente a su nuevo galán. A pesar de que las coquetas al final también son castigadas, el cuento no deja de iluminar también la capacidad de acción (siquiera ejemplificada por la indiferencia o la frialdad) de las mujeres aún cuando están sometidas a la ley de su dueño masculino. Si bien pueden considerarse víctimas "inocentes" de esa ley, la verdadera sanción del relato cae sobre el galán que no ha sabido luchar para conservar su gallinero.

Esta reflexión sobre la lógica que acarrea la ley del patriarca queda aún más clara en "Nika", la historia de una laucha, hija de una viuda, que abandona la seguridad del hogar para explorar el de los humanos y acabar ahogada por el niño del que se había enamorado. Al pasar, se dice que las tres ratonas (la madre, Nika, y su hermana Suca) vivían en "las cercanías de un mercado viejo, colocadas allí por el vigilante celo del padre ausente hoy y por disposición suprema de aquel, que no permite que caiga una hoja de un árbol sin su consentimiento" (16). Aunque el padre está muerto, su ley todavía pesa. Pesa también en la herencia, pues en sus hijas, la madre veía "reproducirse con extraña fidelidad las prendas relevantes del perdido compañero" (20). A diferencia de su hermana, Nika "no había heredado del arrogante Guitú ni el pelaje brillante ni la gracia hechicera [...] pero en sus ojitos relucientes, vivarachos, parecía concentrado todo el espíritu aventurero del autor de sus días" (20). Por culpa de ese espíritu, Nika se deja fascinar por los encantos del hogar de los humanos: flores artificiales, delicados, misteriosos jarrones de cristal; todo lo que revela "el lujo [y] el esplendor de la morada encantada" de los hombres (31). El espíritu aventurero heredado del padre (es decir, el desafío a la ley del hogar, lo que en Nika hay, en realidad, de naturaleza varonil) parece ser lo que el cuento sanciona en el final. En ese sentido, la moraleja (ya que la curiosidad mató, en este caso a la rata y no al gato) reafirma, además, el guión que corresponde a la niña que quiera llegar a ser mujer; un guión ya desde el principio dramatizado en el contraste entre las dos hermanas: obediencia y sentido común (Suca) en lugar de intrepidez y frivolidad (Nika).

Sin embargo, no hay que apresurarse a interpretar a esta fábula sólo como un signo más del conservadurismo de Eduarda Mansilla. Pues nunca alcanza mayor sutileza su escritura que cuando se ocupa de la sensibilidad femenina. En este sentido, el cuento más logrado (por su complejidad y su modernidad) es "La paloma blanca" en donde el elemento fantástico traiciona incluso a las intervenciones de la voz narrativa, caracterizada por su carácter conservador del orden patriarcal y de la femineidad normativa.

También este cuento parte de la oposición entre dos modelos de femineidad, pero esta vez las que lo encarnan son dos niñas: la "morenita" Elena, de "mejillas sonrosadas y vellosas" y Juanita, su prima inválida y jorobada (109). A pesar de su enfermedad, la voz narrativa insiste en que Juanita tiene un rostro perfecto, y una "cabeza angelical" adornada por cabellos crespos y dorados. Como los "querubines de Fra Angélico, Juanita, la Jorobada era bellísima!" (111). De Elena, jamás se dice que sea bonita, es "fresca y rolliza" (111), "de buen corazón" (112) y "algo machona" (114). Si a esto agregamos el vello en la cara, no hace falta mucho para concluir qué tipo de femineidad encarna Elena. Pero el contraste entre las dos primas no es sólo físico; ya desde el comienzo se oponen, además, sus personalidades.

"Yo quisiera ser pájaro, para volar en libertad de día y de noche" anuncia Elena en la primera línea. Mientras que su prima declara que ella preferiría ser una estrella, de esas "que están siempre en el cielo, fijas sin moverse y que alcanzo a ver todas las noches desde mi cama" (111). Elena se burla de este deseo con bastante crueldad porque, al fin y al cabo, "ser estrella debe ser cansado! Siempre inmóvil, siempre quieta", un sueño que repite por demás la situación de la prima inválida (111).

Elena tiene una institutriz inglesa (Miss James) y habla y entiende esa lengua. Invierte su tiempo en lecciones de baile, en correr y en saltar; mientras que Juanita no sólo no habla inglés, sino que se pasa el día con sus seis muñecas, para las que diseña, cose y borda impecables modelitos. A Elena esto le parece una pérdida de tiempo, pues las muñecas no sienten y por lo tanto ni siquiera saben o pueden agradecer los gestos amorosos de Juanita. Es más, cuando su prima sostiene lo contrario, la desafía a pinchar a alguna de sus muñecas para comprobar si sangran. La institutriz interviene, pero Elena rompe accidentalmente "con hombruna torpeza" la muñeca favorita de Juanita. Atormentada por la culpa, corre hacia su casa, donde la espera su tío, "gran cazador, que mucho mimaba a la sobrinita y repetía de continuo: 'Si fueras muchacho te llevaría conmigo a cazar; ya verías que buenos ratos pasaríamos juntos" (125). Aquí la narración abandona a Juanita y cuenta la historia de Elena y su especial modo de ser niña. Miss James y su madre consideraban que el tío "hacía mucho daño a su sobrina, tratándola como si fuera un varón" (125). Por supuesto que a Elena le encanta la idea de aprender a cazar y declara que está lista para ir a matar tigres. Los hermanos sugieren entonces que el tío la lleve al tiro de Paloma de Palermo. Pero el tío rechaza la idea por considerar que matar a "esas pobres palomas prisioneras" es un "ejercicio cobarde y estúpido" (126) y sostiene que él y Elena son cazadores de verdad, que prefieren "correr tras la presa y aun luchar para conseguirla" (126). Esa noche, Elena no puede dormir y se entretiene mirando los insectos que giran alrededor de la luz hasta que, por la ventana de su cuarto, entra por la ventana una enorme mariposa de noche que la invita a montarse sobre sus alas para que la lleve a ver "la caza infernal" (128). El monstruo la lleva a un bosque en donde la desafía a que demuestre su puntería. Le da un fusil y le señala unas cajas de madera. En esas jaulas, Elena ve multiplicarse al infinito la imagen de la Jorobadita tendida en su canapé de inválida casi como un bicho. Pero cuando la mariposa levanta la tapa de la primera caja, de ella sale una paloma blanca que es fusilada al instante. El monstruo le pasa el fusil a Elena y la increpa a que dispare a la siguiente víctima. Elena siente que no puede desobedecer y la paloma blanca cae muerta. Al día siguiente, ni bien despierta, su institutriz le informa de la muerte de Juanita que "no sobrevivió sino algunos días al terrible choque causado por la muerte de su muñeca" (137). El cuento se cierra con Elena asistiendo al entierro de su prima. En un árbol cercano se posa una paloma blanca y ella le dice a Miss James: "Esa palomita es ella, la reconozco, en ese cajón no queda nada". La voz narrativa consigna que la inglesa no contestó, "respetando la sublime ilusión de Elena" (140).

Esta síntesis apretada no hace justicia a la complejidad del cuento, uno de los más largos del libro (31 páginas) que, por su extensión, por su uso de la voz narrativa y por su estructura, podría considerarse como una pequeña novela. Las interpretaciones que habilita también son muchas. Siguiendo con el tema de este capítulo, sólo voy a concentrarme en el análisis de los guiones de género que actúan por detrás del relato y en cómo se resuelve el enfrentamiento entre los dos modelos de lo femenino planteados desde el comienzo. No casualmente, esta resolución o modulación de los modelos femeninos está trabajada a partir del uso de la muñeca y del animal.

Tanto Valérie Lastinger como Sylvie Mathé han llamado la atención sobre el rol central de las muñecas no sólo en la socialización de las niñas sino también en la literatura que puede leerse como comentario sobre la misma. El análisis de Lastinger consiste en una comparación de la función de las muñecas en la obra de Víctor Hugo y en la de la Condesa de Ségur. Específicamente se pregunta cómo el juego literario entre niñas y muñecas nos lleva a repensar la noción de género y sus modelos en la Francia del siglo XIX. Este cuento de Eduarda Mansilla puede leerse en la misma clave, incluso más allá de la filiación entre las dos obras que habilita la autora argentina desde su prólogo.

De hecho, el conflicto entre las dos protagonistas no sólo se desencadena por la discusión que tienen sobre las muñecas sino que es gracias a la muñeca que esa discusión fluye sutilmente hacia una discusión de los modelos femeninos que las dos niñas encarnan. Desde el comienzo, Elena le dice a su prima que jugar y coser para las muñecas es una pérdida de tiempo, pues las muñecas "son de yeso, de palo, de losa, de todo menos de carne [...] ni te lo agradecen ni lo saben" (115). Juanita está en desacuerdo. Sostiene que las muñecas agradecen en el simple acto de permanecer siempre bellas. Elena, que declara que aunque también tiene muñecas –aunque "para atormentarlas" según su institutriz (116)–, prefiere otro tipo de juegos, como el trompo y el barrilete, gustos que, acota la voz narrativa, le valieron "entre sus amiguitas fama que creo merecida de ser algo machona" (114).

El rechazo de Elena a las muñecas puede interpretarse como un gesto de crítica a la socialización de la niñas-futuras-mujeres de la Argentina patriarcal. El mismo Rousseau se había referido a los juegos obligatoriamente diferenciales de niños y niñas y a la relación casi simbiótica entre ellas y sus muñecas:

> Los muchachos anhelan por estrépito y bullicio, por tambores, peonzas, carricoches; las muchachas gustan más de lo que da en los ojos, y sirve para adorno; de espejos, sortijas, trapos, y mas que todo de muñecas: la muñeca es la diversión peculiar del sexo; aquí tenemos con toda evidencia determinado su gusto á su destino. En el adorno está cifrado lo físico del arte de agradar.
> (*Emilio* 25)[98]

---

[98] El argumento de Rousseau se completa de la siguiente manera: "Diréis empero: atavía su muñeca, no su persona. Sin duda; vé su muñeca, y no se vé á sí propia, no puede hacer nada

Para Rousseau, entonces, jugar con la muñeca es en la niña aceptación de su destino de agradar, es decir, jugar a ser la mujer que todavía no es. En esa aceptación de roles sociales, se origina, según el autor, la necesidad de educar de manera diferente a los niños de distinto sexo ya que "casi todas las muchachas chicas aprenden con repugnancia a leer y escribir; empero llevar la aguja lo aprenden siempre con mucho gusto [...] abierta esta primera senda, fácil es seguirla; naturalmente se suceden la costura, el bordado, los encajes" (26). Y, aunque unos párrafos más adelante consiente que "la sana razón pertenece igualmente a ambos sexos", consigna que a las niñas hay que someterlas a una disciplina mayor ya que "las doncellas deben ser vigilantes y laboriosas; no basta con esto, deben estar sujetas desde muy niñas. Esta desdicha, si para ellas lo es, es imprescindible de su sexo, y nunca se libran de ella más que para padecer otras más crueles [...] Toda la vida han de ser esclavas de la más continua y más severa sujeción" (28-30).

Teniendo en cuenta este intertexto, la osadía de "La paloma blanca" queda muchísimo más clara. Juanita encarna la materialización más perversa de ese discurso patriarcal que quiere a la mujer sujeta y ocupada en los labores de aguja. Por algo es inválida y su cuerpo está inutilizado, aunque su rostro es bellísimo y digno de admiración. Juanita es la muñeca perfecta, la que Elena, si quiere afirmar su libertad debe, necesariamente, destruir. Por algo en la escena del bosque, cuando ve las cajas llenas de palomas que esperan ser asesinadas, lo que ve en realidad son múltiples imágenes de su prima: "tantas cajas, tantas jorobaditas. Parecía la mágica repetición de numerosos espejos reflejando la misma imagen, o una serie de tarjetas fotográficas representando el mismo cliché" (133). Juanita, la muñeca cliché, la muñeca fabricada en serie, imagen diminuta de la mujercita perfecta es el estereotipo que el relato destruye más allá de su corolario moral.

Esta crítica al discurso patriarcal queda aún más clara en el momento en que irrumpe el elemento fantástico en el relato. Elena, la que juega al

---

para sí, no está formada aún, no tiene talento ni fuerza, no es nada todavía, existe toda entera en su muñeca, y en ella todo su deseo de agradar emplea. No siempre le vinculará en esta, que ya vendrá tiempo en que sea ella misma su muñeca" (26).

trompo y al barrilete, la que habla inglés y recibe lecciones de baile, la que sueña con ir a cazar con su tío, es interpelada por la mariposa-monstruo con la siguiente frase: "Sube sobre mis espaldas, *muñeca de carne*; voy a llevarte a ver la caza infernal" (128, énfasis mío). Un poco antes, Elena le había sugerido a su prima que, para probar si de verdad las muñecas sentían como los humanos, pincharan a alguna para ver si le salía sangre (115). Que la mariposa la llame luego "muñeca de carne" no deja de ser irónico: Elena va a cazar palomas, va a comprobar la sangre que brota del cuerpo del animal muerto, de la paloma o muñeca en exhibición que es, en verdad, su prima. Elena es otro tipo de "muñeca": aquella que siente, sabe, elige y persigue a su presa, aquella que cazará tigres, si lo quiere, aquella que lo puede todo, que todo lo consigue: incluso el deseo de volar y de ser libre como un pájaro con el que iniciara el relato.

Niños y juguetes: anticipos del poeta animal

Así como la muñeca es un objeto didáctico que el discurso patriarcal ha sabido usar para modelar roles futuros en las niñas (tanto el de mujer para agradar a la mirada masculina como el de madre), también podemos leer a los cuentos de Eduarda Mansilla como relatos en los que los animales, los niños y los juguetes juegan a ser hombres o mujeres.

Pero también el niño es un cuento, ya que, en tanto concepto, en tanto construcción cultural, es pensado como un texto previo sobre el que siempre se proyecta la figura del adulto. El niño que juega con su juguete o que habla con su mascota ha querido verse como un antecedente del adulto en sociedad y entonces la niñez sería ese período de ensayo en el que todos los guiones están aún abiertos, al igual que todas las sexualidades. Más aún, el niño sería el borrador del hombre. O el hombre en miniatura. O el hombre al que todavía no se le ha restado su componente animal. Por ese camino iba Sarmiento al pensar a la fábula de animales como el género ideal para la educación de los niños. Al comentar la aparición de *Apólogos*, del cubano Pedro Santacilia en México, dice: "el Apólogo es la novela del niño, poeta como el autor, como lo fueron todos los poetas antiguos, los niños del género humano personificando la naturaleza, haciéndola hablar, sentir, pensar como ellos mismos" ("Bibliografía..." 339).[99]

La equiparación del niño al hombre "primitivo" (hermanados en su supuesta tendencia "innata" a personificar o humanizar a la naturaleza) no es una idea privativa de Sarmiento. Lo salvaje y lo pueril eran pensados en ese fin de siglo como versiones imperfectas (cuando no radicalmente diferentes) de lo humano. Rousseau también se refiere a la cuestión al hablar del estado imperfecto del niño al nacer. En un pasaje de *Emilio* imagina qué horrible monstruo sería el ser humano si naciera ya adulto y bien formado del vientre de su madre: "no tendría más que una idea, la del yo; a esta referiría todas sus sensaciones y [...] este modo de sentir sería la única cosa en que de cualquier otro niño se diferenciase" (I, 64-5). Esta aberración (el hombre que nace formado y no tiene nada que aprender) representa para Rousseau "el estado de ignorancia y estupidez natural al hombre, antes de tomar instrucción alguna de la experiencia o de sus semejantes" (65). Este hombre librado a la única diferencia de su "yo", de su subjetividad, es una ficción de la "máquina antropológica moderna" que tan bien encarna el discurso de Rousseau. Señala Giorgio Agamben que esa máquina busca obsesivamente aislar lo animal en lo humano, desterrarlo, escindir al hombre de su naturaleza (*Lo abierto* 67-76). El paralelo de Rousseau entre el aprendizaje en el niño y en el animal sigue la línea de ese pensamiento (64-67). El niño que aún no es dueño del lenguaje aprendería, entonces, sólo a partir de la experiencia, de la mímesis, de la sensación, al igual que los animales.

En este paralelo entre el mundo del animal y el del niño reencontramos, con signo diferente, las fábulas de Eduarda Mansilla. Y por eso Sarmiento puede considerarse todavía como su mejor crítico, ya que en la reseña que publica en *El Nacional* en 1881, es este sentido de

---

[99] En este texto, Sarmiento revela tanto su inquietud por el misterio del niño (que es, por supuesto, inquietud por el misterio de lo humano, por lo que en el niño puede haber de animal y por lo que en él debe desaparecer para transformarse en humano) como tristeza por su hijo perdido (tristeza que, según declara Sarmiento en *La vida de Dominguito* da origen al arte mismo).

los *Cuentos* el que elige destacar, más allá de la función moral o educativa que cumplirían. Refiriéndose a "La jaulita dorada" dice Sarmiento:

> Eduarda, poniéndose en la situación de ánimo del niño que va a leer sus cuentos siente como él, y le atribuye como él, vida, penas y alegrías a la heroína al parecer inanimada. Qué contenta estará la jaulita, cuando la saquen a la luz [...]. Si al fin viene un gato y se come el canario que hacía sus delicias, ¿no podrá decir la niña que oye tan lamentable historia, que el gato quiso hacer anatomía del canario, puesto que ella también destripó no hace mucho su primera muñeca, para ver lo que contenía adentro? Este es el principio y la primera lección de la vida. ("Cuentos" 316)

Interesante paralelo entre el gato y la niña, entre la curiosidad animal y la del niño, ambas ancladas en la crueldad. Antes, Sarmiento había elogiado el animismo de este libro como uno de sus logros, ya que en el animismo, supuestamente, el niño nos mostraría cierta verdad del hombre, nos acercaría a cierta infancia histórica del hombre, es decir, al hombre primitivo. Esta idea, más allá del intertexto evolucionista que evidencia, también está en el ensayo de Baudelaire titulado "La moral del juguete". En este texto, el poeta francés intenta recuperar su propia infancia como un refugio frente a la alienación de la vida moderna y afirma que el juguete es la iniciación del niño en el arte. En "Un pintor de la vida moderna" (1863) llevará más lejos la analogía. Esta vez el artista moderno es quien pinta o escribe como niño:

> El niño ve todo como novedad. Nada se parece más a lo que se llama inspiración que la alegría con que el niño absorbe la forma y el color. El genio es la infancia reencontrada a voluntad... El salvaje y el niño testimonian, por su aspiración ingenua hacia lo brillante, hacia la majestuosidad superlativa de las formas artificiales, su disgusto por lo real que prueban la inmortalidad de su alma. ("Un pintor de la vida moderna")

La lectura de Sarmiento de estos cuentos infantiles va por el mismo camino. En otro pasaje destaca que lo maravilloso de estos relatos se condice con la tendencia de los niños (y del alma humana "que fue niño también en su origen") a huir de "todas estas *nuances*", o sea, de la realidad o del realismo (317, énfasis en el original). Niño y salvaje, entonces, ya sea por representar un estadio previo a lo humano, o por representar un estado al que el artista moderno intenta una y otra vez

191

regresar, son equiparados en el pensamiento del fin de siglo que dio origen al Modernismo latinoamericano.

Desde una perspectiva filosófica, también Agamben ha llamado la atención sobre la infancia como ese estadio (previo al lenguaje) en el que se funda la experiencia. "*Que el hombre no sea desde siempre hablante, que haya sido y sea todavía in-fante, eso es la experiencia*" (*Infancia e historia* 70, énfasis original). El niño, entonces, es la prueba de que el hombre no puede equipararse a lo lingüístico y por eso, en muchos sentidos, la infancia equivale al silencio. Silencio sobre lo humano y su misterio, país ignoto al que el escritor vuelve una y otra vez, con el aspa inútil del lenguaje.

Por eso Agamben continúa diciendo que para los antiguos, la infancia era ese misterio sobre el que era necesario callar (88). Y es en esta perspectiva que la fábula deja de ser un mero género literario: "[p]ues el hombre de la fábula se libera de la obligación mistérica del silencio transformándolo en encantamiento [...] de allí que mientras en la fábula el hombre enmudece, los animales salen de la pura lengua de la naturaleza y hablan" (90).

Es en este sentido que los cuentos de Eduarda Mansilla trascienden su vocación didáctica y se transforman en verdaderas fábulas modernas: hay en ellos una reflexión profunda sobre la experiencia, sobre lo sensible en todas sus dimensiones y potencialidades. En esto se alejan del *yo* romántico que presenta en otros relatos (Chikiar Bauer 129) y es justamente porque en *Cuentos*, los protagonistas son animales sensibles y dolientes. "Todo siente y sufre en mis cuentos, hasta una inerte jaulita dorada". La verdad de esta frase se ilumina con más claridad al leer estos cuentos más allá de sus torpes moralejas. Porque los que más sienten en ellos no son los niños sino los animales y los objetos. Como si la autora, fiel al dictado del Modernismo, buscara interrogar en los objetos y en los animales esa infancia del hombre ese momento de lo humano previo al lenguaje, marcado por el mundo omnipresente, inarticulado de la experiencia. Ningún otro cuento del volumen ejemplifica esto con mayor claridad que "Nika", la historia de la laucha que, al igual que el niño y el salvaje de Baudelaire, perece víctima de una fascinación por el artificio.

Teniendo en cuenta todo esto, la vocación didáctica de estos cuentos cobra otra dimensión. Ya no se trata sólo de ejemplificar narrativamente máximas acerca del Bien y del Mal, ni tampoco de criticar los patrones de dominación patriarcal de la Argentina de fin de siglo. Se trata de una profunda interrogación sobre lo que hay de humano en el hombre. Sólo entonces, hasta las muñecas dejan de ser objetos didácticos y cobran verdadera, inquietante vida. Sobre esto reflexiona, una vez más, Sarmiento en la misma reseña:

> Cuando la chica avanza en gracia, edad y gentileza, se eleva al rango de *niñita* y se la provee de una *muñeca*. Esto es, lo que la toga viril era para el adulto romano, la iniciación en la vida pública.
>
> En la vida femenil la muñeca es la toma de posesión de la naturaleza en los misterios del mundo imaginario. ¿Piensa la muñeca? Ya sé lo que contestará con desdén un estudiante de metafísica o de otra de las necedades que hacen aprender a los muchachos para atrofiarles el alma y hacerlos hombres y ciudadanos.
>
> No hablamos con esa gente, Eduarda y yo. (313-14, énfasis original)

Para Sarmiento, como para Eduarda Mansilla, la muñeca no es sólo la niña en miniatura con la que se juega a ser mujer. Es el símbolo de la infancia perdida, de ese estadio previo, irrecuperable, del ser humano antes de transformarse en "hombre y ciudadano". Tal y como lo señala Agamben, el juguete es lo histórico, la cesura entre el una vez y el ya no más (*Infancia e historia* 101-102). Los *Cuentos* de Eduarda Mansilla son reflexiones en torno a ese momento irrecuperable, inaprensible de la experiencia humana.

La laucha enamorada, aturdida por la belleza de los adornos del hogar urbano, animal humanizado sólo en este sentido de lo humano pre-lingüístico, no puede más que enamorarse perdidamente primero de una cocinera a la que imagina reina y luego de un niño hermoso que acaba ahogándola en una tina. La jaula de oro que resiente su destino en el desván hasta que un niño pobre la rescata de sus dueños ricos y la reivindica como su única, preciosa posesión; el mono que se aturde al probar por primera vez el pan (acto con el que sella su servidumbre); todos estos relatos participan de una reflexión profunda sobre lo humano. No es casual que en el mundo encantado de las fábulas de Mansilla los niños encarnen una versión particularmente cruel de la experiencia humana: más cerca del animal fabuloso que de sus padres ya afincados en el territorio de la ley social, estas niñas que destripan muñecas y repudian mascotas y estos niños que ahogan ratones son representantes inquietantes del paraíso perdido y reencontrado de la experiencia humana antes de lo humano mismo.

IV. Del animal fabuloso al animal político: hipocresía, esclavitud y (post) humanismo según Machado de Assis[100]

Machado, fabulista

Quizás no haya ningún otro escritor latinoamericano del siglo XIX tan en sintonía con la filosofía de la Ilustración que informa al género de la fábula como Machado de Assis. En su obra, abundan las referencias a La Fontaine[101] y muchas de las apariciones de animales en sus novelas iluminan en clave irónica la posición incómoda de sus protagonistas, quienes en vano intentan presentarse como sujetos soberanos en un mundo que se les resiste.

Pero en esa inclusión de la dinámica hombre-animal, Machado hace otra cosa. Como en tantos casos, también en éste *Memorias póstumas de Bras Cubas* divide aguas: Roberto Schwarz y Sidney Chalhoub han mencionado ya la importancia de la escena de la borboleta negra en esa novela. Chalhoub la considera en conexión con el personaje de Eugenia (la muchacha coja), y como una forma de crítica al darwinismo social que postula la eliminación de los sujetos "naturalmente" inferiores (*Machado de Assis* 113-17). Por otra parte, Schwarz lee este episodio en el que Bras se deshace de la mariposa negra como un ejemplo de crítica del dominio social basada en el favor, típico de la sociedad brasileña de la época; un dominio caprichoso, dependiente de los vaivenes de los ricos, que se extendería también a la naturaleza (Schwarz, *Um mestre na periferia* 92).

---

[100] Este capítulo debe mucho a Elizabeth Ginway, quien facilitó mi rastreo de las referencias a animales en la extensa obra Machado de Assis.
[101] Además de las referencias dispersas en crónicas y relatos, el fabulista francés aparece en *Ressurreição* (1872) en una alusión a la fábula "El astrólogo" (136); y bajo el apodo del "Homero Gaulês" en *Quincas Borba* (720-21).

Pero es en *Quincas Borba* (1890) en donde la relación entre hombre y animal cobra mayor importancia. La novela puede leerse, otra vez, como una crítica a las doctrinas darwinistas del fin de siglo. Doctrinas que además de reflexionar sobre la animalidad del hombre (encarnada en las figuras de sus posibles zoo-ancestros) también proporcionaban un nuevo marco en el que esa animalidad parecía revelarse con una luz nueva, una luz que iluminaba la lucha del Hombre por la supervivencia en el mundo, regido por la ley del "todos contra todos". Machado no hace más que burlarse del lugar incómodo en que esas doctrinas colocan al "animal político" aristotélico y, para ello, pone en boca del filósofo Quincas Borba la filosofía del "humanitismo". En cuanto al significado de esa filosofía, es famoso el pasaje en que Quincas Borba relata la muerte de su abuela bajo las patas de los caballos de un carruaje. Ante el horror de Rubião, el sabio determina sin mayor emoción que la muerte fue causada por el hambre del cochero:

> Se em vez de minha avó, fosse um rato ou um cão, é certo que minha avó não morreira, mas o fato era o mesmo; Humanitas precisa comer. Se em vez de um rato ou de um cão, fosse um poeta, Byron ou Gonçalves Dias, diferia o caso no sentido de dar matéria a muitos necrológios; mas o fundo subsistia. O universo ainda não parou por lhe faltarem alguns poemas mortos em flor na cabeça de um varão ilustre ou obscuro; mas Humanitas (e isto importa, antes de tudo), Humanitas precisa comer. (*Quincas Borba* 648)

En esta pequeña disquisición, perros, gatos y poetas son puestos en el mismo nivel en el discurso de Quincas Borba. ¿Acaso no es lo que Darwin mismo acababa de hacer, descentrando para siempre la voluntad de diferencia de lo humano? Pero Machado, al reducirlo todo a un problema de la cadena alimentaria, al problema de la supervivencia animal, reinscribe la teoría darwiniana como una fábula absurda sobre la vida moderna en la que hasta la poesía (la máxima expresión del *logos* que "humanitas" atesora como señal de su diferencia) desaparece bajo las patas de los caballos.[102] Es por eso que Rubião insiste en preguntar

---

[102] Esta equiparación del "humanitismo" a cierto darwinismo social aparece con mayor claridad más adelante en la novela, cuando Quincas Borba cuenta la historia de las dos tribus que pelean por las batatas, un pasaje que Roberto Schwarz ya ha hecho famoso en su análisis de la obra de Machado. Al respecto, comenta Juracy Assmann Saraiva: "O que constituem a metafísica, a

(y también nosotros, como lectores): "Mas que Humanitas é esse?" (8). En efecto, ¿qué hombre es ese? ¿Sigue siendo el de Aristóteles? ¿O el de Hobbes y Rousseau? ¿Qué hombre es ése que en su voluntad de dominio arrasa con todo el universo pero, a la vez, es susceptible de ser eliminado como cualquier otro animal? En esa pregunta sobre el hombre, la sutileza de la escritura de Machado no se limita a atacar puntualmente al darwinismo y a sus cultores sociales sino a todo el paradigma filosófico de la Ilustración europea.

De acuerdo con Vitória Saramago Pádua, en esta novela (monólogo disfrazado de diálogo entre Rubião y Quincas Borba, el perro que el protagonista hereda luego del filósofo homónimo), el animal funciona como un dominio vacío gracias al cual la subjetividad humana se confronta consigo misma en busca de su propia afirmación (79). Desentrañando el "humanitismo" predicado por Quincas Borba (tanto el perro como el filósofo) Saramago Pádua demuestra cómo en realidad Machado, más que criticar a las doctrinas naturalistas y positivistas de su época, en realidad está reescribiendo la vieja polémica entre La Fontaine y Descartes acerca del alma de los animales y de su lugar en un mundo a veces demasiado humano (84-87).[103] Quizás podemos plantear que además de criticar el poder y la voluntad de dominio del hombre sobre el animal, Machado, al poner en boca de Quincas Borba los postulados generales del humanismo que contradicen los de la Ilustración, acaba develando las inconsistencias de la condición moderna (al fin y al cabo Rubião enloquece) con especial maestría: "Humanitas é o princípio. Há nas cousas todas certa substância recôndita e idêntica, um princípio único [...] essa substância [...] esse princípio indestrutível é qué é Humanitas.

---

moral, a religião e a ciência, senão embustes para empanar a verdadeira condição do homem? – parece perguntar Quincas Borba. Anuladas essas diferentes formas de mentira, usadas para triunfar sobre a realidade de um mundo falso, contraditório e cruel, resta a Quincas Borba declarar a fórmula-síntese de sua própria teoria: 'ao vencedor as batatas', ao 'vencido, ódio ou compaixão' e a necessidade de 'levar a sua fome a outra parte'. Como aforismo representativo da seleção natural, que orienta as ações humanas, é um lema às avessas ou uma representação ficticiamente real de uma realidade tornada falsa pelas proposições religiosas e filosóficas" (66).

[103] Por supuesto, no es nada arbirario que en *Quincas Borba* sea un perro el animal elegido para este contrapunto. Machado retoma con esto toda la tradición de la filosofía de los cínicos que puede rastrearse en textos como *El coloquio de los perros* de Cervantes.

Assim lhe chamo, porque resume o universo, e o universo é o homen" (*Quincas Borba* 648).

Para desentrañar la ironía machadiana, hay que revisar el concepto mismo de humanismo. Tal como señala Foucault, el humanismo, en tanto discurso que se centra en el hombre o que centra al hombre en el discurso, ha tenido diversas caras en el pensamiento filosófico europeo y ha estado siempre en un estado de tensión con ese movimiento que se llamó a sí mismo "Ilustración". Basta decir que es un discurso que, a diferencia del que estaría basado en la razón, "ha estado siempre obligado a tomar asidero en ciertas concepciones del hombre tomadas prestadas de la religión, de la ciencia o de la política. El humanismo sirve para colorear y justificar las concepciones del hombre a las cuales se ha visto obligado a recurrir" ("¿Qué es la Ilustración?"). Haciendo esa distinción, Foucault opone a esa temática ética y religiosa del humanismo "el principio de una crítica y de una creación permanente de nosotros mismos en nuestra autonomía: es decir, un principio que está en el corazón de la consciencia histórica que la Aufklärung [Ilustración] ha tenido de sí misma" ("¿Qué es la Ilustración? s/p").

La tensión es, entonces, entre una filosofía que piensa en el hombre como especie, como conjunto (humanismo) y aquella que todo lo apuesta al individuo, al sujeto soberano, creador de su propia autonomía. La obra de Machado podría leerse como un aporte a ese planteamiento, como exposición de esa contradicción fundamental inscripta en el corazón de la Modernidad europea. Que, además, esa obra sea una reflexión sobre los modos especialmente absurdos que esas contradicciones adquirieron en el contexto brasileño no hace más que agregar complejidad e interés al debate. Incluso podría decirse que Machado, en lugar de buscar una solución para esos absurdos, construye una poética misma anclada en esas tensiones.

Quincas Borba no es el único texto en el que vemos este planteamiento. La pregunta por la animalidad del hombre y por la "humanidad" de los animales atraviesa muchos de los cuentos y crónicas de Machado. De hecho, es en la prosa breve en donde vemos surgir con mayor intensidad esta crítica al humanismo y su doble moral, crítica casi siempre encarnada por la figura del animal o por la del hombre tomado en términos de su más estricta biología. Más aún, es casi imposible escribir sobre los cuentos o las crónicas de Machado sin hacer alguna referencia a la presencia inquietante cuando no perturbadora de los animales en los mismos. Relatos como "Miss Dollar", en el que la perrita con ese nombre es causa de un amor lleno de equívocos (1869); o "Ideas de canario" (1899), una disquisición metafísica en la que un hombre tiene conversaciones profundísimas con su pájaro, quien, aparentemente, lo ignora; hasta presencias mucho más fuertes, como en "Conto Alexandrino" (1884),[104] donde las ratas se burlan del destino de los dos científicos prontos a ser sometidos a una vivisección, condenados por la justicia poética del relato a ser víctimas de su propia ciencia.

Como puede verse en esta breve enumeración, el animal no cumple una función unívoca en estos textos, sino que, en tanto recurso retórico y narrativo complejiza la lectura de los textos machadianos y revela sus múltiples niveles interpretativos. Más que hacer un catálogo exhaustivo, me interesa detenerme en una de las dimensiones de esa complejidad: la reescritura crítica que hace Machado de la tradición fabulística y que, a la vez, funciona como crítica al sistema de dominación racial y social del Brasil de su época.

A diferencia de lo que ocurre en sus novelas (dominadas por el narrador "volátil" que ya ha descripto con maestría Roberto Schwarz) en las crónicas y relatos de Machado esa crítica es mucho más frontal, sin por ello perder su característica ironía. Este abordaje frontal no es la única diferencia: señala John Gledson que en los cuentos de Machado aparecen de manera destacada "pessoas e grupos sociais que mais dificilmente teriam um tratamento adequado nos romances —criancas, escravos, agregados e moradores da ciudades" (59). No es casual, entonces, que la dinámica hombre-animal, secundaria o episódica en las novelas, sea frecuentemente el centro radiante sobre el que se construye una crónica o relato.

---

[104] Para una lectura reciente de este cuento en clave post-humanista, véase Granja (2009).

En las dos próximas secciones, me ocuparé de dos crónicas y un cuento en los que Machado utiliza la figura del animal en referencia al tema de la esclavitud. Por tratarse de textos entre los que median más de treinta años, el contrapunto entre ellos muestra cómo la equiparación del esclavo al animal adquiere alternativamente diferentes sentidos: mientras que en la crónica de 1871 el animal es apenas un recurso velado para referirse a la hipocresía de las clases esclavócratas brasileñas, en la de 1894 Machado va perfilando una crítica mucho más refinada hasta llegar al cuento de 1906 ("Pai contra Mãe") en el que la cuestión racial es abordada como parábola biopolítica en la que se plantea la lucha del animal humano por la vida.

El hombre en cuestión: monos, burros y esclavos en torno a la Flor

Investigadores y críticos literarios de distintas tradiciones han leído a las fábulas de animales como reflexiones sobre el poder y el origen del dominio legítimo. Como ya vimos, tal es la lectura que hace Louis Marin de la fábula del lobo y el cordero en la que La Fontaine inscribe la razón de la pura fuerza y de la violencia como la única legitimidad real del orden moderno. Derrida realiza la misma operación de análisis al releer en clave fabulística *Leviatán* y *El contrato social*. Yendo incluso un poco más atrás en la historia del género, críticos como Howard Bloch sostienen que la fábula en la Edad Media europea cumplió la función de allanar en las letras el traspaso de una dominación aristocrática hipervisible a la invisibilidad de la dominación burguesa. En esta clave, la insistencia de los fabularios de la época en relatos en los que los animales cambian de hábitat o de status daría cuenta de la transmisión de ciertos modelos de comportamiento para el nuevo orden.

¿Qué hace Machado con esta forma literaria que viene cargada de siglos de reflexiones, alegorías y didácticas en torno al poder y al orden social? Trastoca totalmente uno de sus elementos definitorios: la necesidad de la moraleja.[105] Es decir que el uso de la fábula que hace Machado no significa simplemente el transplante de una forma literaria al contexto brasileño. Todo lo contrario: fiel a los parámetros expuestos en su famoso manifiesto ("Instinto de nacionalidade" de 1873), son pocos los casos en que los protagonistas de estos relatos se encuentran en el Brasil del siglo XIX. Y sin embargo, no dejan de hablar del mismo. Ya Chalhoub ha demostrado cómo "O secredo do Bonzo", ubicado en Oriente, es en realidad una reflexión sobre las angustias raciales (y racistas) en la formación de la identidad brasileña (*Machado de Assis* 125-30). Como veremos, una crónica de 1894 ubicada en el Arca de Noé puede ser leída en la misma clave, sólo que esta vez la discusión en torno a la superioridad racial acaba en un caos de opiniones sobre las jerarquías sociales expresadas por los mismos animales.

En su trabajo con la fábula y la parábola, Machado no sólo reflexiona sobre el contexto brasileño sin referirse al mismo; también transforma la arquitectura interna de esas formas literarias. La eliminación de la moraleja (o la aparición de varios juicios morales en conflicto dentro del mismo relato) trastoca a tal punto las leyes del género, que acaba transformándolo en un verdadero instrumento de crítica política. De repente, en el universo ordenado, aseverativo de esta forma, nos encontramos con tantas voces en pugna que es imposible decidirnos por una interpretación didáctica y unívoca del relato. Esta transformación consiste, entre otras cosas, en dejar al lector librado a su propio juicio, solamente guiado por las balizas o señales que el narrador va dejando, cadenas de "alusiones maliciosas" (Gledson 48), en la que a veces resulta imposible recomponer cualquier tipo de enseñanza. Al igual que los científicos de "Conto Alexandrino", que aspiraban a hallar en sus vivisecciones animales el origen del "alfabeto moral" que movería a la acción humana, los lectores de la prosa machadiana acaban volviendo el escalpelo sobre sí mismos: una racionalidad que se cree soberana, una moralidad (una "ideología ética", diría Badiou) que se autocomplace en

---

[105] Adelto Gonçalves propone una lectura más ajustada a las leyes del género de otros textos machadianos que trabajan con la tradición de la fábula y la parábola.

su propia corrección, un humanismo que ni siquiera es una "idea fuera de lugar" sino una filosofía apenas protocolar, todo eso acaba desplomándose en este proceso irrespetuoso y singular de reescritura.

Como no podía ser de otra manera, en el Brasil decimonónico, cualquier reflexión en torno al poder y a la dominación implica una reflexión sobre la esclavitud. Y es en las crónicas y relatos que refieren a este tema en donde Machado realiza con mayor claridad su operación de desmonte. En esta sección analizaré cuatro textos pertenecientes a períodos diferentes de la producción del autor y que muestran cómo Machado va enlazando la figura del esclavo a la del animal, enlace que, como ya vimos, dialoga con toda la tradición fabulística de la Antigüedad y la Modernidad europea.

El primero de esos textos es una crónica fechada el 22 de octubre de 1871. Fue publicada en la sección "Badaladas" de *Semana Ilustrada* y firmada con el seudónimo de Dr. Semana. Aunque su contexto específico es difícil de recomponer,[106] basta decir que se trata, en principio, de una cuestión moral aparentemente alejada del tema de la esclavitud: Víctor Manuel, rey de Italia, acaba de dejar al Papa con sólo una parte de la ciudad de Roma, hecho que los diputados provinciales de Río de Janeiro condenan públicamente amenazando con romper relaciones con Italia. El artículo de Machado consiste en una serie de burlas entretejidas: se detiene, entre otras cosas, en los delirios de grandeza de los diputados provinciales y en citar las discusiones ridículas en las que diputados y columnistas debaten sobre qué santos tienen mayor poder en la jerarquía divina y si Roma hace al Papa o al revés. Pero en la mitad de la crónica –justo en donde el cronista se divierte señalando que la Virgen (o el marianismo) tiene más poder en Brasil que el cristianismo y que sólo hay

---

[106] La edición de Jackson de las *Obras Completas* de Machado de Assis la sitúa como perteneciente a *Semana Ilustrada* y aparecida bajo la sección "Badaladas". Sin embargo, y tal como advierte John Gledson, en esa sección escribían varios escritores que firmaban con el mismo seudónimo (Dr. Semana), lo cual pone en duda la autoría de varias de ellas (25-26). Incluso hoy en día, aún no contamos con una edición anotada de las crónicas completas de Machado, lo cual complica su interpretación. El mismo Gledson señala la urgencia de tal edición para una comprensión verdaderamente crítica de la evolución del pensamiento político de Machado.

que aguardar a que el Padre, el Hijo y el Espíritu Santo hagan pública su renuncia– hay una digresión abrupta que lleva la discusión a otro terreno.

Luego de anunciar el desvío con un: "A propósito...." (13), el cronista menciona un libro publicado en Portugal y titulado "*Novíssimo mez de Maria, ou mes das flôres*, coordenado pelo padre J.L.L" (13). Inmediatamente, declara que no ha leído realmente el libro, sino la reseña del mismo en un diario de Lisboa, reseña que contendría la siguiente fábula: en algún lugar de Venecia, en un tiempo indefinido, vivía un abogado malísimo y corrupto, enriquecido gracias a una serie de injusticias y quien, a pesar de todo eso, rezaba todos los días a la Virgen María. Por esta devoción, se habría salvado de la muerte eterna. Y aquí interpola el cronista: "Leitor sagaz, isto é um verdadeiro achado. Trapaceia como puderes, dá a tua facadazinha, e fica certo de que escaparás da morte eterna mediante uma oração á Virgem - é a receita más barata que se conhece...." (14). Tengamos en mente esta primera alusión de Machado al poder salvador de la hipocresía.

Pero la historia del abogado no termina allí. Nuestro cronista continúa citando, (aparentemente al pie de la letra) la reseña del diario de Lisboa. Parece que una noche, el abogado envilecido invitó a un cura a cenar; cuando el invitado llegó a la casa, su anfitrión lo sorprendió anunciándole que iba a mostrarle un prodigio jamás visto: "Eu tenho uma macaca admiravel, a qual me serve como um creado, lava os copos, põe a meza, abre-me a porta" (14). Como no podría ser de otra manera, el cura desconfía de tal prodigio. "–Veja– (lhe respondeu o padre) não seja essa macaca mais alguma cousa: faça-m'a vir aqui" (14).

Previsiblemente, la mona sirvienta resulta ser "alguna otra cosa": es el Demonio que estaba esperando a que el abogado se olvidara alguna vez de rezar a la Virgen para entonces llevárselo al infierno, tal como se merecía. El sacerdote conjura a la mona-demonio a marcharse de la casa (cosa que el animal hace rompiendo una pared y dejando un agujero que Dios no permitirá que sea reparado nunca), el abogado se convierte y cambia de vida y el cronista, perplejo, nos abandona con la siguiente reflexión: "Não explica o auctor do livrinho, nem a chronica dos capuchos, nem o jornal a que alludi, porque motivo foi Deus buscar para seu instrumento um demonio, podendo servir-se de um anjo, que era muito mais natural [...] São verdadeiros mysterios em que numca poderá metter o dente o Dr. Semana" (16).

Más allá de la oscuridad de las referencias en esta crónica, la presencia de una mona-esclava-demonio en el centro de un texto que discute la moralidad y la hipocresía de los diputados provinciales de Río de Janeiro no puede ser pasada por alto, sobre todo en el año 1871. Cuando se publica este texto hace apenas un mes que se ha votado la Ley de Libertad de Vientres que, como ya vimos en el capítulo sobre Alencar, encontró férreas oposiciones en el Congreso. Por otra parte, la comparación entre la figura del simio y la del esclavo formaba ya hace rato parte del imaginario racista del Brasil de la época. Sin embargo, al colocar Machado el episodio (sea en verdad reseña de un libro o de su propia autoría) en un artículo que se burla de los católicos cariocas, también se invierte el signo de la equiparación. Esa mona, ¿no será otra cosa? Es decir, ¿no será tan humana como el corrupto abogado? ¿O más aún, no será un espíritu tutelar, némesis de su hipocresía? Que al final resulte el demonio no deja de ser otra inversión interesante, sobre todo si tenemos en cuenta la posible referencia a la obra de teatro de Alencar *O Demônio Familiar* (1857). Sólo que en el caso de la crónica de Machado, la mona esclava no viene a corromper las costumbres o a trastocar el orden patriarcal del hogar supuestamente respetable de la clase dominante nacional (función que, en efecto le cabe a Pedro, el esclavo en la comedia de Alencar) sino todo lo contrario. Presencia silenciosa que también puede ser un ángel (*daemon* = espíritu divino), aguarda el momento preciso para denunciar y vengar la hipocresía de su señor. De hecho, el hueco en la pared que jamás podrá repararse admite también una interpretación simbólica, de signo ominoso para la nación brasileña.

Esta denuncia de Machado de la hipocresía de las clases dirigentes –hipocresía casi siempre barnizada por la religión o por cierto humanismo protocolar– puede rastrearse en varios de sus textos. Esta crónica es sólo un ejemplo de esa denuncia en clave paródica, un llamado de atención a esos diputados tan preocupados por exhibir un catolicismo de gestos hiperbólicos con el que creen redimirse de la aberración de la esclavitud, con el que buscan "salvar" el hecho de que conviven diariamente en el interior de sus casas y haciendas con una afrenta diaria a los principios básicos de la moral "humanista".

De hecho, varios investigadores (Chalhoub [2003]; Gledson, [2006]) concuerdan en que 1871 marcó un cambio profundo en la producción literaria de Machado. Chalhoub rastrea cómo el trabajo cotidiano de Machado en los tribunales del Ministerio de Agricultura –trabajo que lo ocupó entre 1873 y 1876 y en el que tuvo que decidir puntualmente sobre casos concretos de aplicación de la Ley de Emancipación[107]– fue determinante para el viraje literario del novelista. Fueron años en que se estaban debatiendo los nuevos moldes sociales para el Brasil moderno y "Machado de Assis, funcionário e cidadão, terá de interagir com os 'novos tipos humanos' em formação, fazendo-se um romancista específico e original no interior desse proceso" (*Machado de Assis* 139). Puede decirse que las crónicas (tan ligadas a las batallas cotidianas del escritor y del funcionario) reflejan aún con mayor claridad esta interacción de Machado con los nuevos moldes humanos de la sociedad brasileña, así como también muestran el pasaje del tema de la esclavitud al problema de las nuevas formas de discriminación de los afro-brasileños en una sociedad con nuevas reglas de juego, con nuevas leyes de ciudadanía en las que, sin embargo, la exclusión no desaparece sino que adquiere nuevos disfraces y argumentos.

Me he detenido en comentar esta crónica (a pesar de su relativa efectividad estética y de la difícil recomposición de su contexto inmediato)

---

[107] Tal como apunta Chalhoub, el artículo 3º de la ley de 1871 instituía un fondo destinado a promover anualmente, en cada provincia, la liberación de tantos esclavos como fuera posible según los recursos del gobierno local. Desde su cargo en el Ministerio de Agricultura, Machado tuvo que decidir sobre casos de señores que usaban el fondo estatal para liberar esclavos inválidos, sobre casos de esclavos a los que se les negaba la *alforria* usando subterfugios de plazos y vencimientos, y otros casos de este estilo. Chalhoub demuestra cómo en cada una de esas oportunidades, Machado utilizó su lugar de funcionario en la burocracia estatal para favorecer a los esclavos (*Machado de Assis* 227-40).

porque muestra el germen de un procedimiento que Machado irá perfeccionando en textos posteriores: la mezcla de la tradición fabulística clásica y moderna con las formas bíblicas. Ya puede verse en este texto un primer experimento de inserción de los tropos bíblicos en una microfábula: el demonio encarnado por un animal doméstico, la admonición del cura, el final en el que los misterios del Señor no acaban de revelarse.

Tres textos posteriores (también relacionados con el tema de la esclavitud) aclaran mejor este procedimiento en el que Machado va combinando las convenciones de la fábula (la aserción, los animales parlantes o prodigiosos, la supuesta moraleja) con las de la parábola. Los textos van ganando en sutileza y complejidad, pues Machado va perfeccionando su estilo humorístico y haciendo blanco ya no sólo de la hipocresía de sus compatriotas sino de la voluntad de dominio y los delirios de grandeza de los humanos en general.

El primero de esos textos consiste en el diálogo del narrador con un burro, crónica publicada el 10 de junio de 1894 en *A Semana*. Ya han pasado algunos años desde la abolición de la esclavitud y nuestro cronista se encuentra con un asno en su jardín. El animal lo interpela con un habla inusualmente refinada y le pide que interceda por sus derechos y los de sus congéneres frente al abuso al que los someten los conductores de los tranvías de Río. A diferencia de lo que ocurre en *Quincas Borba*, en este caso, quién más habla, en verdad, es el burro y no el narrador, quien apenas interrumpe el monólogo animal con intervenciones que él mismo califica de hipócritas.

La referencia a *El asno de oro* de Apuleyo queda clara desde el comienzo del texto. No sólo por el nombre con que se bautiza al animal, sino porque el narrador confiesa que al verlo en su jardín, temió por sus rosas y por el prodigio asociado a ellas. Retengamos ese miedo del narrador para nuestro análisis, pues allí puede haber otra clave para entender otro tipo de hipocresía que la prosa de Machado critica con especial sutileza. Dice el cronista:

Estremeci, e –confesso a minha ingratidão– foi menos pela perda das rosas, que pelo terror do prodígio. Hipócrita, como me cumpria ser, saudei o burro com grandes reverências, e chamei-lhe Lucius. Ele abanou as orelhas, e retorquiu:

> –Não me chamo Lucius [...] Nomes só se dão a cavalos, e quase exclusivamente a cavalos de corrida [...] Burro da cidade, burro que puxa *bond* ou carroça não tem nome [...] ("10 junho" 610-11)

El miedo, entonces, es menos por las rosas que por el "terror del prodigio", es decir, por el posible efecto mágico de las flores sobre el animal, y por lo que podría suceder si el burro recuperara, eventualmente, su forma humana. Hay que recordar que una de las características salientes del texto de Apuleyo es que Lucio (el hombre que se convierte en burro y va pasando de amo en amo hasta volver a ser hombre gracias a la ingestión de unas rosas) aprende justamente sobre los dolores de la esclavitud.[108] Ya transformado en asno, es esclavo de los hombres y vive en carne propia las injusticias de la explotación. Pero también tiene ocasión de asistir como espectador privilegiado a la vida de los esclavos en las casas de sus señores. Entonces, que Machado coloque a un burro parlante en el jardín del cronista no es casual. El animal, en efecto, está allí para convencer al letrado de que escriba a favor de sus derechos. Pero los argumentos que utiliza son de lo más extraños: en lugar de referirse directamente al maltrato animal (siguiendo la línea de textos como *Black Beauty*,[109] por ejemplo), el burro (que, por ser empleado de los *bonds* ha aprendido el inglés antes que el portugués) pasa a enumerar casos de abusos que ha leído en los periódicos que los gerentes (ingleses) de la compañía de tranvías olvidan en los coches. Dice el burro que esos periódicos publican siempre las "sentenças dadas pelos tribunais londrinos, com o fim de mostrar que *os pobres e desamparados têm mais duras penas que os que o não são, e por atos de menor monta*" ("10 junho" 612, énfasis mío). La aseveración que he resaltado, ¿no será en realidad la máxima que la

---

[108] De hecho, en *El asno de oro*, el descenso a la condición animal es una iniciación esotérica. La ingestión de las rosas que le permiten al protagonista el retorno a la forma humana representa la iniciación en los misterios de la diosa Venus.

[109] Escrita en 1877, la novela de Anna Sewell consiste en la autobiografía de un caballo. El propósito de esta voz del animal humanizado es claramente didáctico.

fábula machadiana busca ilustrar? Una máxima que, sin duda, va más allá de los burros. Para el Brasil de 1894, argumentar que los pobres reciben penas desproporcionadamente severas en comparación con los ricos no es poca cosa. Todo lo contrario. La osadía de Machado queda aún más clara cuando el burro enumera los casos más notables de los tribunales londinenses: un hombre que maltrató a sus caballos hasta dejarlos morir de hambre obtuvo una multa de cinco libras, mientras que un hombre fue condenado a un mes de cárcel por dormir en un establo; una mujer acusada de vagancia recibió como pena un mes de prisión, mientras que un hombre que maltrató a sus dieciséis becerros recibió una multa de cinco libras. Lo que el burro plantea no es sólo que el maltrato animal recibe penas absurdamente bajas en la sociedad moderna. Al contrastar esos casos de maltrato con los de los desamparados urbanos resalta que ambos –animales y pobres– aparecen como absolutamente desprotegidos, cuando no totalmente afuera de la letra de la Ley.

Por si no quedara claro, un poco después, el burro hace explícita esta relación, al recordarle al narrador que alguna vez los esclavos estuvieron en la misma situación que el animal. Darwin, por supuesto, no está ausente del argumento: "Ainda uma vez, respeitável sehor, cuide um pouco de nós. Foram os homens que descobriram que nós éramos seus tios, senão diretos, por afinidade. Pois, meu caro sobrinho, é tempo de reconstituir a família. Não nos abandone, como no tempo em que os burros eram parceiros dos escravos. Faça o nosso *Treze de Maio*" ("10 junho" 612, énfasis original).

"Tiempo de reconstruir la familia": punteada de guiños humorísticos, la crónica argumenta por el derecho de los animales a ser tratados de forma ética; camino argumentativo que puede considerarse como un antecedente de las elaboraciones de nuestro propio fin de siglo sobre el animal y su supuesta incapacidad de constituirse como sujeto, de poseer un rostro que nos interpele éticamente (Derrida 2008). Pero lo interesante de esta crónica son las respuestas del narrador. En lugar de escribir un panegírico en favor de los derechos de los animales, Machado se complace en crear una voz hipócrita que tiene intervenciones como ésta: "Justiça, justiça, emendei eu como hipocrisia e servilismo" ("10 junho" 611). Porque ya desde el comienzo, desde que saluda al burro, confiesa el cronista que el acto del saludo es "hipócrita, como me cumpria ser" (610). Es que el narrador está demasiado preocupado por sus rosas como para de verdad oír la voz del animal parlante. Esas rosas, que el cronista cultiva "com amor, que me querem bem, que me saúdam todas as manhãs com os seus melhores cheiros, *e dizem sem pudor cousas mui galantes sobre as delícias da vida*" (610, énfasis mío).

Si nos atenemos a lo que sucede en *El asno de oro*, esas flores representan la iniciación en los misterios de Venus. Son una manifestación de la palabra mágica que permite que Lucio recupere su forma humana. Ya Machado había puesto en labios de Quincas Borba la metáfora de la flor para hablar de los poemas muertos en las cabezas de los poetas quienes, ante el efecto democratizador de las ruedas de un carruaje, no valdrían más que un gato o a un perro. En otras crónicas y cuentos reencontramos esta imagen de la rosa como símbolo del *logos* y de su máxima, inútil manifestación: la poesía. Por ejemplo, en la crónica fechada el 1ro de julio de ese mismo año, es decir, escrita apenas unos días después que la de nuestro burro, Machado imagina la escena de un hombre que, al igual que Noé, está encerrado en un Arca junto a un conjunto de animales salvados del diluvio. Los animales tienen varias disputas entre sí: el gallo se queja de no ser el único macho en el harem de gallinas; los cocodrilos y lagartijas discuten sobre la estirpe del lagarto; y el gato y el ratón no se ponen de acuerdo sobre quién ha iniciado la larga historia de violencia que los marca. Cansados del diluvio, "Noé", los animales envían a la paloma a explorar los alrededores (la escena está ubicada claramente en Río de Janeiro). La paloma regresa con una flor en el pico. Pero como en esta versión de la Biblia, los animales pueden hablar, el pájaro advierte: "As águas são ainda grandes [...] Esta flor não foi colhida de erva, mas atirada pela janela fora de uma arca, cheia de homens, porque há muitas arcas boiando. Esta de que falo, deitou fora uma porção de flores, colhi esta que não é das menos lindas" ("1 julho" 614).

Más allá de las alegorías que podríamos plantear entre el Arca y la nación brasileña,[110] interesa esta idea de un mar interminable en el que navegan barcos cargados de hombres frente a esta Arca en la que un Noé improvisado intenta gobernar sobre la anarquía animal. La flor, otra vez, nos habla de la diferencia humana. Dice el Noé cronista: "Examinei a flor; era de retórica. Nenhum dos animais conhecia tal planta. Expliquei-lhes que era uma flor de estufa, produto da arte humana, que ficava entre a flor de pano e a da campina. Há de haver alguma academia aí perto, concluí, academia ou parlamento" (614).

Con una sutileza única, Machado plantea en estas crónicas que he ido enumerando no sólo la inutilidad de los gobiernos (vaya este último guiño al parlamento brasileño) sino también la fragilidad de la diferencia humana, la inutilidad de la palabra y de sus más bellas producciones. La palabra, sea que adquiera la forma de la poesía (la flor de invernadero) o sea que adquiera la forma de la Ley, no entra en el Arca, no entra en la sublime anarquía del mundo animal. Será por eso que esa crónica en particular termina con "Viva o dilúvio! e viva o sol!" (614). Entonces, volviendo a la crónica sobre los derechos de los burros, la operación que Machado realiza en este texto es la de poner en cuestión la definición misma de lo humano, es decir, el privilegio de la palabra que, desde Aristóteles a Descartes, prevalece en la definición de su diferencia. La inutilidad de la rosa –de esa flor de retórica– representa la belleza imaginaria y la nostalgia por un orden (el orden animal) cerrado para siempre al animal político.

Como puede apreciarse en este recorrido textual, es la voz del cronista la que deja en suspenso la moraleja, la que altera la didáctica de la fábula tradicional y deja al lector con una pregunta irresuelta sobre la voluntad de dominio del ser humano. Es ese yo problemático, que rechaza la aserción y la enunciación aséptica de la fábula y decide implicarse en la asignación

---

[110] Un relato de 1882 y titulado "Na Arca" vuelve a trabajar esta analogía. En él, los hijos de Noé no logran ponerse de acuerdo acerca de cómo se dividirán la tierra una vez que se acabe el diluvio. Por supuesto, acaban a las trompadas y sin resolver nada. El relato no sólo es una reescritura de la fábula del lobo y el cordero de La Fontaine, también puede leerse como una alegoría amarga sobre el rumbo de la nación brasileña.

de culpas y de hipocresías el que funciona como principal instrumento de cuestionamiento moral. Por eso, más allá de su contingencia, del contexto brasileño puntual que motiva a estas crónicas, podemos leerlas como agudas reflexiones en torno a nuestro lugar en el mundo.

Machado, profeta: reinscripciones del animal humano

El trabajo de Machado con el animal como espejo de lo humano alcanza su expresión más cruda en uno de los cuentos de su último libro de relatos, *Relíquias de Casa Velha* (1906). Se trata de un cuento ambiguo y muy comentado por ser uno de los pocos que se ocupa directamente de la esclavitud y de sus dinámicas más crueles: "Pai contra mãe". En esta historia, protagonizada por un cazador de esclavos, el animal parlante desaparece de la escena: ahora es el hombre, tomado en términos de su más estricta biología (el relato escenifica la lucha por la vida y por el derecho a la reproducción) el que ocupa el centro de la historia. Podría decirse que el relato funciona como cierre de la reflexión de Machado en torno al hombre y su animalidad, en torno a su voluntad feroz de dominio, pero también en torno a las huellas que los siglos de esclavitud han dejado sobre la sociedad brasileña.

"'Pai contra mãe" cuenta la historia de Cândido Neves –un joven blanco y pobre de Río de Janeiro– quien, como "não agüentava emprego nem ofício" (660) decide dedicarse a la caza de esclavos fugitivos. Cândido se enamora de Clara, se casan y tienen un hijo pero la inestabilidad del oficio al que él se dedica determina que la pareja, progresivamente empobrecida, tenga que optar por entregar al niño a un hospicio. Cândido es el encargado de realizar la triste tarea. Pero en camino hacia el orfanato reconoce a una esclava fugitiva –Arminda– a quien persigue y da caza. La mulata –que está embarazada– se resiste inútilmente. Cândido la entrega a su amo, asiste impávido al aborto provocado en la mujer por la huida y cobra su recompensa, gracias a la cual logra conservar a su propio hijo.

Para entender la importancia de este relato en la obra de Machado, es necesario reponer el contexto mayor de *Relíquias de Casa Velha*, un libro de memorias armado, (tal como su autor lo explicita en su "Advertência"), sobre la analogía que equipara a la vida con una casa llena de reliquias y recuerdos. "Supõe que o dono pense em as arejar e expor para teu e meu desenfado. Nem todas serão interessantes, não raras serão aborrecidas, mas, se o dono tiver cuidado, pode extrair uma dúzia delas que mereçam sair cá fora" (*Relíquias de casa velha* 658). Machado elige abrir la puerta de esa casa con un cuento sobre la esclavitud. No es un dato menor, si tenemos en cuenta que Machado ha sido caracterizado por encarar el tema de la esclavitud sólo de modo tangencial en sus novelas.[111]

Pero en realidad no es sobre la biografía personal que se arman esas memorias, sino sobre la vida de la nación brasileña. Son sus reliquias las que se sacan al sol. La historia de Cândido se inscribe en ese pasado nacional que quisiera olvidar su episodio más cruel. Es más, Machado inicia el relato hablando de la esclavitud como si hubiera ocurrido en un pasado remoto. Dice el narrador "A escravidao levou consigo ofícios e aparelhos, como terá sucedido a outras instituições sociais. Não cito alguns aparelhos senão por se ligarem a certo ofício" (*Relíquias* 659). Pero la descripción de instrumentos de tortura y represión del esclavo que le sigue no está, en realidad, diegéticamente justificada. Es decir, estos aparatos no se relacionan directamente con la historia de Cândido. Ni siquiera con su oficio. Sin embargo, Machado invierte tres párrafos en un pequeño catálogo de los instrumentos utilizados para evitar la fuga o simplemente para el castigo de los esclavos: la cadena de cuello, la cadena de pie y la *máscara de-hoja-de flandres*. Las dos primeras —se entiende— estaban ligadas a impedir el movimiento o a marcar, estigmatizar al esclavo que había intentado huir y había sido recapturado. El narrador se detiene enigmáticamente en el último instrumento:

> [A] máscara [que] fazia perder o vício da embriaguez aos escravos, por lhes tapar a boca. Tinha só três buracos, dous para ver, um para respirar, e era fechada atrás da cabeça por um cadeado. Com o vício de beber, perdiam a tentação de furtar, porque generalmente era dos vinténs do senhor que eles tiravam

---

[111] Es más, Trípoli señala que en este relato en particular, "Machado transgride o implícito comportamento de silêncio, no processo de esquecimento a que foi submetida a história da escravidão" (129).

com que matar a sede, e aí ficavam dous pecados extintos, e a sobriedade e a honestidade certas. Era grotesca tal máscara, mas a ordem social e humana nem sempre se alcança sem o grotesco, e alguma vez o cruel. (*Relíquias* 659)

La lucha entre el orden y el desorden aparece para justificar, esta vez, el uso de estos instrumentos de tortura. Es difícil no leer con cierta inquietud el paralelo que Machado hace entre esa máscara grotesca que reprime el cuerpo del esclavo y la institución de la esclavitud que "ordena" la sociedad brasileña. Ese "orden" se invoca aquí como luego se invocará para explicar la "vocación" de Cândido. Pero lo que interesa en este párrafo es la analogía entre la máscara que silenciaba al esclavo y la esclavitud misma como institución: máscara grotesca y silenciada (y sólo "alguna vez cruel") con la que una clase ociosa construyó el "orden social" que daría origen a la nación brasileña.

Como señala Eliane Benatti de Freitas, debemos prestar especial atención a esta insistencia del narrador en la máscara. Él mismo interpola la siguiente advertencia, con la que pone en aviso al lector: "Mas não cuidemos de máscaras" (659), pista con la que, señala Freitas, se lleva al

> narratário a tentar entender qual o real significado da palavra máscara. Leva-o a se perguntar se é sobre a máscara usada para que os escravos perdessem o vício da embriaguez ou a máscara do próprio narrador, que assume o papel de um intelectual da época, quando, na verdade, é apenas mais um representante da sociedade dominante, aquele que vem na tentativa de tornar a opressão ao ser humano uma instituição moralmente aceita. ("Lei de Restituição...")

Todo el cuento está plagado de estas señales, de estas pistas del narrador que el lector debe ir recomponiendo. Es un verdadero ejercicio de desmonte de los argumentos hipócritas a los que la mentalidad de la clase dominante de la época recurría para justificar el sistema esclavista.[112]

---

[112] Benatti de Freitas realiza una enumeración de esas balizas: "Começa a questionar o cinismo escondido atrás de uma boa ação... '*e aí ficavam dois pecados extintos, e a sobriedade e a honestidade certas*'. O narrador já não o convence, pelo contrário, a cada palavra, vai deixando revelar-se como realmente é: cruel, bajulador e cínico. Por mais que queira se mostrar distante dos problemas que relata, apenas contando a história de Candinho, vai descortinando aos poucos sua intenção: '*o sentimento de propriedade moderava a ação, porque dinheiro também dói*'. Chega a utilizar-se de uma interjeição: '*Ora, pegar escravos fugidos era um ofício do tempo*' para conseguir a cumplicidade do narratário, para que este compartilhe, aceite, acate sua idéia, tenha os fatos como uma coisa natural".

Pero el tono humorístico característico de Machado contrasta en este relato con la gravedad del hecho narrado, especialmente por la resolución del cuento en la escena del aborto y la frase enigmática que lo clausura. En efecto, mientras Cândido abraza y besa a su hijo, su corazón le susurra la siguiente sentencia: "Nem todas as crianças vingam" (*Relíquias* 667), frase con la que el narrador elige abandonarnos a nuestra suerte interpretativa.

Primera disparidad entonces, esta vez entre tono y contenido, que está en consonancia con la lectura ya clásica de Roberto Schwarz (101) y su caracterización de la volatilidad del narrador machadiano. En esta misma línea, hay que entender a Cândido Neves como un personaje doblemente "fuera de lugar": su esfera no es el bosque (destino de los esclavos fugitivos que pasarían a integrar los quilombos) sino la ciudad;[113] y su status social de blanco pobre lo coloca en línea con lo que Schwarz ha llamado la "economía del favor" típica de la sociedad esclavista.[114]

Tal es el punto de partida del relato de Machado: esa clase parasitaria –Cândido no quiere trabajar, pues todos los oficios que emprende se le presentan como una afrenta a su orgullo– que se siente con derecho al ocio debido a la prerrogativa de su color de piel. Sobre ese hecho ironiza Machado incluso desde la onomástica ridícula que denota a Cândido y a su mujer como personajes doblemente blancos (*Cândido* –que también significa puro e ingenuo– y Clara, cuyo apellido termina de decirlo todo:

---

[113] En efecto, Cândido no es un "capitão do matto", que sería el típico personaje de esperar en una historia sobre un cazador de esclavos. Al colocarlo en la ciudad, Machado ya nos habla de una transposición interesante y al mismo tiempo ya comienza a retratar el "caos" de colores y sujetos que implica la sociedad de la post-emancipación. Caos que no está exento de ser visto como un espacio lleno de posibilidades insospechadas para los esclavos fugitivos y los afro-brasileños en general. Sobre el destino de los esclavos fugitivos, vale la pena consultar el trabajo de Ademir Gebara, quien relativiza el supuesto de que fuera la selva o el monte el lugar elegido y privilegiado para la fuga. A partir de su análisis de los diarios de las haciendas y de los avisos de recompensa en la prensa periódica, Gebara documenta que la ciudad permitía una mejor integración (y confusión) del fugitivo en el "mercado de trabalho livre e, por conseguinte, na comunidade, enquanto homem livre" (37).

[114] La economía del favor está representada en el cuento con las negociaciones que emprende el personaje de la tía de Clara, Mónica. Es tía Mónica quien "teve arte de alcançar aposento para os três em casa de uma senhora velha e rica, que lhe prometeu emprestar os quartos baixos da casa" (*Relíquias* 664-65), y también es quien, en el final perdona la vuelta del niño "uma vez que trazia os cem mil-réis" (667).

"Neves"). A tal punto resultan risibles como personajes que el mismo narrador se detiene a comentarlos: "A alegria era comum aos três. O casal ria a propósito de tudo. Os mesmos nomes eram objeto de trocados, Clara, Neves, Cândido; não davam que comer, mas davam que rir, e o riso digeria-se sem esforço" (*Relíquias* 662). Pasaje donde la ironía es doble, tanto por la referencia a la blancura de la piel como única posesión de estos pobres que no tienen ni para comer, como por la referencia a los alimentos que connotan esos mismos nombres. Para completar la ironía, el nombre de la esclava fugitiva (Arminda) también connota la blancura, pero esta vez la de un animal (el armiño) cazado y apreciado por su piel.

El cuento se centra, entonces, en esa clase social intermedia, cuya única posesión es la blancura, y cuyas pasiones y aspiraciones "fuera de lugar" intentan (sin éxito) darles un status acorde a las pretensiones románticas de la burguesía. En el pasaje que corresponde al cortejo entre Cândido y Clara advertimos la sonrisa de Machado ante un romanticismo degradado, vuelto casi grotesco por el contexto de esta clase de blancos pobres y frustrados pero aún con aspiraciones.[115] De Clara se dice que "queria casar, naturalmente. Era, como lhe dizia a tia, um pescar de caniço, a ver se o peixe pegava, mas o peixe passava de longe; algum que parasse, era só para andar à roda da isca, mirá-la, cheirá-la, deixá-la e ir a outras" (660), mientras que el narrador se ocupa de rematar su burla del cliché romántico consignando que el casamiento resultará en un "livro, que tinha de sair mal composto e pior brochado" (660).

En este sentido, "Pai Contra Mãe" es una crítica retrospectiva a la hipocresía de la clase dominante (encarnada aquí por el narrador) pero también a los absurdos de la sociedad esclavista, en la cual el trabajador libre debía competir con el trabajo del esclavo. Ya en 1875 ese absurdo —estigma del atraso del Brasil— era un argumento para el panfleto abolicionista de Joaquim Nabuco:

---

[115] Como bien lo señala Roberto Schwarz, muchos de los personajes pobres de Machado llaman la atención sobre la falta de una ética del trabajo en la sociedad esclavista. "Machado veía la otra cara de la moneda: en el medio de una era burguesa, el trabajo sin retribución ni paga alguna es el colmo de la frustración histórica" (96).

> [E]scravidão não consente, em parte alguma, classes operárias propriamente ditas, nem é compatível com o regime do salário e a dignidade pessoal do artífice. Este mesmo, para não ficar debaixo do estigma social que ela imprime nos seus trabalhadores, procura assinalar o intervalo que o separa do escravo, e imbui-se assim de um sentimento de superioridade, que é apenas baixeza de alma. ("O Abolicionismo")

Cândido Neves pertenece a esa clase de hombres "imbuidos de un sentimiento de superioridad", a ese mundo de blancos desclasados que se niegan a aceptar su condición de pertenencia al mundo del trabajo pero tampoco puede acceder al mundo privilegiado (siquiera el de la pasión romántica) de los blancos, doble condición de paria que pone en duda el tema de la aristocracia de la piel y que genera un amargo resentimiento. Sobre esa doble condición construye Machado su relato, en el que el estatuto del resentimiento se hace evidente una vez que se despejan las ocurrencias graciosas del malandro y el relato adquiere su tono serio, de lucha por la supervivencia.

Entonces, antes que trabajar, Cândido prefiere cazar esclavos. Ser libre del trabajo asalariado implica, paradójicamente, ocuparse de coartar la libertad de los esclavos fugitivos. Así justifica el narrador su elección:

> Ora, pegar escravos fugidios era um ofício do tempo. Não seria nobre, mas por ser instrumento da força com que se mantêm a lei e a propriedade, trazia esta outra nobreza implícita das ações reivindicadoras. Ninguém se metia em tal ofício por desfastio ou estudo; a pobreza, a necessidade de uma achega, a inaptidão para outros trabalhos, o acaso, e alguma vez o gosto de servir também, ainda que por outra via, davam o impulso ao homem que se sentia bastante rijo para pôr ordem à desordem. (*Relíquias* 659-60)

Sólo la última línea: "Un hombre que se sentía lo bastante rico como para poner orden en el desorden" deja entrever la burla del narrador, que resalta ese sentimiento de superioridad —esa "riqueza" del espíritu— como la "única" posesión del personaje. Así las cosas, los avatares de su oficio lo ponen en doble lucha con el esclavo: en tanto sujetos en competencia en el mercado de trabajo y en tanto sujetos que luchan por su libertad. La libertad de Cândido se reduce a la "libertad de no trabajar": "pegar escravos fugidos trouxe-he um encanto novo. Não obrigava a estar longas horas sentado. Só exigia força, olho vivo, paciência, coragem e um pedaço de corda" (663). Haciendo de esta doble lucha contra el esclavo el eje del texto, Machado aprovecha para introducir una serie de eventos risibles que aportan liviandad a la trama. Los esclavos fugitivos empiezan a escasear o ya no caen tan fácilmente en sus manos; movidos por el desempleo, otros hombres se consiguen un pedazo de cuerda y un buen ojo y se lanzan al oficio y, en su desesperación, Cândido captura primero a un esclavo fiel y a luego un hombre libre, resultando apaleado en el equívoco. "Tal era a cegueira da necessidade" –sentencia el narrador– deslizando al pasar la naturaleza racial de esa "ceguera" que confunde a hombres libres y esclavos.

El cuento podría haberse reducido a narrar esa serie de equívocos en la vida de un "malandro", cadena de vicisitudes armada como espejo irónico de la contradicción entre mercado libre y esclavitud. Pero el destino de Cândido –y la trama misma– se complican con el nacimiento de su hijo. Y toda la empatía que el protagonista y sus múltiples enredos podían haber generado en la primera parte de la narración, se borran de golpe ante la brutal escena del aborto con la que se acaba el cuento. Es esa resolución (marcada por la frase de triunfo de Cândido) la que nos obliga a tomar mucho más en serio la crítica social y filosófica de Machado.

Desde el título mismo, la oposición entre los dos personajes se plantea en pie de engañosa igualdad, pues sabemos que "padre" y "madre" no son términos equivalentes, mucho menos en una sociedad patriarcal. Obviamente, la narrativa insiste sobre la disparidad de tal lucha, ya que la madre es, además, esclava. Todo el relato puede leerse como una parábola que ejemplifica, una vez más, el "humanitismo" que predicara Quincas Borbas. En tanto micro-forma que prefigura lo sagrado (Ricoeur 59-61), la parábola (a diferencia del símil o de la alegoría) comporta la imposibilidad de la traducción, la necesidad de que el significado, lo que se revela a través del relato se conserve elidido. En la parábola se anuncia un orden invisible. Pero es un orden que revela la existencia de un Mundo-Otro; un mundo que no admite traducción punto por punto a nuestro mundo o a nuestro lenguaje cotidiano. Podemos leer este relato de Machado como un uso estratégico de la forma de la parábola, no para prefigurar un mundo sagrado, sino para revelar la crueldad de las leyes invisibles que ordenan el nuestro. En ese sentido, el cuento es una reformulación parabólica del "humanitismo" de Quincas Borba.[116]

En efecto, ya el filósofo había predicado sobre el carácter conservador de la guerra en el famoso episodio sobre las dos tribus que pelean en torno a las batatas; la misma filosofía es la que justifica en clave de humor negro la muerte de la abuela atropellada por el carruaje en *Quincas Borba*. En "Pai contra Mãe", la percepción del humano como un animal en plena competencia por la vida aparece con mayor claridad al centrarse específicamente en la lucha por la supervivencia individual y no en la de la especie. En este sentido, los personajes adquieren cierta cualidad arquetípica y el cuento trabaja con especial efectividad dos niveles de crítica: 1) una crítica a la moralidad espuria de la clase dominante, marcada por las intervenciones del narrador; 2) una crítica a la racionalidad que coloca a la animalidad del hombre, a su hipotética regresión al instinto de supervivencia, como regla ordenadora del mundo moderno. Ambos niveles funcionan en una red de múltiples analogías: así, a la sociedad esclavista retratada como una pirámide de dominaciones encadenadas por la lógica del favor en la que el esclavo (y más aún la esclava) ocupa el nivel más bajo, corresponde la ley de un ecosistema feroz en el que sólo sobreviven los más fuertes.

Además de los conflictos fabulosos del mundo del trabajo y su absurda lucha de clases en competencia, "Pai contra Mae" relata los avatares de otra guerra. De las aventuras de un blanco pobre en el mercado de trabajo, Machado pasa a una agria parábola sobre la guerra de razas, parábola sobre el pasado (la esclavitud) que se proyecta sobre el futuro (las nuevas generaciones encarnadas por los hijos) y en la que la lucha es a muerte.

---

[116] Adelto Gonçalves arma su análisis según diferencias más estructurales entre la fábula y la parábola: "Já a parábola distingue-se das outras duas formas literárias pelo fato de ser protagonizada por seres humanos. Vizinha da alegoria, comunica uma lição ética por vias indiretas ou simbólicas. Numa prosa altamente metafórica e hermética, veicula-se um saber apenas acessível a iniciados. Embora possamos arrolar exemplos profanos, a parábola identifica-se com o espírito da Bíblia onde existe com abundância" (221).

A partir de la entrada del hijo en el relato, hay un cambio de tono. Ni Cândido ni el narrador están ya de humor para bromas. De ahí en más, el cuento adquiere su tono parabólico, moral. Se transforma en una reflexión sobre la lucha social del presente (el del año 1906) encarnada como la lucha desigual de un padre blanco contra una madre esclava y mulata. Pasaje que revela la transición entre dos sociedades y dos tipos de lucha. Entre la sociedad esclavista y su ordenamiento disciplinar y la sociedad capitalista y su "desorden" del *laissez faire*, hay también un cambio de paradigma: no se trata ya de detener a los cuerpos sino de dejarlos fluir, de dejarlos competir. El pensamiento evolucionista pasado por el tamiz de la parábola es el que alienta como subtexto en la segunda parte del relato.

De las marcas disciplinarias en el cuerpo del esclavo, de los instrumentos de tortura que servían para restringir su libertad (incluso aquella de la palabra), Machado pasa al caos de los cuerpos sin marcas que pueden circular por la ciudad y con-fundirse en ella. Las señas que Cândido copia de los periódicos no le alcanzan para distinguir entre esclavos y libres. La ciudad está llena de espacios de alianza y confusión en las que los esclavos pueden pasar por artesanos, por libertos, por iguales. Confusión que anuncia la que sucede a la abolición: al combate velado entre blancos pobres y esclavos en el mundo del trabajo que proponía la sociedad esclavista, le sucede la lucha abierta entre sujetos en igual capacidad de circulación y confusión, sujetos reducidos a cuerpos susceptibles de vender su fuerza de trabajo. Ése es el mundo del desorden: el verdadero capitalismo que, desparecida la esclavitud, no deja otra estructura ordenadora en pie que la de la lucha por la supervivencia. Así, el cuento que había iniciado como parodia de las aspiraciones románticas de esa clase intermedia, se resuelve como parábola biopolítica.

La parábola de Machado anuncia sin ambigüedades la guerra de la sociedad por venir: se trata de la lucha por la supervivencia en la que "Nem todas as crianças vingam",[117] es decir, en la que "no todos los

---

[117] Por las múltiples connotaciones del verbo "vingar" en portugúes (desde "vengar", hasta "vencer" o "dominar", hasta llegar a la décimo primera y segundas que consigna el *Diccionário Aurélio*:

niños crecen." Si quedan dudas sobre la posición del narrador ante ese pasaje entre estos dos órdenes que suponen dos modos de manejo de la población, basta con releer la escena del aborto:

> Arminda caiu no corredor. Ali mesmo o senhor da escrava abriu a carteira e tirou os cem mil-réis de gratificação. Cândido Neves guardou as duas notas de cinqüenta mil-réis, enquanto o senhor novamente dizia à escrava que entrasse. No chão, onde jazia, levada do medo e da dor, e após algum tempo de luta a escrava abortou.
>
> O fruto de algum tempo entrou sem vida neste mundo, entre os gemidos da mãe e os gestos de desespero do dono. Cândido Neves viu todo esse espetáculo. Não sabia que horas eram. Quaisquer que fossem, urgia correr à Rua da Ajuda, e foi o que ele fez sem querer conhecer as conseqüências do desastre. (*Relíquias* 667)

La transacción monetaria se da sobre el cuerpo mismo de la esclava en lucha por la vida. La crueldad de la escena nos trae de nuevo al mundo de la fábula y a la conexión que ya había hecho el mismo La Fontaine entre el silencio del esclavo y el del animal. No se trata sólo de que Arminda sea cazada igual que el animal que denota su nombre sino de que su cuerpo produzca un hijo muerto. Así como Esopo no puede hablar y es su cuerpo el que produce la prueba de su inocencia en el acto de vomitar la comida, Arminda ocupa el lugar silencioso pero elocuente en el que es hablada por el cuerpo de su hijo. Así, el relato alcanza una extraña homoestasis: un niño por otro, pero también un futuro por otro. A diferencia del tiempo de la fábula (que insiste en el momento presente y en ese diferir el momento de la muerte) la parábola de Machado se abre a un tiempo futuro en el que el niño muerto actúa como un enigma ominoso, un espectáculo que Cândido se resiste a interpretar.

Como corresponde, el único que se desespera es el amo, que ve perder parte de sus regalías mientras entrega los billetes. A Cândido, sólo le urge correr para *evitar conocer las consecuencias del desastre*. Es más, en

---

"Chegar à maturidade: 'As crias vingaram'. 12. Prosperar, medrar, crescer") el significado de la frase resolutoria del cuento resulta tan cruel que Santiago Kovadloff la traduce como "No todos los niños traen disgustos" (262), con lo cual borra completamente el intertexto de la guerra de razas en el relato.

el final, bendice a la fuga de la esclava y, mientras acaricia a su hijo, ya ni se acuerda del aborto.

Sobre ese olvido y esa resistencia a la interpretación, arma Machado esta parábola que es una mirada sobre el pasado, un desenterramiento de sus reliquias, pero con los ojos puestos sobre el presente y el futuro de la sociedad brasileña. En este punto, "Pai Contra Mãe" es mucho más que una crítica a los prejuicios raciales de la sociedad post-esclavista (Trípole 130). Podemos leer este relato de Machado como la culminación magistral de las tendencias que en los textos anteriores eran apenas gérmenes estilísticos: en la amalgama de la fábula y la parábola, en su uso del animal parlante y de los tropos y estructuras bíblicas, en su reflexión en torno al hombre y a su animalidad, Machado encuentra una forma nueva de hablar del Brasil del fin de siglo y de su futuro. Una forma que no deja lugar para la hipocresía de la clase dominante traducida en teorías pseudo-sociológicas o científicas ni lugar para el olvido de la historia esclavista. En definitiva, una colección de textos breves pero contundentes en los que el humanismo y su moral contradictoria acaban desplomándose como lo que son: una flor de invernadero; pura y simple retórica.

Tercera parte

I. *Postdata para otro siglo XIX*

En un cuento de 1894, Amado Nervo imagina el futuro de la humanidad para el año 5532. En ese futuro, México es el centro del mundo, la historia ha asistido a tres revoluciones sangrientas (la última, llamada la Revolución Social y ocurrida en el año 2000, ha acabado con las clases sociales) y los hombres se dedican sólo a la contemplación. La paz y la igualdad de derechos predominan y los que realizan todo el trabajo necesario para la supervivencia de las sociedades son los animales, quienes han alcanzado, en el curso de los milenios, el uso del lenguaje. El relato cuenta someramente los albores de una nueva contienda: al mando de Can Canis, perro exaltado y de una inteligencia notable y de Equs Robertis, un hermoso caballo, los animales traman una revolución en la que la humanidad (demasiado perfecta y sin más escalones evolutivos adonde avanzar) debe desaparecer. "La última guerra" (tal es el nombre del cuento) es, entonces, una ensayo acerca de la crueldad y la necesidad histórica de la explotación social pero también una reflexión sobre la derrota inminente del Hombre, que hacia fines del siglo XIX, Nervo parece percibir con una claridad sorprendente.

Esta breve fábula de anticipación refleja, de alguna manera, el camino crítico que he intentado recorrer en estos seis ensayos sobre la literatura del siglo XIX que he llamado "de crítica moral". Espero haber demostrado que, incluso a pesar de ser parte de "la Ciudad Letrada", incluso a pesar de su labor como funcionarios o periodistas cercanos al los Estados nacionales, no todos los escritores del siglo acompañaron ciegamente el proceso civilizador que los mismos encarnaron. Por el contrario, muchos, como Eduarda Mansilla, Machado de Assis o Juan Bautista Morales, escribieron sobre lo que en ese momento percibieron como los problemas de la sociedad patriarcal, sobre los abusos de poder o sobre los excluidos de los proyectos nacionales. Que lo hayan hecho apelando a la moral, en textos desde todo punto de vista incapaces de representar al "subalterno" tal como la crítica post-colonial contemporánea lo concibe, no disminuye, me parece, el interés de sus apuestas literarias. En otros casos, como el de *Mãe,* podemos acceder a las contradicciones propias de la ideología dominante de las facciones esclavistas en el Brasil decimonónico, un análisis que se nos escaparía si seguimos concentrándonos en *Iracema* y su alegoría tranquilizadora de la nación. La obra de teatro que Alencar pensara como tragedia griega pero que ilumina con una luz tragicómica a toda una clase social despertó debates interesantísimos no sólo en torno a la esclavitud sino también sobre el rol del arte y la literatura en la sociedad. Lo mismo puede decirse de *La venganza de la gleba.* Si Federico Gamboa es el escritor "espejo de la mentalidad conservadora", incapaz de ver realmente al México campesino, conviene no olvidar este experimento altruista en el que ese México medita su venganza, por más sonrisas irónicas que nos arranque.

Incluso aquellos escritores (es el caso de Lucio V. Mansilla) que ni siquiera se escudan en el altruismo, que creen escribir coronando el proceso civilizador que les ha garantizado un lugar privilegiado en las letras y los museos nacionales, no pueden más que reflejar, en la mirada estético ideológica dirigida sobre sí mismos, sus incongruencias, sus fisuras y, en última instancia, la derrota moral y estética de esa misma clase a manos de sus criados. Los proyectos literarios pueden ser cómplices de la ideología, pero las formas conspiran de maneras insospechadas contra la misma. Por eso, más que mostrar a intelectuales puramente funcionales, esta pequeña literatura moral revela a seis escritores en tensión permanente con el pensamiento dominante de su época.

Que esta literatura haya recurrido a géneros (como el drama trágico o la fábula) que la tradición literaria ya concebía como más ligados a la dimensión ética o moral, más "efectivos" en tantos modos estéticos de intervención sobre la realidad social, nos obliga a seguir revisando el siglo XIX con ojos un poco más atentos. Si estas obras no han ingresado a los cánones nacionales se debe, en parte, a la elección de estas formas literarias y no de otras. Pero también a lo que en ellas hay de crítica social y de problematización de los discursos hegemónicos en torno a la raza, la clase y el género en cada uno de los tres países estudiados. Como hemos visto, basta que el esclavo o el animal ingresen en el escenario de la mano de esas formas literarias para que esos discursos tambaleen.

Al abrir la puerta al discurso ético que emana de la relación entre amos y esclavos o entre hombres y animales, estos textos, van más allá de su intención reformadora, satírica o trágica y hacen algo más que criticar las relaciones de dominación en sus sociedades: discuten de manera sumamente original (como sólo puede hacerlo una literatura periférica) con el paradigma filosófico heredado de la Ilustración y sobre el que todavía descansa toda nuestra política. Este paradigma, en el que el concepto de lo humano inevitablemente descansa sobre el contraste con el esclavo y el animal (o cualquier otro término que los reemplace) es el que esta literatura finisecular discute con especial maestría. Y en esto, el relato de Nervo quizás nos sirva también como postdata crítica que también parece ajustarse a nuestro propio fin de siglo.

La historia de la filosofía, la ciencia y las religiones occidentales nos muestran al hombre en un status incómodo, a medio camino entre los ángeles y los animales, alternativamente soberano del mundo y súbdito de su propia biología. Y lo que antes parecía territorio único de la ontología, en nuestras últimas décadas, se ha transformado en un terreno de debate político.

A propósito de ese debate, tal vez no haya pasaje de la obra de Michel Foucault más citado que aquel que emplaza la división aristotélica del concepto hombre: "durante milenios, el hombre siguió siendo lo que era para Aristóteles: un animal viviente y además capaz de una existencia política; mientras que el hombre moderno es un animal en cuya política está puesta en entredicho su vida de ser viviente" (*Historia* 173). Para Foucault, el evento que marca la Modernidad es aquel momento histórico en que el poder toma, por primera vez, a la "vida viviente" como centro de su política, es decir, el momento en que el poder toma a la "vida biológica" de sus poblaciones como centro de su accionar. En relación con esto y de manera bastante controvertida, Giorgio Agamben dirá que ese poder borra, en cierta medida, la vieja distinción que supuestamente el idioma griego contemplaba entre *zoé* (o lo que Aristóteles llamaba "vida nutriente" o "vida animal") y *bíos* (que significaba la forma particular de vida de un individuo o grupo, vida calificada o vida política). Para los griegos, aquel que ingresaba a la polis, debía hacerlo despojado, en cierta medida, de su animalidad; *zoé* era, entonces, una zona privada, una zona que no interesaba a la política. Esa distinción es la que el biopoder, al tomar también a esa "vida animal" del hombre a su cargo, erosiona para siempre.

Lo que me interesa destacar aquí y, creo que es importante no perderlo de vista, es que no existe un momento originario en el que la vida calificada o *bíos* reemplazaría a la vida nutriente o *zoé*, ni tampoco se trata de pensar a la vida animal como sustrato de una vida pública o política, sino que la operación filosófica fundamental típica de Occidente es justamente aquella que crea en el hombre esta oposición. Es esta escisión la que Agamben interroga de distintas maneras en sus libros, que pueden ser leídos como un intento de hallar salidas a una serie de oposiciones fundamentales en el pensamiento occidental; un pensamiento en el que el hombre estaría por siempre dividido: en dos esferas de acción (el hogar o la polis), en dos vidas (*zoé* o *bíos*), e incluso en dos modos de comunicarse (el *phonos* o la pura voz, que el hombre comparte con el animal y el *logos* o la palabra, que sería lo específicamente humano).

Es justamente la palabra la que nos lleva otra vez a la literatura y a su pregunta constante por la diferencia humana. Textos como los de Eduarda Mansilla, Machado de Assis y Amado Nervo piensan esa diferencia con la particular amargura que las teorías de Darwin le inculcaron a ese fin de siglo. Sin embargo, sería un error leerlos sólo como reflexiones en torno a la teoría de la evolución. Quizás ése haya sido su punto de partida. Pero, como todo texto literario, estas obras se mueven en una compleja red de significaciones, que lleva su reflexión en torno a lo humano a un nivel mucho más profundo. En ese sentido, podemos decir que participan del debate post-humanista contemporáneo con total legitimidad.

Partiendo de una amalgama de las formulaciones de Jacques Derrida (2008; 2009), de las viejas teorías de la cibernética de Norbert Wiener y la escuela de Palo Alto y de los manifiestos feministas de Donna Haraway, hoy hay toda una corriente del pensamiento académico concentrada en discutir, trascender o simplemente abandonar el viejo humanismo europeo. Esa corriente adquiere diversos nombres según la relación que entabla con esa vieja filosofía: aquellos que se auto designan como "post-humanistas" y siguen la vertiente del pensamiento de Derrida, sostienen simplemente la necesidad de buscar una nueva epistemología para las humanidades que comprenda también una nueva ética de inclusión del animal como sujeto (Wolfe, 2010); mientras que los "trans-humanistas" (Haraway 1990; 2008) apuntan a trascender al humano mismo, pensar en un ser futuro o futurista que admita un rango variado de interacción con las máquinas, las prótesis y los animales.

La literatura latinoamericana ha encontrado siempre formas originales de intervenir en los debates filosóficos más amplios. Nuestros primer post-humanista bien puede haber sido Amado Nervo o Machado de Assis: lo que importa es que ambos marcaron con lucidez y osadía la línea que une con especial perversidad al esclavo y al animal en nuestro pensamiento en torno a lo humano.

En definitiva, lo que Machado hace en *Quincas Borba* o lo que Nervo plantea en "La última guerra", puede servirnos de conclusión sintética para entender la operación que los otros textos de ese fin de siglo realizan con mayor o menor éxito: si el poder pone en entredicho la vida animal del hombre, lo que esta literatura hace al reescribir al hombre en la voz del animal es poner en entredicho al poder y sus (i)legitimidades. En este sentido, estos "textos morales" entablan un diálogo infinito con las contradicciones del Humanismo y el Iluminismo europeos. En tiempos en que el debate filosófico sigue girando en torno a la definición de hombre, en torno a nuestros status precario en tanto dueños y destructores del planeta, conviene revisar estos textos supuestamente menores de nuestro siglo XIX y recordar que tal vez la literatura no tenga todas las respuestas pero, sin duda, sigue siendo uno de los modos más poderosos de formular las preguntas.

Bibliografía

Agamben, Giorgio. *Infancia e historia. Destrucción de la experiencia y origen de la historia*. Buenos Aires: Adriana Hidalgo, 2007.

_____. *Lo abierto. El hombre y el animal*. Buenos Aires: Adriana Hidalgo, 2007.

Aguiar, Flávio. *A Comédia Nacional no Teatro de José de Alencar*. São Paulo: Ática, 1984.

Alencar, José Martiniano de. "Como e porque sou Dramaturgo". *Obra completa. Vol. IV: Teatro, Poesía, Crônica, Ensaios literários, Escritos Políticos e Epistolário*. Rio de Janeiro: Editôra José Aguilar Ltda., 1960.

_____. *Discursos Parlamentares*. Brasília: Câmara dos Deputados, 1977.

_____. *Mãe. Drama en 4 Atos*. Rio de Janeiro: Typographia de F. de Paula Brito, 1862.

_____. "O Demônio Familiar". *Teatro Completo. Vol. II*. Rio de Janeiro: Ministerio de Educação e Cultura, Fundação Nacional de Arte, Serviço Nacional de Teatro, 1977.

Andrews, George Reid. *Afro-Latinoamérica, 1800-2000*. New York: Oxford UP, 2004.

_____. *Los afroargentinos de Buenos Aires*. Buenos Aires: Ediciones de la Flor, 1989.

Araripe, J.C. Alencar. *Bárbara e a Saga da Heroína. José de Alencar e o desafio da escravidão*. Rio de Janeiro: ABC Editora, 2006.

Aristóteles. *Ética a Nicómaco.* José Luis Calvo Martínez, ed. y trad. Madrid: Alianza, 2001.

———. *Poética.* Valentín García Yebra, ed. Madrid: Gredos, 1974.

———. *Poetics.* Stephen Halliwell, ed. y trad. Cambridge: Harvard UP, 1995.

Assmann Saraiva, Juracy. "Insanidade e lucidez na concepção do humanitismo". *Machado de Assis em Linha,* Junho 2008. <http://machadodeassis.net/revista/numero01/rev_num01_artigo06.asp> 1 nov. 2015.

Azor, Ileana. *Origen y presencia del teatro en nuestra América.* La Habana: Letras Cubanas, 1988.

Badiou, Alain. *La ética. Ensayo sobre la conciencia del Mal.* México: Herder, 2004.

Bajtín, Mijaíl. *Estética de la creación verbal.* México: Siglo XXI, 2009.

———. *Problemas de la poética de Dostoievski.* México: Siglo XXI, 1993.

Balmori, Diana y Robert Oppenheimer. "Family Clusters: Generational Nucleation in Nineteenth-Century Argentina and Chile". *Comparative Studies in Society and History* 21:2 (1979): 231-261.

Barcunsky, Carina A. "Las letras en la vida de Lucio V. y Eduarda Mansilla". *En tiempos de Eduarda y Lucio V. Mansilla.* Congreso de Literatura e Historia: realizado en Córdoba entre el 1 y 2 de Julio de 2005. Córdoba: Junta Provincial de Historia de Córdoba, 2005.

Bataille, George. *La parte maldita.* Barcelona: Edhasa, 1974.

Batticuore, Graciela. "Itinerarios culturales: dos modelos de mujer intelectual en la Argentina del siglo XIX". *Revista de Crítica Literaria Latinoamericana* 43-44 (1996): 163-180.

Baudelaire, "Morale du joujou". *Oeuvres complètes*. Claude Pichois, ed. Paris: Gallimard, 1961.

———. *Un pintor de la vida moderna*. Colegio oficial de aparejadores y arquitectos técnicos. Murcia: 1995.

Benatti de Freitas, Eliane. "Lei de restituição ou da compensaçao em série ou teoria do bose expiatório: uma leitura de *Pai contra Mãe* de Machado de Assis". *Revista Estudos Linguísticos* XXXII. <http://www.gel.org.br/estudoslinguisticos/volumes/32/htm/comunica/ci073.htm>. 1 nov. 2015.

Benjamin, Walter. *The Origin of German Tragic Drama*. 1928. London: Verso, 2009.

Berking, Helmuth. *Sociology of Giving*. London: Sage, 1999.

Bloch, R. Howard. "The Wolf in the Dog: Animal Fables and State Formation." *differences: A Journal of Feminist Cultural Studies* 15:1 (2004): 69-83.

Booth, Wayne C. *The Company We Keep: An Ethics of Fiction*. Berkeley: U of California P, 1988.

Borges, Jorge Luis. "Arte de injuriar". *Obras completas. Vol. 1*. Buenos Aires: Emecé, 1965. 501-506.

———. "El atroz redentor Lazarus Morell". *Obras completas*. Barcelona: Emecé, 1996. 295-300.

Broca, José Brito. *Machado de Assis e a política mais outros estudos*. São Paulo: Polis, 1983.

Buell, Lawrence: "In Pursuit of Ehtics" (Special Issue in Ethics and Literary Study). *PML* 114:1 (1999): 7-19.

Buck-Morss, Susan. "Hegel and Haiti". *Critical Inquiry* 26:4 (2000): 821-865.

Burnett, Anne Pippin. *Revenge in Attic and Later Tragedy*. Berkeley: U of California P, 1998.

Brown, Marilyn R. "Introduction: Baudelaire Between Rousseau and Freud". *Picturing Children. Constructions of Childhood Between Rousseau and Freud*. Marilyn R. Brown, ed. Burlington: Ashgate, 2002. 1-26.

Cabal, Graciela Beatriz. "La literatura infantil argentina". *Hispanista. Primera Revista Electrónica de los Hispanistas de Brasil.* <http://www.hispanista.com.br/revista/artigo49esp.htm>. 11 nov. 2015.

Cacho Casal, Rodrigo. "Cervantes y la sátira: Clodio el maldiciente en el Persiles". *MLN* 121:2 (2006): 229-321.

Calderón de la Barca, Frances. *Life in Mexico During a Residence of Two Years in that Country*. London: Chapman and Hall, 1843.

Camurati, Mireya. *La fábula en Hispanoamérica*. México: UNAM, 1978.

Cantón, Wilberto, ed. *Teatro de la Revolución Mexicana*. México: Aguilar, 1982.

Carreras, Sandra. "'Hay que salvar en la cuna el porvenir de la patria en peligro…' …Infancia y cuestión social en Argentina (1870-1920)". *Entre la familia, la sociedad y el Estado. Niños y jóvenes en América Latina (siglos XIX-XX)*. Barbara Potthast y Sandra Carreras, eds. Madrid: Iberoamericana Vervuert, 2005.

Castagnino, Raúl H. *Historias menores del pasado literario argentino. Siglo XIX*. Buenos Aires: Huemul, 1976.

Casti, Giovanni Battista. *Los animales parlantes*. Madrid: Imprenta calle la Greda, 1822.

Castro, Andrea. *El encuentro imposible. La conformación del fantástico ambiguo en la narrativa breve argentina (1862-1910)*. Göteborg: Acta Universitatis Gothoburgensis, 2002.

Cervantes Saavedra, Miguel. *El ingenioso hidalgo don Quijote de la Mancha*. Madrid: Imprenta de Gaspar y Roig, 1864.

Chalhoub, Sidney. *Visões da Liberdade. Uma História das Últimas Décadas da Escravidão na Corte*. São Paulo: Companhia das Letras, 1990.

_____ *Machado de Assis: Historiador*. São Paulo: Companhia das Letras, 2003.

Chikiar Bauer, Irene. *Eduarda Mansilla. Entre-ellos, una escritora argentina del siglo XIX*. Buenos Aires: Biblos, 2013.

Close, Anthony. "Algunas reflexiones sobre la sátira en Cervantes". *Nueva Revista de Filología Hispánica* 38:2 (1990): 493-511.

Corona Martínez, Cecilia. "'Pablo o la vida en las pampas' de Eduarda Mansilla de García. Una didáctica frustrada". *En tiempos de Eduarda y Lucio V. Mansilla*. Congreso de Literatura e Historia: realizado en Córdoba entre el 1 y 2 de Julio de 2005. Córdoba: Junta Provincial de Historia de Córdoba, 2005.

Coutinho, Afranio, ed. *A polêmica Alencar-Nabuco*. Rio de Janeiro: Tempo Brasileiro, 1978.

Covarrubias Orozco, Sebastián de. *Emblemas Morales*. Carmen Bravo-Villasante, ed. Madrid: Fundación Universitaria Española, 1978.

_____ *Tesoro de la lengua castellana o española*. Madrid: Castalia, 1994.

Dauster, Frank N. *Historia del teatro hispanoamericano. Siglos XIX y XX*. México: Ediciones de Andrea, 1973.

de Musset, Alfred. "Historia de un mirlo blanco". *Cuentos*. Madrid: Espasa Calpe, 2003.

Derrida, Jacques. *The Animal That Therefore I Am*. New York: Fordham UP, 2008.

_____ *The Beast & the Sovereign. Vol. 1*. Chicago: U of Chicago P, 2009.

Echeverría, Esteban. "Sobre la melancolía". *Obras completas*. Compilación y biografía por Juan María Gutiérrez. Buenos Aires: Ediciones Antonio Zamora, 1972.

Faria, João Roberto. *José de Alencar e o Teatro*. São Paulo: Editora da Universidade de São Paulo, 1987.

Feinberg, Leonard. *The Satirist*. New Brunswick, London: Transaction P, 2006.

Fletcher, Angus. *Allegoy. The Theory of a Symbolic Mode*. Ithaca: Cornell UP, 1964.

Foucault, Michel. *Historia de la sexualidad Vol. 1: La voluntad de saber*. Madrid: Siglo XXI, 2006.

_____ "¿Qué es la Ilustración?" 1984. [Qu'est-ce que les lumières?] *Magazine littéraire 309* (1984): 61-73. <http://www.catedras.fsoc.uba.ar/mari/Archivos/HTML/Foucault_ilustracion.htm#_ftn1>. 1 nov. 2015.

Franco, Jean. "Women, Fashion and the Moralists in Early Nineteenth-century México". *Homenaje a Ana María Barrenechea*. Lía Schwartz Lerner e Isaías Lerner, eds. Madrid: Castalia, 1984.

Frye, Northrop. *Anatomy of Criticism*. Princeton: Princeton UP, 1957.

_____ "The Anatomy in Prose Fiction". *The Collected Works of Northrop Frye. Vol. 21*. Toronto: U of Toronto P, 2006.

Gasquet, Axel. *Oriente al Sur. El orientalismo literario argentino de Esteban Echeverría a Roberto Arlt*. Buenos Aires: Eudeba, 2007.

García Berrio, Antonio y Javier Huerta Calvo. *Los géneros literarios: sistema e historia*. Madrid: Cátedra, 1992.

García Izcazbalceta, Joaquín y Luis García Pimentel. *Vocabulario de mexicanismos*. Comprobado con ejemplos y comparado con los de otros países hispano-americanos. México: Tip. y Lit. "La Europea", 1899.

Gamboa, Federico. *Diario de Federico Gamboa, 1892-1939*. Selección, prólogo y notas de José Emilio Pacheco. México: Siglo XXI, 1977.

_____ *La novela mexicana*. México: Eusebio Gómez de la Puente, 1914.

_____ *La venganza de la gleba*. México: Administración Sor Juana Inés de la Cruz, 1907.

_____ "La venganza de la gleba". *Teatro*. María Guadalupe García Barragán, ed. México: Universidad Autónoma de México, 2000.

_____ *Mi diario. Primera Serie. II. 1897-1900*. México: Eusebio Gómez de la Puente, 1910.

_____ *Mi diario. Mucho de mi vida y algo de la de otros. Volumen III. 1901-1904*. México: Consejo Nacional para la Cultura y las Artes, 1994.

Gilliam, Albert M. *Viajes por México durante los años 1843 y 1844*. México: Consejo Nacional para la Cultura y las Artes, 1996.

Gledson, John. *Por um Novo Machado de Assis: Ensaios*. São Paulo: Companhia das Letras, 2006.

Gonçalves, Adelto. "Fábula, apólogo e parábola em Machado de Assis". *Forma breve* 3 (2005): 215-220.

González, Aníbal. *Abusos y admoniciones. Ética y escritura en la narrativa hispanoamericana moderna*. México: Siglo XXI, 2001.

González, Betina. "El don rechazado: teatro de tesis, esclavitud y economía moral en *Mãe*, de José de Alencar". *Latin American Theatre Review* 48:2 (2015): 35-53.

González Casanova, Pablo. "La sátira popular de la Ilustración". *El Colegio de México* 1:1 (1951): 78-95.

González Pedrero, Enrique. *País de un solo hombre: el México de Santa Anna*. México: Fondo de Cultura Económica, 1993.

Granja, Lúcia. "Antes do livro, o jornal: 'Conto Alexandrino'". *Luso-Brazilian Review* 46:1 (2009): 106-114.

Griffin, Dustin H. *Satire. A Critical Reintroduction*. Lexington: UP of Kentucky, 1993.

Guy, Donna J. "The State, the Family, and Marginal Children in Latin America". *Minor Omissions: Childhood in Latin American History and Society*. Tobias Hecht, ed. Madison: U of Wisconsin P, 2002.

Hall, Stuart. "Race, Articulation and Societies Structured in Dominance". *Sociological Theories: Race and Colonialism*. París: UNESCO, 1980.

Halliwell, Stephen. "Introduction". *Poetics*. Aristotle. Cambridge: Harvard UP, 1995.

Haraway, Donna Jeanne. *Simians, Cyborgs, and Women: The Reinvention of Nature*. New York: Routledge, 1991.

_____. *When Species Meet*. Minneapolis: U of Minnesota Press, 2008.

Helm, R. *Lucian und Menipp*. Berlin: Hildesheim: G. Olms, 1967.

Henríquez Gómez, Antonio. *El siglo pitagórico y la vida de don Gregorio Guadaña*. Bruselas: Casa de Francisco Foppens, 1727.

Jagoe, Eva-Lynn Alicia. "Family Triangles: Eduarda Mansilla, Domingo F. Sarmiento, and Lucio Mansilla". *Revista Canadiense de Estudios Hispánicos* 29:3 (2005): 507-524.

Jakobson, Roman. "Lingüística y poética". *Ensayos de lingüística general*. Barcelona: Seix Barral, 1981.

Job, Sandra Maria. "O Bivocalismo de Bakhtin no Conto 'Pai contra Mãe' de Machado de Assis". *Estudos Lingüísticos* 31 (2002). <http://

www.gel.org.br/estudoslinguisticos/volumes/31/htm/acomunic. htm>. 1 nov. 2015.

Katz, Friedrich, comp. "Las rebeliones rurales a partir de 1810". *Revuelta, rebelión y revolución. La lucha rural en México del siglo XVI al siglo XX*. Tomo 2. México: Era, 1988.

Kierkegaard, Søren. *Either-Or*. Princeton: Princeton UP, 1959.

Kuznesof, Elizabeth Anne. *Household Economy and Urban Development. São Paulo, 1765-1836*. Boulder: Westview Press, 1986.

Lacan, Jacques. *El seminario de Jacques Lacan. Libro 7. La ética del psicoanálisis*. Barcelona: Paidós, 1990.

La Fontaine, Jean de. *Les Fables de La Fontaine*. París: Charavat Frères Editeurs, 1881.

Lastinger, Valérie C. "Of Dolls and Girls in Nineteenth-Century France". *Children's Literature* 21 (1993): 20-42.

Lévi-Strauss, Claude. *The Elementary Structures of Kinship*. 1949. London: Beacon Press, 1971.

Lambropoulos, Vassilis. *The Tragic Idea*. Liverpool: Duckworth, 2006.

Lezama Lima, José. *La expresión americana*. México: Fondo de Cultura Económica, 1993.

Lojo, María Rosa. "Eduarda Mansilla: la traducción rebelde". *Feminaria* 30/31 (2007): 97-99.

_____ "'El ramito de romero' de Eduarda Mansilla, o el conocimiento bajo especie femenina". *Letterature d'America. Rivista Trimestrale. Ispanoamericana* XXII-90 (2002): 19-37.

_____ "Lucía Miranda: un mito de origen protonacional en varias lenguas: latín, castellano, francés e inglés. Algunos antecedentes del 'Siripo' de Lavardén y de las 'Lucia Miranda' de 1860". *Letras. Número monográfico. Literaturas Comparadas* 55-56 (2007): 109-132.

_____ "Sarmiento, crítico literario y promotor de mujeres escritoras: su lectura de Eduarda Mansilla". *Jornadas Visiones de Sarmiento, 24 y 25 de septiembre de 2009*. Miguel Ángel de Marco y Javier Roberto González, eds. Buenos Aires: Universidad Católica Argentina, 2010.

López de Santa Anna, Antonio. *Mi historia militar y política. 1810-1874. Memorias inéditas (documentos inéditos o muy raros para la Historia de México, publicados por Genaro García y Carlos Pereyra)*. México: Librería de la Vda. de Ch. Bouret, 1905.

Luciano. "El sueño o el gallo". *Obras. Vol. 1*. Madrid: Gredos, 1981.

Lukács, Georg. "On Walter Benjamin". *New Left Review* I-110. July-August 1978. <http://newleftreview.org/I/110/georg-lukacs-on-walter-benjamin>. 1 nov. 2015.

_____ "The Metaphysics of Tragedy". *Soul and Form*. New York: Columbia UP, 2009.

_____ *Teoría de la novela*. Buenos Aires: Siglo Veinte, 1966.

Machado de Assis, Joaquim Maria de. "10 de junho de 1894". [originalmente publicada en *A Semana*]. *Obra Completa*. Vol. 3. Rio de Janeiro: Nova Aguilar, 1994. 610-13.

_____ "1ro. de julho de 1894" [originalmente publicada en *A Semana*]. *Obra Completa*. Vol. 3. Rio de Janeiro: Nova Aguilar, 1994. 613-14.

_____ "22 de outubro de 1871". *Obra Completa*. Vol. 3. *Chronicas. (1871-1878)*. Rio de Janeiro: W. M. Jackson Editores, 1942. 9-16.

_____ "Conto Alexandrino". *Obra Completa*. Vol. 2. Rio de Janeiro: Nova Aguilar, 1994. 411-15.

_____ *Cuentos*. Alfredo Bossi, coord. Santiago Kovadloff, trad. Caracas: Biblioteca Ayacucho, 1978.

―――― "Idéas de Canário". *Obra Completa*. Vol. 2. Rio de Janeiro: Nova Aguilar, 1994. 611-14.

―――― "Instinto de nacionalidade". *Obra Completa*. Vol. 3 Rio de Janeiro: Nova Aguilar, 1994. 28-34.

―――― "Miss Dollar". *Obra Completa*. Vol. 2. Rio de Janeiro: Nova Aguilar, 1994. 27-44.

―――― "O Teatro do José de Alencar". *Machado de Assis Do Teatro: textos críticos e escritos diversos*. João Roberto Faria, ed. São Paulo, Brasil: Editora Perspectiva, 2008.

―――― "Pai contra Mae". *Obra Completa*. Vol. 2. Rio de Janeiro: Nova Aguilar, 1994. 657-667

―――― "Quincas Borba". *Obra Completa*. Vol 1. Rio de Janeiro: Nova Aguilar, 1994. 641-806.

McFarlane, Duncan. "The Universal Literary Solvent: Northrop Frye and the Problem of Satire, 1942-1957". *English Studies in Canada* 37:2 (2012): 153-172

Mansilla, Eduarda García de. *Cuentos*. Buenos Aires: Imprenta de la República, 1880.

Mansilla, Lucio V. *Atar-Gull. Drama en cuatro actos y un epílogo*. Buenos Aires: Imprenta de la Universidad, 1926.

―――― "El famoso fusilamiento del caballo". *Entre-nos I. Causeries del jueves*. 1889. Santa Fe: El Cid, 2004.

―――― "En chata". *Entre-nos. Causeries del jueves*. 1889. Buenos Aires: Librería Hachette, 1963.

―――― "En las pirámides de Egipto". *Entre-nos II. Causeries del jueves*. 1889. Santa Fe: El Cid, 2004.

_____ "Nuestros grandes conversadores". *Entre-nos II. Causeries del jueves*. 1889. Santa Fe: El Cid, 2004.

_____ "¿Por qué...?" *Entre-nos I. Causeries del jueves*. 1889. Santa Fe: El Cid, 2004.

_____ "Raimundo". *Entre-nos II. Causeries del jueves*. 1889. Santa Fe: El Cid, 2004.

_____ "San Martin". *Entre-nos. Causeries del jueves*. 1889. Buenos Aires: Librería Hachette, 1963.

_____ *Estudios morales. El diario de mi vida*. Buenos Aires: Perfil, 1998.

Marin, Louis. *Food for Thought*. Baltimore/London: John Hopkins UP, 1997.

Marún, Gioconda, ed. *Eduardo L. Holmberg: cuarenta y tres años de obras manuscritas e inéditas*. Frankfurt: Iberoamericana, 2002.

_____ *El modernismo argentino incógnito en 'La Ondina del Plata' y 'Revista Literaria' (1875-1880)*. Bogotá: Instituto Caro y Cuervo, 1993.

Masiello, Francine. *Entre civlización y barbarie. Mujeres, nación y cultura literaria en la Argentina moderna*. Rosario: Beatriz Viterbo, 1997.

Mathé, Sylvie. "La Poupée perdue: ordre et désordre dans Les Petites Filles Modèles de la Comtesse de Ségur". *Theory and Practice of Feminist Literary Criticism*. Gabriela Mora y Karen S. Van Hooft, eds. Ypsilanti: Bilingual Press, 1982. 117-30.

Mauss, Marcel. *The Gift. The Form and Reason for Exchange in Archaic Societies*. 1922. New York: Routledge, 2000.

Miller, Christopher L. *The French Atlantic Triangle. Literature and Culture of the Slave Trade*. Durham: Duke UP, 2008.

Molina, Hebe Beatriz. "Los cuentos infantiles de Eduarda Mansilla". *Primeras Jornadas Provinciales de Literatura Infantil y Juvenil; La* recuperación de un mundo perdido: los clásicos de la literatura infantil y juvenil. CD ROM. Mendoza: Universidad Nacional de Cuyo, Facultad de Filosofía y Letras, CLEDILIJ, 2005. 229-240.

Molloy, Sylvia. "Imagen de Mansilla". *Lectura crítica de la literatura americana. La formación de las culturas nacionales.* Saul Sosnowski, ed. Caracas: Ayacucho, 1996. 392-405.

Monsiváis, Carlos. "Clasismo y novela en México". *Latin American Perspectives* II (1975): 164-79.

_____ "Juan Bautista Morales". *Las herencias ocultas de la Reforma liberal del siglo XIX.* México: Debate, 2006. 71-92.

Montaldo, Graciela. *Ficciones culturales y fábulas de identidad en América Latina.* Rosario: Beatriz Viterbo Editora, 1999.

Morales, Juan Bautista. *El gallo pitagórico. Colección de artículos crítico-políticos y de costumbres. Nueva edición corregida y revisada por su autor, precedida de un prólogo del mismo, acompañada de una noticia biográfica del Sr. Morales escrita por D, Francisco Zarco.* México: Imprenta de Ignacio Cumplido, 1857.

_____ *El gallo pitagórico.* Mauricio Magdaleno, introducción. México: Ediciones de la Universidad Autónoma de México, 1940.

Moritz Schwarcz, Lila. "Dos males da dádiva: sobre as ambigüidades no processo da Abolição brasileira". *Quase-cidadão. Histórias e antropologias da pós-emancipação no Brasil.* Olívia Maria Gomes da Cunha y Flávio dos Santos Gomes, eds. Rio de Janeiro: FGV, 2007.

Nabuco, Joaquim. "O Abolicionismo". Brasília: Senado Federal, Conselho Editorial, 2003.

Nervo, Amado. "La última guerra". 1894. *El ángel caído y otros relatos.* México: Lectorum, 2006.

Nussbaum, Martha C. "Literature and Ethics". *The Encyclopedia of Ethics. Volume 2.* Lawrence C. Becker y Charlotte B. Becker, eds. New York, Garland Pub, 1992. 729-731.

_____ *Poetic Justice: The Literary Imagination and Public Life.* Boston: Beacon, 1995.

Panofsky, Erwin. *Meaning in the Visual Arts.* New York: Doubleday, 1957.

Parry, Richard D. "Eudaimonia". *The Encyclopedia of Ethics.* Vol. 2. Lawrence C. Becker y Charlotte B. Becker, eds. New York: Garland Pub, 1992. 333-35.

Paulk, Julia C. "(Re)Writing Patriarchy and Motherhood in José de Alencar's Allegorical Antislavery Plays, 'O demônio familiar' and 'Mãe'". *Luso-Brazilian Review* 42:1 (2005): 61-77.

Pérez Lasheras, Antonio. *Fustigat mores. Hacia el concepto de la sátira en el siglo XVII.* Zaragoza: Universidad de Zaragoza, 1994.

Pierson, Colin M. "José de Alencar: Realistic Dialogue and Characterization in the Anti-Slavery Thesis Play". *Luso-Brazilian Review* 18:1(1981): 161-171.

Pollock, Linda. "Foreword". *Picturing Children. Constructions of Childhood between Rousseau and Freud.* Marilyn R. Brown, ed. Burlington: Ashgate, 2002. xv-xix.

Popolizio, Enrique. *Vida de Lucio V. Mansilla.* Buenos Aires: Editorial Pomaire, 1985.

Premo, Bianca. "How Latin America's History of Childhood Came of Age". *The Journal of the History of Childhood and Youth* 1:1 (2008): 63-76.

Prieto, Guillermo. *Memorias de mis tiempos. Obras completas I.* Boris Rosen Jélomer, ed. México: Consejo Nacional para la Cultura y las Artes, 1992.

Quérillacq, Rene. "Quevedo y los médicos: Satira y realidad". *Cuadernos Hispanoamericanos: Revista Mensual de Cultura Hispánica* 428 (1986): 55-66.

Rama, Ángel. *Crítica literaria y utopía en América Latina*. Selección y prólogo de Carlos Sánchez Lozano. Medellín: Editorial Universitaria de Antioquia, 2006.

_____ *La ciudad letrada*. Hanover: Ediciones del Norte, 1984.

Ramos, Julio. *Desencuentros de la modernidad en América Latina. Literatura y política en el siglo XIX*. 1989. México: Fondo de Cultura, 2003.

Rancière, Jacques. *El viraje ético de la estética y la política*. María Emilia Tijousm, trad. Santiago de Chile: Palinodia, 2007.

_____ *The Flesh of Words*. Stanford: Stanford UP, 2004.

Reina, Leticia. *Las rebeliones campesinas en México (1810-1906)*. México: Siglo XXI, 1980.

Restuccia, Frances L., Elizabeth Weber y James M. Mellard. "Lacanian Tragedy and the Ethics of Jouissance". *Special Topic: Ethics and Literary Study PMLA* 1 (1999): 102-105.

Reyes, Alfonso. "Rescoldo de Grecia". *Obras completas* Vol. 20. México: Fondo de Cultura Económica, 1979.

Reyes de la Maza, Luis, ed. *El teatro en México durante el porfirismo. Tomo III. 1900-1910*. México: Imprenta Universitaria, 1968.

Ricoeur, Paul. *Figuring the Sacred: Religion, Narrative, and Imagination*. Minneapolis: Fortress Press, 1995.

_____ *From Text to Action. Essays on Hermeneutics II*. Evanston: Northwestern UP, 1991.

Robertson, Priscilla. "Home As a Nest: Middle Class Childhood in Nineteenth-Century Europe". *The History of Childhood*. Lloyd deMause, ed. New York: The Psycohistory Press, 1974.

Rodríguez Jiménez, Pablo y María Emma Manarelli, coords. *Historia de la infancia en América Latina*. Bogotá: Universidad Externado de Colombia, 2007

Rodríguez, Martín. "Mansilla y el teatro de intertexto romántico". *Teatro, memoria y ficción*. Osvaldo Pelletieri, ed. Buenos Aires: Galerna, 2005. 173-179.

Rohde, Jorge Max. "Noticia". *El hombre hormiga. Artículo sobre costumbres de Buenos Aires en 1838*. Juan María Gutiérrez, ed. Buenos Aires: Imprenta de la Universidad, 1928.

Rousseau, Jean Jacques. *Del contrato social*. Madrid: Imprenta R. García, 1899.

_____ *Emilio o de la educación*. Madrid: Pedro Beaume, 1817.

Sarabia Viejo, María Justina. *El juego de gallos en Nueva España*. Sevilla: Escuela de Estudios Hispanoamericanos de Sevilla, 1972.

Saramago Pádua, Vitória. "Cão que ladra não fala: os animais nos romances machadianos". *Revista de Letras* 48:2 (2008): 71-90.

Sarmiento, Domingo F. "Bibliografía Hispano-Americana". *Obras de D. F. Sarmiento. Vol. 30*. Augusto Belin Sarmiento, eds. Buenos Aires: Imprenta y litografía Mariano Moreno, 1899. 334-41.

_____ "Cuentos". *Obras de D. F. Sarmiento*. Augusto Belin Sarmiento, ed. Vol. 46. Buenos Aires: Imprenta Mariano Moreno, 1900. 312-18.

_____ *Facundo. Civilización y barbarie*. Barcelona: Planeta, 1986.

_____ (trad.). *La conciencia de un niño, catecismo de la doctrina cristiana*. Buenos Aires: Establecimiento Tipográfico del Nacional, 1883.

_____ *La vida de Dominguito*. Buenos Aires: Fondo Nacional de las Artes, 1999.

_____ "Literatura argentina". *Obras de D. F. Sarmiento*. Vol. 46. Augusto Belin Sarmiento, ed. Buenos Aires: Imprenta Mariano Moreno, 1900. 188-190.

_____ "Memoria sobre ortografía americana". *Obras de D. F. Sarmiento*. Vol. 3. Augusto Belin Sarmiento, ed. Buenos Aires: Imprenta Mariano Moreno, 1900. 1-48.

_____ "Recuerdos de viaje por Eduarda Mansilla de García". *Obras de D. F. Sarmiento*. Vol. 47. Augusto Belin Sarmiento, ed. Buenos Aires: Imprenta Mariano Moreno, 1900. 344-47.

_____ "Una sobrina de su tío". *Obras de D. F. Sarmiento*. Vol. 46. Augusto Belin Sarmiento, ed. Buenos Aires: Imprenta Mariano Moreno, 1900. 275-79.

Schwartz, J. *Biographie de Lucien de Samosate*. Bruxelles-Berchem: Latomus, 1965.

Schwarz, Roberto. *Ao Vencedor as Batatas: Forma literária e processo social nos inícios do romance brasileiro*. São Paulo: Livraria Duas Cidades, 1977.

_____ *Misplaced Ideas: Essays on Brazilian Culture*. London: Verso, 1992.

_____ *Um mestre na periferia do capitalismo: Machado de Assis*. São Paulo: Livraria Duas Cidades, 2000.

Shakespeare, William. *The Tempest*. London: Arden Shakespeare, 1999.

Skidmore, Thomas. *Black into White: Race and Nationality in Brazilian Thought*. New York: Oxford UP, 1974.

Sommer, Doris. *Foundational Fictions: The National Romances of Latin America*. Berkeley: U of California P, 1991.

Souza e Silva, Cristina Martins de. *Idéias Encenadas. Uma interpretação de O Demônio Familiar de José de Alencar*. Dissertação de mestrado apresentada ao Departamento de Historia do Instituto de Filosofia e Ciências Humanas da Universidade Estadual de Campinas, sob orientação do Prof. Sidney Chalhoub. Campinas- SP. Marzo de 1996.

Steiner, George. *The Death of Tragedy*. New York: Knopf, 1963.

Sue. Eugène. *Atar-Gull*. París: Charles Gosselin, 1942.

Todorov, Tzvetan. *Los géneros del discurso*. Caracas: Monte Ávila, 1996.

Trípoli, Matilde Jerônimo. *Imagens, Máscaras e Mitos. O negro na obra de Machado de Assis*. Campinas: Unicamp, 2006.

Twinam, Ann. *Public Lives, Private Secrets: Gender, Honor, Sexuality, and Illegitimacy in Colonial Spanish America*. Standford: Standford UP, 1999.

Valente, Luiz Fernando. "Palmilhando a tradição alencariana: Um modelo intertextual de história literária". *Revista de Crítica Literaria Latinoamericana* 20:40 (1994): 141-154.

Villegas Morales, Juan. *Historia multicultural del teatro y las teatralidades de América Latina*. Buenos Aires: Galerna, 2005.

Viñas, David. *Literatura argentina y política. De los jacobinos porteños a la bohemia anarquista*. Buenos Aires, Sudamericana, 1995.

_____ "Quince hipótesis sin orden cronológico". *Página 12*. Suplemento *Radar Libros*. 25 enero 2003. <http://www.pagina12.com.ar/diario/suplementos/libros/10-441-2003-01-25.html> 1 nov. 2015.

Weber, Jochen. "Gran diccionario de autores latinoamericanos de literatura infantil y juvenil" (reseña). *Bookbird: A Journal of International Children's Literature* 48:4 (2010): 48-49.

Weinbrot, Howard D. *Menippean Satire Reconsidered: From Antiquity to the Eighteenth Century*. Baltimore: Johns Hopkins UP, 2005.

Wolfe, Cary. *What is Posthumanism?* Minneapolis: U of Minnesota P, 2010.

Zarco, Francisco. "El señor D. Juan Bautista Morales". *El Gallo Pitagórico*. D. Juan B. Morales D. México: Imprenta de Ignacio Cumplido, 1857. i-xl.

www.ingramcontent.com/pod-product-compliance
Lightning Source LLC
Chambersburg PA
CBHW071407300426
44114CB00016B/2212